economia BRASILEIRA

Diretor Editorial: Henrique Farinha
Supervisora Editorial: Flávia Helena Dante Alves
Assistente Editorial: Fábio Domingues Waltenberg
Assistente de Produção Editorial: Gisele da Silva Guerra
Coordenadora de Revisão: Livia M. Giorgio
Gerente de Arte: Edilson Felix Monteiro
Arte e Produção: Tavares — Serviços de Pré-impressão S/C Ltda.
Foto de capa: Café — 1935 — Cândido Portinari — Projeto Portinari
Pintura a óleo/tela
130 x 195 cm
São Paulo — Tarsila do Amaral — Pinacoteca do Estado de São Paulo
Capa: Ulhôa Cintra Comunicação Visual e Arquitetura S/C Ltda.

economia BRASILEIRA

Antônio Corrêa de Lacerda
Professor da FEA-PUC/SP
Presidente do Conselho Federal de Economia (Cofecon)

João Ildebrando Bocchi
Professor da FEA-PUC/SP

José Márcio Rego
Professor da FEA-PUC/SP e da EAESP-FGV/SP

Maria Angélica Borges
Professora da FEA-PUC/SP

Rosa Maria Marques
Professora da FEA-PUC/SP
Presidente da Sociedade Brasileira de Economia Política (SEP)

Organizadores:
José Márcio Rego
Rosa Maria Marques

2000

Editora Saraiva

ISBN 85-02-03007-8

Dados Internacionais de Catalogação na Publicação (CIP)
(Câmara Brasileira do Livro, SP, Brasil)

Economia brasileira. — São Paulo : Saraiva, 2000.

Vários autores.

1. Economia - Brasil 2. Economia - História - Brasil

99-3287 CDD-330.981

Índice para catálogo sistemático:

1. Brasil : Economia : História 330.981

Editora Saraiva

Avenida Marquês de São Vicente, 1697 — CEP 01139-904 — Tel.: PABX (0XX11) 861-3344 — Barra Funda
Caixa Postal 2362 — Telex: 1126789 — Fax: (0XX11) 861-3308 — Fax Vendas: (0XX11) 861-3268 — S. Paulo - SP
Endereço Internet: *http://www.saraiva.com.br*

Distribuidores Regionais

AMAZONAS/RONDÔNIA/RORAIMA/ACRE
Rua Costa Azevedo, 56 — Centro
Fone/Fax: (0XX92) 633-4227 / 633-4782
Manaus

BAHIA/SERGIPE
Rua Agripino Dórea, 23 — Brotas
Fone: (0XX71) 381-5854 / 381-5895
Fax: (0XX71) 381-0959 — Salvador

BAURU/SÃO PAULO
Rua Monsenhor Claro, 255/257 — Centro
Fone: (0XX14) 234-5643 — Fax: (0XX14) 234-7401
Bauru

DISTRITO FEDERAL
SIG QD 3 Bl. B - Loja 97 — Setor Industrial Gráfico
Fone: (0XX61) 344-2920 / 344-2951
Fax: (0XX61) 344-1709 — Brasília

GOIÁS/TOCANTINS
Rua Setenta, 661 — Setor Central
Fone: (0XX62) 225-2882 / 212-2806
Fax: (0XX62) 224-3016 — Goiânia

MATO GROSSO DO SUL/MATO GROSSO
Rua 14 de Julho, 3148 — Centro
Fone: (0XX67) 782-3682 — Fax: (0XX67) 782-0112
Campo Grande

MINAS GERAIS
Rua Padre Eustáquio, 2818 — Padre Eustáquio
Fone: (0XX31) 412-7080 — Fax: (0XX31) 412-7085
Belo Horizonte

PARÁ/AMAPÁ
Travessa Apinagés, 186 — C.P.: 777 Batista Campos
Fone: (0XX91) 222-9034
Fax: (0XX91) 224-4817 — Belém

PARANÁ/SANTA CATARINA
Rua Alferes Poli, 2723 — Parolin
Fone/Fax: (0XX41) 332-4894
Curitiba

PERNAMBUCO/PARAÍBA/R. G. DO NORTE/ ALAGOAS/CEARÁ/PIAUÍ/MARANHÃO
Rua de São Gonçalo, 132 — Boa Vista
Fone: (0XX81) 421-4246
Fax: (0XX81) 421-4510 — Recife

RIBEIRÃO PRETO/SÃO PAULO
Rua Padre Feijó, 373 — Vila Tibério
Fone: (0XX16) 610-5843
Fax: (0XX16) 610-8284 — Ribeirão Preto

RIO DE JANEIRO/ESPÍRITO SANTO
Av. Marechal Rondon, 2231 — Sampaio
Fone: (0XX21) 501-7149 — Fax: (0XX21) 201-7248
Rio de Janeiro

RIO GRANDE DO SUL
Av. Ceará, 1360 — São Geraldo
Fone: (0XX51) 343-1467 / 343-7563 / 343-7469
Fax: (0XX51) 343-2986 — Porto Alegre

SÃO PAULO
Av. Marquês de São Vicente, 1697
(antiga Av. dos Emissários) — Barra Funda
Fone: PABX (0XX11) 861-3344 — São Paulo

PREFÁCIO

Este é um livro didático, introdutório, que adota uma perspectiva histórica sobre as origens do nosso (sub)desenvolvimento e sobre as características fundamentais da evolução da economia brasileira, de sua situação atual e das perspectivas para o novo milênio.

Podemos, *grosso modo*, dividir a história econômica do Brasil em duas grandes etapas: o período mercantil, até 1930, e o período industrial, de 1930 em diante. No período mercantil, destacam-se duas fases: a fase colonial, composta de dois grandes ciclos — o da cana-de-açúcar no século XVII e o do ouro no século XVIII — e a fase primário-exportadora, caracterizada principalmente pela expansão cafeeira iniciada no século XIX — quando se verifica um significativo processo de desenvolvimento — que entraria em declínio na década de 1930. É nessa fase primário-exportadora que começa a ocorrer, efetivamente, a acumulação primitiva de capital na economia brasileira, com a formação de uma burguesia local detentora de capital próprio, a burguesia cafeeira.

O primeiro surto industrial, no final do século XIX, já acontece como fruto da expansão cafeeira, mas é com a crise de 1930 que o processo de industrialização se acelera, consubstanciando o período industrial do desenvolvimento brasileiro, que se desenrola por intermédio de um processo de substituição de importações. A crise da década de 1960 assinala um ponto de inflexão no processo de substituição de importações. A manutenção dessa estratégia pelo regime militar (1964-1984) resultou em um agravamento das distorções estruturais da economia brasileira, particularmente a concentração de renda, a inflação e o endividamento externo.

A partir do segundo choque do petróleo e do significativo aumento das taxas de juros internacionais, em 1979, tem início a crise dos anos 1980. Na definição de Bresser Pereira, trata-se da "crise fiscal do Estado", uma crise do modo de intervenção do Estado na economia e na sociedade e da forma de administração desse Estado. O Plano Real, de 1994, o mais bem-sucedido plano de estabilização inflacionária desse período de crise fiscal do Estado, foi precedido, e está sendo complementado, por um conjunto de reformas econômicas — ajuste fiscal, liberalização comercial, reestruturação das empresas privadas, privatização das empresas estatais e reforma da administração pública — de cujos resultados ainda não é possível extrair conclusões definitivas.

Depois da desvalorização, porém, tornou-se claro que o país atravessa um período de grandes dificuldades, expressas, sobretudo, pelos contínuos déficits na conta de transações correntes e por elevadas taxas de desemprego, nunca antes registradas.

Todo esse longo processo de evolução da economia brasileira está aqui retratado. Por não ter sido escrito por um só autor, mas sim por professores de diversas disciplinas — macroeconomia, história econômica, metodologia da economia, economia do trabalho e economia do setor público —, o livro ganhou uma abordagem bastante rica e diferenciada. Comum a todos os autores, no entanto, foi a constante preocupação de não se descuidar do aspecto didático da obra.

Seria quase desnecessário registrar, não obstante, que esperamos de nossos colegas de profissão sugestões de melhorias, tanto de forma como de conteúdo, para o aperfeiçoamento desta obra.

Por fim, gostaríamos de agradecer a oportuna iniciativa da Editora Saraiva, especialmente nas pessoas de seu diretor editorial Henrique Farinha e do assistente editorial Fábio Waltenberg, que a nós demonstraram, de forma reiterada, atitudes de incentivo e de profissionalismo ímpares.

Os Organizadores

SUMÁRIO RESUMIDO

SUMÁRIO

PARTE 6

Um Retrato do Brasil Atual

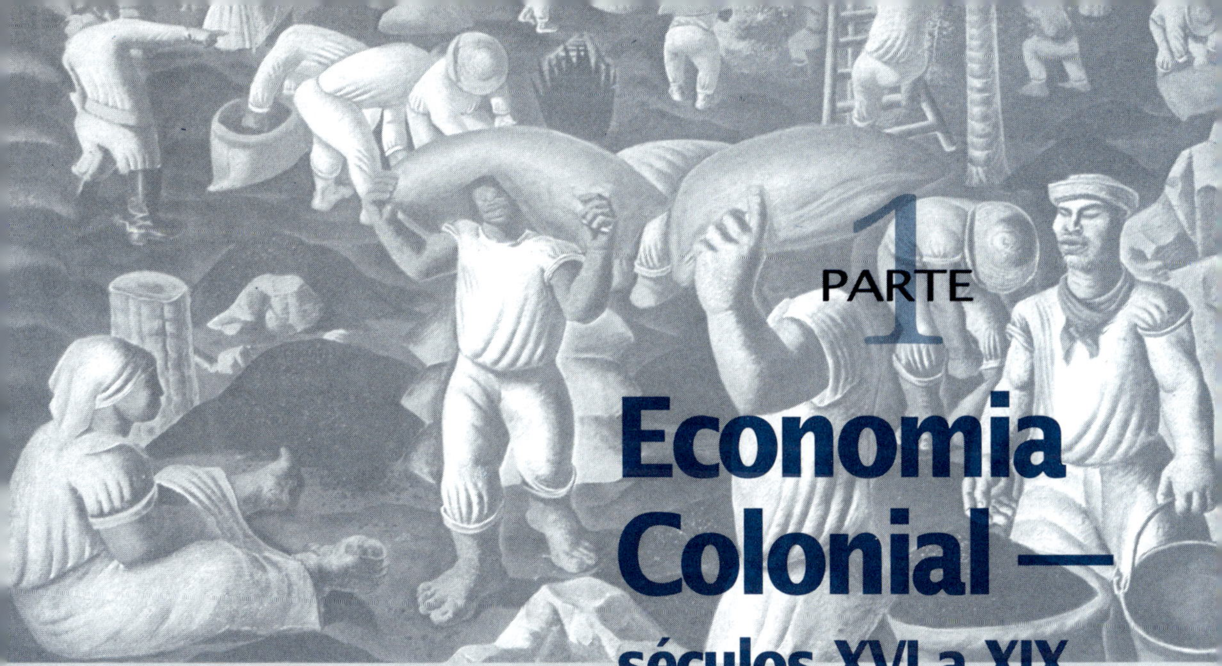

PARTE 1

Economia Colonial — séculos XVI a XIX

CAPÍTULO 1

A empresa mercantil, colonial e escravocrata

"ESCRAVOS NEGROS VINDOS DA ÁFRICA" — Rugendas — Biblioteca Municipal de São Paulo

cedido por editora Nova Cultural

No século XVI, a Península Ibérica destacava-se como um dos agentes mais dinâmicos do capitalismo comercial. O Brasil, domínio português inserido na empresa mercantil, colonial e escravocrata que caracterizou a expansão ultramarina, figurava como uma das peças centrais do intrincado mosaico criado pelo périplo dos portugueses. Várias fontes nos ajudam a desvendar esta rica história, na qual a economia ocupa lugar nobre[1].

A *acumulação primitiva* gerada nas colônias determinou um dos veios mais significativos da *acumulação geral* do capitalismo. O Brasil participava deste processo como pólo exportador de riquezas para todo o continente europeu, por intermédio de sua metrópole. Esta marca na formação econômica brasileira constituiria a matriz da estrutura colonial do país, que perdurou mesmo após a emancipação política para a forma estado-nação ocorrida no século XIX.

1.1. AS TRÊS VIAS DE CONSTITUIÇÃO DO CAPITALISMO

Há três casos particulares de construção do modo de produção capitalista: o caminho clássico, o prussiano e o colonial, que colocam, no plano teórico e prático, questões que devem ser respondidas de acordo com as possibilidades reais de cada caso. As mudanças possíveis em cada uma das vias são dadas no itinerário da inserção de cada região no capitalismo mundial.

Os países líderes do capitalismo construíram seu desenvolvimento pela *via clássica*, forma sustentada de realizar a industrialização, beneficiando-se dos ganhos da era colonial. Nos séculos XVIII e seguintes, ocorreram transformações político-econômicas a partir das revoluções democrático-burguesas.

A *via prussiana* foi seguida pelos países de industrialização retardatária, no século XIX. Marcados pela ausência de processos democráticos de emancipação, conquistaram, no entanto, sua autonomia econômica.

Já os países de *via colonial* somavam ao atraso democrático, o econômico. Antes de abordar-se essa via propriamente dita, vale lembrar que existem algumas semelhanças entre o capitalismo de via prussiana e

1. Com relação ao assunto, ver principalmente Prado Jr. (1989), Furtado (1980), Novais (1993) e Holanda (1993).

o de via colonial, que os afastam da via clássica, colocando-os sob o mesmo manto das formas não-clássicas de transição para o capitalismo. Porém, apesar das semelhanças, como, por exemplo, a ausência de revoluções democrático-burguesas ou a existência de grandes propriedades de terra, há também diferenças substantivas entre as duas formas: enquanto a via prussiana representou uma passagem do feudalismo para o capitalismo, a via colonial não o fez, pois nasceu inserida no sistema dominado pelo capital[2]. Toca-se, portanto, na questão central da forma de propriedade territorial dos países de extração colonial. Além disso, essa forma colonial de construção capitalista criou uma burguesia sem condições de obter autonomia política para seus países e incapaz de contribuir para que estes escapassem dos marcos da dependência colonial, ou seja, da subordinação aos pólos dinâmicos das economias centrais. Em outras palavras, a burguesia dos países de via colonial não realizou nem suas tarefas econômicas nem as políticas, ao contrário da prussiana, que deixou apenas de realizar suas tarefas políticas.

Acumulação geral e primitiva

A acumulação de capital foi teorizada pelo filósofo e economista alemão Karl Marx. Na esteira ricardiana, por sua contribuição crítica à economia política, sistematizou as leis gerais da produção. Ao comprar a força de trabalho, o capitalista apropria-se de seu excedente, denominado *mais-valia*. A realização desta mais-valia engaja-se na reprodução ampliada do sistema econômico, pois parte do excedente é reinvestido na produção. Como é a força de trabalho — denominada de *capital variável* — que cria valor, a acumulação capitalista decorre da exploração do contingente de trabalhadores, associada à utilização de máquinas, edifícios, insumos, ou seja, o *capital constante*.

A acumulação geral de capital pressupõe a acumulação primitiva, que ocorrera na passagem do feudalismo para o modo de produção capitalista na Europa. Essa forma originária de processo de acumulação caracterizou-se pela separação do trabalhador das condições objetivas de trabalho, principalmente a terra e as ferramentas. De maneira concomitante a essa separação, formou-se o capital comercial advindo das trocas. Portanto, a acumulação originária deve-se à reunião de riquezas pelos negociantes de mercadorias durante o renascimento comercial e urbano, a partir do século XI, ao tráfico de escravos e à apropriação das terras dos camponeses — fenômeno histórico identificado como *cercamentos*.

A Inglaterra é o exemplo clássico de desenvolvimento econômico burguês e berço da Revolução Industrial, resultado da acumulação primitiva.

---

2. Sobre esse assunto, ver principalmente Prado Jr. (1989), Furtado (1980), Novais (1993) e Cardoso de Mello (1982). Segundo estes autores, o Brasil insere-se no contexto do capitalismo comercial (na empresa colonial) desde o descobrimento.

1.2. OBJETIVAÇÃO DA LÓGICA DO CAPITAL E SUA EXPANSÃO

Situada a importância do contexto histórico para entendermos as relações brasileiras com as demais regiões do globo no momento atual, passemos à análise da economia colonial brasileira.

Os textos clássicos discutem o tema da ocupação territorial durante a colonização da América a partir da divisão entre colônias de povoamento e de exploração.

As *colônias de povoamento* dizem respeito ao estabelecimento definitivo de europeus no Novo Mundo; caracteriza-se, como o próprio nome indica, pelo povoamento, pela busca de um novo lar, por pessoas que procuravam afastar-se de conflitos internos da Europa. Desde o século XI, o continente europeu vinha-se desenvolvendo comercialmente, alcançando notável situação socioeconômica no século XV, principalmente na Inglaterra. Ocorriam, no entanto, simultaneamente, lutas político-religiosas e transformações econômicas consideráveis, particularmente o fenômeno dos cercamentos. Durante dois séculos, grandes contingentes populacionais migraram para regiões de clima similar ao seu local de origem, concentrando-se, prioritariamente, na zona temperada[3].

As *colônias de exploração* centravam-se na produção de gêneros que interessassem ao mercado internacional. A diversidade de condições naturais, em comparação às européias, propiciava a obtenção de gêneros diferentes e atrativos considerados artigos de luxo, como o açúcar, por exemplo, chamado, então, de "ouro branco". Tais produtos ofereciam altas taxas de retorno para quem neles investisse.

Atraídos por tais estímulos, que eram diferentes daqueles dos colonos da zona temperada, esses ocupantes buscavam enriquecer, para, depois, usufruir, na Metrópole, a sua nova condição. Esses interesses estavam voltados para o usufruto das potenciais vantagens, porém o esforço físico em ambiente tão inóspito deveria ficar a cargo de outros. Os colonos eram empreendedores, mas, raramente, trabalhadores propriamente ditos.

---

3. Registraram-se movimentos migratórios também para locais onde o clima não era similar ao europeu. Mesmo o Brasil atraiu imigrantes, como foi o caso da França Antártica, no solo carioca.

O sentido último das ações dos donos das novas terras era o comércio, pois, na sua realização, obtinha-se o lucro. Sendo assim, como, a princípio, as novas descobertas não contemplaram nenhum bem comercializável, a idéia de povoar as terras brasileiras não surgiu de imediato.

Entretanto, outras circunstâncias, advindas da disputa de novos aventureiros de além-mar, colocaram a necessidade da ocupação efetiva do solo e a construção de laços para além do habitual estabelecimento de *feitorias* — forma que assumiram as primeiras possessões portuguesas na África. Foi, portanto, através das colônias de exploração que o capital comercial se objetivou no Brasil.

Inicialmente, o problema a ser resolvido dizia respeito à determinação da natureza dos gêneros que poderiam ser aproveitados no novo território. De imediato, a solução vislumbrada recaiu sobre os produtos naturais, como madeiras, destinadas à construção ou à obtenção de tinturas, cujo exemplo clássico é o pau-brasil.

Posteriormente, o extrativismo viria a ser substituído pela agricultura. Sua exploração seria feita em grande escala, gerando unidades monocultoras com elevado número de trabalhadores. A necessidade de mão-de-obra abundante conheceu sua solução definitiva na escravidão africana, pois o gentio utilizado nas etapas iniciais das lavouras mostrou-se pouco adaptável ao tipo de trabalho requerido, como veremos mais adiante.

1.3. ASCENSÃO DA BURGUESIA E O PACTO COLONIAL

Inicialmente, durante meio século, para os portugueses o descobrimento das terras nativas pareceu ser um episódio secundário. Enquanto os espanhóis colheram imediatamente os frutos auríferos da conquista — bastava estender a mão e alcançá-los —, os portugueses não tiveram a mesma sorte. Por isso, os principais objetivos da empreitada lusa estavam comprometidos: primeiramente, não haviam encontrado a almejada passagem para as ricas Índias, centro das especiarias, alvo maior das navegações. Secundariamente, não desfrutavam das vantagens extrativas de que gozavam os espanhóis.

Todavia, a notícia da existência de riquezas metálicas no Novo Mundo espalhava-se pela Europa e fazia aumentar a cobiça em relação ao outro lado do Atlântico. As colônias ibéricas tornavam-se alvos de possíveis invasões européias. Diante de tal quadro, a ocupação efetiva revelava-se prioritária, pois, antes de qualquer outra providência maior, era necessário garantir a posse do território colonial português para além dos próprios interesses mercantis imediatos.

Sendo assim, a gênese da nossa civilização ocorreu por pressões políticas das lutas no continente europeu. Os rivais europeus entendiam que os ibéricos poderiam desfrutar somente dos territórios que realmente ocupavam. E não foram poucas as vezes que este reconhecimento cairia por terra nas várias invasões ocorridas. Por todos estes motivos, a ocupação tinha de se realizar, concorrendo com os recursos escassos destinados antes, prioritariamente, ao Oriente. Coube à alta administração lusa encontrar, de forma criativa, os meios produtivos adequados para maximizar as fontes de recursos.

Reiteradamente, os diferentes analistas da economia política do mercantilismo sustentam a importância cabal do comércio na transição do feudalismo para o capitalismo e, conseqüentemente, o papel das navegações e dos descobrimentos na aceleração da dinâmica mercantil. Sem dúvida, as trocas mereciam papel de destaque, porém o desenho estaria incompleto se não adicionássemos fatores internos e externos à economia européia, que facilitaram a realização dos grandes empreendimentos capitalistas.

Mercantilismo

O *Mercantilismo* era um conjunto de práticas econômico-comerciais que serviu de base na formação dos estados da Era Moderna. Para a burguesia nascente, era indispensável a união dos territórios visando à homogeneização lingüística, monetária, legal e dos costumes em geral.

A política econômica mercantilista sustentava o projeto do capitalismo comercial. Recomendava a busca de superávit da balança comercial e do balanço de pagamentos, o controle da oferta das mercadorias para maximizar os lucros e a organização das Companhias de Comércio Monopolista, que criavam leis, tarifas, selos e outras medidas que viabilizavam os negócios.

Como fator externo, deve-se destacar a influência dos árabes, que introduziram novos hábitos, técnicas e conhecimentos gerais no território europeu. Como fatores internos, observaram-se crescimento da produtividade agrícola e avanços tecnológicos nas manufaturas, criando, assim, excedentes de alimentos e produtos manufaturados, que podiam ser exportados com atrativas taxas de lucro. As feiras, núcleos das primeiras cidades modernas, e as Cruzadas também contribuíram, respectivamente, de forma local e internacional, para desenvolver o sistema econômico nascente.

As condições descritas acima estimulavam o comércio de longa distância. O incremento produtivo verificado nas atividades primárias e secundárias da economia, criando uma nova agricultura de escala diferenciada e impulsionando a manufatura, tornou-se pressuposto da expansão ultramarina e da colonização das novas terras. Esta nova realidade fez surgir novos grupos sociais, que se fortaleceram e conheceram sua ascensão política devido à força econômica e financeira das atividades mercantis. Surgiam as grandes Companhias de Comércio, organizadas em monopólios e ligadas ao aparelho de estado. Este era moldado pela transição, pois comportava grupos de interesses antagônicos: clero, nobreza e a burguesia nascente.

Ao mesmo tempo em que a nobreza e a Igreja detinham a hegemonia política, dividiam com a burguesia uma legislação coadunada com as necessidades das novas atividades econômicas — o comércio e a manufatura. A burguesia se apresentava como contrapeso à monarquia feudal, jogando hábil xadrez na conquista de espaços políticos correspondentes a cada avanço econômico. Classe oprimida pelo despotismo medieval, avançava paulatinamente das comunas urbanas aos governos recém-unificados. A burguesia viu, finalmente, seus anseios de classe social, constituída nos marcos do capitalismo, serem traduzidos pela economia política do mercantilismo, por meio de uma legislação que trazia a sua marca: o estado absolutista.

Entre as ações de sua plataforma política, destacam-se: bulionismo ou metalismo, balança comercial e balanço de pagamentos favoráveis, pacto colonial, que somados à criação de tarifas, selos e atos reguladores, realizavam o projeto da força econômica emergente, circunscrita, nesse momento histórico, às tarefas da acumulação originária.

Pacto colonial

O *pacto colonial* foi um dos elementos básicos constituintes da política econômica mercantilista. Exclusivismo comercial da Metrópole em relação às suas colônias, subordinando-as por meio de um conjunto de medidas econômicas e políticas. Os representantes locais das nações européias controlavam as relações comerciais e defendiam os interesses da Coroa e das Companhias de Comércio, organismos de capital misto ou estatal.

Após o período em que prevaleceu a busca por metais preciosos, ou seja, a demanda por maximizar ouro e prata circunscritos às fronteiras nacionais, cresceu o desejo pelas garantias de sempre se obter saldo favorável na balança comercial. Desta maneira, as exportações de bens foram incentivadas e as importações foram inibidas. Para tanto, os monopólios agiram com firmeza, dado que a regulamentação existente fortalecia a política econômica, alimentando o pacto colonial junto às colônias. Era uma lógica carregada de contradições, pois as medidas beneficiavam alguns setores do capital comercial, prejudicando outros. Esta marca da concorrência capitalista, já presente em germe no nascedouro do sistema, determinaria a política de alianças do poder real com grupos comerciais visando um retorno maior de seus próprios investimentos.

Futuramente, na era industrial, a classe comerciante teria de romper todos estes laços que haviam garantido sua ascensão, pois a senda que a fortificara tornar-se-ia uma camisa de força. Em razão de seu poder econômico-financeiro, a burguesia suportaria essa transição para dar o xeque-mate posteriormente, a partir das revoluções democrático-burguesas da via clássica e das "reformas pelo alto" da via prussiana.

1.4. A MARCA DA COLONIZAÇÃO DE EXPLORAÇÃO

Coube ao colonizador sistematizar o pacto colonial nos moldes dos interesses europeus, criando, no solo nativo, alternativas que permitissem auferir o lucro almejado e aproveitar as potencialidades da colônia, transformando-a em produtora efetiva de riquezas. As soluções encontradas — a princípio, o extrativismo e, mais tarde, a *plantation* de cana-de-açúcar, seguidos da mineração, do renascimento agrícola e da cafeicultura — inscreveram a economia colonial na história metropolitana. As Terras de Vera Cruz consubstanciaram-se em uma inesgotável fonte de recursos, responsável junto à economia do Velho Mundo por um dos veios mais promissores da construção do capitalismo, sobretudo o inglês.

A maneira encontrada pelos colonizadores para ocupar a colônia foi a exploração agrícola, superando a mera atividade extrativa realizada segundo os moldes do Oriente. A empresa foi ideada levando em conta todas as dificuldades: era preciso encontrar um produto favorável às novas condições existentes em terras virgens, sem a necessidade de grande contigente trabalhista e que gerasse altas taxas de retorno aos seus investidores.

Para tal empreitada, a experiência dos portugueses desempenhou papel relevante, pois já praticavam a *plantation* açucareira nas ilhas do Atlântico. Por isso, já dispunham de conhecimento técnico e de uma indústria fornecedora da infra-estrutura necessária. Com produção em escala, as mercadorias portuguesas conseguiam concorrer com as italianas, a preços baixos, difundindo o hábito de consumo de açúcar. Sem dúvida, o fornecimento do açúcar brasileiro para o mercado europeu tornou-se página importante da era colonial, transformando esta especiaria em um bem de consumo tão importante que passou a interferir até mesmo nos costumes da época.

Colaborando para a edificação desta atividade com sabores lucrativos, contou-se com o capital holandês, uma vez que parte significativa dos investimentos proveio dos Países Baixos. Os batavos integraram as várias etapas, financiaram o comércio e a refinação, e ainda participaram da importação de mão-de-obra africana. Vislumbrada a viabilidade da nova empresa, tornou-se mais fácil atrair a atenção dos empreendedores.

O problema maior, sem sombra de dúvida, desde o início havia sido o suprimento de mão-de-obra, pois, sem este efetivo, pouco teriam valido a experiência lusa e o capital neerlandês. Como sabemos, a mão-de-obra nativa brasileira, apesar de diversas tentativas, não se apresentou como solução definitiva da questão. A Europa não tinha condições de sofrer grandes sangrias populacionais, principalmente para cumprir este papel, como vimos nas páginas precedentes. Somente se a paga fosse muito boa, o colono europeu se disporia a trabalhar nos trópicos. Não era o caso, pois a própria acumulação estaria comprometida se um dos fatores essenciais da produção, a força de trabalho, exigisse remuneração elevada. Mesmo a possibilidade de distribuição de terras, como ocorreu no norte dos Estados Unidos, não se mostrava viável. As populações destinadas à zona temperada davam conta dos sacrifícios de receber lotes que careciam de total investimento para dar algum retorno[4].

A união de todos os elementos descritos acima — técnica de produção, mão-de-obra, investimentos, mercado consumidor —, somados à necessidade da ocupação definitiva, tornou o empreendimento um sucesso. Aliados à lógica do capital comercial, criaram a marca da colonização, gerando vantagens comparativas que determinaram a opção de ocupar o Brasil e romper a linha do Tratado de Tordesilhas.

---

4. Este expediente só frutificou, de forma excepcional, na ocupação definitiva do solo na região Sul, após a vinda da família real, com o objetivo de afastar os espanhóis do Brasil.

Plantation

Sistema de propriedades agrícolas de grandes proporções em que se praticava a monocultura e nas quais se explorava mão-de-obra escrava durante a era colonial. A produção oriunda dessas terras destinava-se, prioritariamente, à exportação. Foi introduzido pelos portugueses, que originariamente o praticavam na ilha de São Tomé. No continente americano, foi implantado principalmente no Brasil, nas Antilhas e no sul dos Estados Unidos. Este sistema era um dos elos que sustentavam a empresa mercantil, colonial e escravocrata.

1.5. A QUESTÃO DA MÃO-DE-OBRA

A acumulação capitalista está centrada no binômio propriedade privada e trabalho. A natureza é a fonte potencial de todos os valores de uso, e o trabalho — a mediação de sua apropriação — é matrizador da sociedade. A economia política clássica, desde a sua edificação, preocupou-se em teorizar como esta dinâmica, combinada de forma eficiente, poderia gerar lucros. Na Europa, berço do capitalismo, esses elementos uniram-se através de variados desenhos, desde a manufatura até o sistema fabril.

A forma *gremial* foi o germe da futura fábrica. O mestre artesão era o proprietário da oficina, das ferramentas e das matérias-primas (que, em alguns casos, eram recebidas no ato da encomenda) e trabalhava junto com seus jornaleiros. Estes, em troca de aprendizado, moradia e alimentação, ajudavam a fabricar as mercadorias cujo destino era o mercado.

As indústrias têxteis desenvolveram-se a partir desse sistema, criando paulatinamente um controle autônomo da produção. Com o crescimento da economia e o desenvolvimento urbano, deu-se a separação crescente do trabalhador de seus meios de produção — terra e ferramentas —, restando-lhe a venda de seu potencial de trabalho como única fonte de subsistência. Os cercamentos constituem um dos elementos históricos mais importantes no processo de acumulação primitiva.

Entretanto, o trabalho assalariado — forma clássica do sistema capitalista, pois tornou-se dominante e estendeu-se para os vários ramos — não foi a única forma de trabalho presente na história do capitalismo. A escravidão moderna participou ativamente do crescimento das riquezas geradas no período mercantil, seja como pólo acumulativo no tráfico negreiro e no escambo, seja como importante fonte de lucros nas *plantations*[5].

No caso brasileiro, houve várias tentativas de aproveitamento do gentio. Inicialmente, a mão-de-obra indígena foi utilizada na extração do pau-brasil e depois, timidamente, na lavoura da cana-de-açúcar. Nesta última atividade os esforços necessários para a compulsão não compensavam a empreitada. Com exceção dos jesuítas[6], que lograram um real aproveitamento desse contingente produtor local na suas missões, boa parte dos demais colonizadores resolveu definitivamente suas necessidades de fator trabalho com o uso dos escravos africanos[7]:

> *A partir do alvará de 29 de março de 1559, dirigido ao capitão da Ilha de São Tomé e ordenando que, à vista de certidão passada pelo governador do Brasil, cada senhor de engenho pudesse resgatar até 120 escravos do Congo, pagando apenas um terço de direitos, que começa a ser menor a penúria de braços africanos na colônia*[8].

No início, registrou-se escassez no fornecimento da mão-de-obra escrava. Somente a partir de fins do século XVII, os traficantes — inicialmente portugueses, substituídos por franceses e depois ingleses — atenderiam com maior regularidade à demanda brasileira de escravos.

Na análise dos ciclos econômicos do próximo capítulo, demonstraremos a relação entre a acumulação predatória realizada na era colonial e o escravismo, forma da superação dos problemas encontrados pelo colono em relação à força de trabalho.

---

5. Sobre o tema escravismo e capitalismo ver: Barros de Castro (1980) e Genovese (1979).
6. "Inutilmente, a partir de meados de 1500, quando o regime de escambo com os silvícolas, inaugurado com êxito pelos traficantes de madeira, já não satisfazia às exigências da empresa colonial, o padre da Companhia de Jesus procura impedir a arbitrária escravização do gentio" (Holanda, 1993:183).
7. "São portugueses, realmente, os primeiros traficantes que levavam negros a vender às possessões espanholas. Mestres no assunto, comenta Scelle, não lhes era difícil chegar com os seus pretos às costas ainda mal conhecidas e policiadas da América, onde tudo passava a depender, substancialmente, da mão-de-obra africana. O trabalho de um negro é superior ao de quatro indígenas, consignava Herrera" (Holanda, 1993:184).
8. Holanda (1993:185).

Questões de Revisão

1. Quais as diferenças entre as vias colonial, clássica e prussiana de constituição do capitalismo?
2. Como podemos caracterizar a forma de inserção da economia brasileira no cenário internacional colonial?
3. Quais as diferenças mais marcantes entre colônias de exploração e de povoamento?
4. Quais as principais características da empresa colonial?
5. Qual foi a influência exercida pelas idéias mercantilistas sobre a política econômica colonial?
6. Que marcas a colonização de exploração deixou no Brasil?
7. Como foi equacionada a questão do suprimento de mão-de-obra?

CAPÍTULO 2

Os ciclos econômicos

"ENGENHO" — Rugendas — Biblioteca Municipal de São Paulo

cedido por editora Nova Cultural

Foram imensas as dificuldades para a implantação da agricultura e de atividades extrativas no período do Brasil Colônia. Para atrair o colono, que deveria superar as dificuldades da zona tropical, era necessário oferecer-lhe grandes propriedades de terra, como recompensa pelo grande sacrifício. Convencidos da necessidade de ocupação das terras brasileiras, os portugueses dividiram-na em lotes, denominados capitanias hereditárias, e deram início à produção agrícola na forma de *plantation*, como vimos nas páginas precedentes. O Brasil conheceu, então, certo florescimento econômico, mas que não se deu de maneira regular e linear, mas na forma de ciclos econômicos.

A teoria econômica afirma que os ciclos econômicos são flutuações nas atividades econômicas da era industrial, ou seja, alternância de períodos de expansão e de contração econômica. Tendencialmente, as crises cíclicas ocorrem dentro de intervalos períodicos relativamente constantes. Há diversas explicações para o fenômeno e inúmeras propostas para enfrentamento da questão.

Na história econômica brasileira, o conceito de ciclos econômicos é utilizado para identificar os movimentos de crescimento e declínio das atividades extrativas (ciclo do pau-brasil), de produção agrícola (borracha, cana-de-açúcar, cacau, café) e mineradora (ouro).

2.1. A PRODUÇÃO AÇUCAREIRA

O processo de mudança da mão-de-obra nativa para a negra ocorreu durante a era colonial. Foi mais rápido na região Nordeste, principalmente na Bahia e em Pernambuco, dois grandes núcleos iniciais da produção açucareira, que demandavam a força de trabalho proveniente da África. Em um segundo estágio viriam a vizinhança do Rio de Janeiro e São Vicente. Ao redor de Pernambuco, estendeu-se tanto nos eixos norte-sul como para o interior. Podemos enxergar a expansão de sua fronteira até o Rio Grande do Norte. No mais, só pequenos núcleos de menor importância surgem no Maranhão e na foz do rio Amazonas[9].

No resto do país, a implantação do sistema foi mais lenta. Seu custo fora das zonas nobres do eixo econômico era alto, pois as condições de viagem e os maus-tratos impostos aos escravos reduziam seus

9. Prado Jr. (1988:39).

quadros pela metade, aumentando o valor dos escravos. Resolvido o fator trabalho, a monocultura pôde iniciar-se; eram extensas unidades com grande número de braços tocando a produção, sob o olhar ameaçador de um feitor, homem de confiança do proprietário. O *engenho*, cuja função era produzir açúcar, era o centro dessas fazendas. Lá, manipulava-se a cana e criava-se o produto final[10]. Com o passar do tempo, o conceito de engenho se estendeu a todas as terras e culturas, tornando-se equivalente a propriedade canavieira[11]. As extensas terras seriam ocupadas tanto para as grandes plantações como para a agricultura de subsistência e pastagens dos animais.

Desde a sua implantação, no século XVI, até quase o final do século XVIII, a produção açucareira foi o eixo econômico da economia colonial. O açúcar constituía um produto nobre de exportação, com destaque no plano internacional. Até o século XVII, a produção cabocla era líder no mercado mundial, só vindo a perder este lugar quando entraram no cenário americano as produções concorrentes, realizadas na América Central e nas Antilhas.

Destarte, os produtores locais tiveram que começar a investir em outros produtos. O tabaco baiano não só teve boa receptividade na Europa, como cumpria papel similar à aguardente no escambo feito na costa africana. Sintomaticamente, sua decadência se deu à época da proibição do tráfico negreiro, no século XIX.

Ainda durante o ciclo açucareiro, Lisboa enfrentaria dificuldades advindas das invasões holandesas na região Nordeste. Com o domínio castelhano sobre a coroa lusa, durante o século XVII, unindo a Península Ibérica sob um único governo, os neerlandeses tornaram-se inimigos de Portugal e, conseqüentemente, do Brasil. A manutenção dos interesses portugueses na região Nordeste tornou-se mais difícil, sendo garantida na ponta das baionetas[12].

---

10. Outro produto que merece destaque é a aguardente de cana, peça-chave no escambo de escravos.

11. A grande propriedade monocultora é um complexo produtivo com aparelhos mecânicos como a moenda, a caldeira e a casa de purgar. Necessita, além da casa-grande do senhorio e a senzala para os escravos, de instalações acessórias, oficinas e estrebarias, além de um santuário, elemento ideológico de dominação colonial.

12. "Uma leitura estritamente militar do período holandês induz a crer que ele se encerrou em janeiro de 1654 com a capitulação do Recife, preso em tenaz pelo exército luso-brasileiro e pela Terceira Armada da Companhia

Outro dado que nos aponta para a relevância do período em pauta é o aumento territorial das terras brasileiras. A defesa do monopólio açucareiro levou ao alargamento das nossas fronteiras sob o domínio ibérico, estimulando o povoamento de outras faixas de terras, atingindo a região amazônica.

2.2. O CICLO DO OURO

O ouro brasileiro provocaria grandes mudanças que levariam ao esgotamento da primeira fase do açúcar. O metal não superaria, todavia, em cifras de produção global, o montante de recursos que o açúcar forneceu ao longo da história da colônia. Quando surgiu no palco nacional, porém, fez grande alarde, atraindo todas as atenções locais e internacionais. As demais atividades declinaram diante da importância deste metal. O ouro atraiu para Minas Gerais, junto com as classes dominantes, um contigente populacional carregado da ilusão do enriquecimento rápido.

É verdade que se buscava ouro desde o início da empreitada mercantil. A descoberta imediata deste metal pelos espanhóis sempre havia alimentado a fantasia lusa e a esperança de que todo o território americano estivesse repleto de jazidas auríferas permaneceu viva durante dois séculos de exploração[13]. Comprovam-no as várias expedições que, desde o início, tinham se embrenhado mata a dentro. Muitos membros dessas empreitadas pagaram com a própria vida a ousadia, pois quase todas se perderam, vítimas dos índios ou da própria natureza.

Geral do Comércio. Na realidade, a rendição do Taborda foi o desfecho brasileiro mas não o mundial, da pugna luso-neerlandesa. Longe de nós, a disputa prosseguiria, seja sob a forma do bloqueio do Tejo por uma força naval dos Estados Gerais e da conseqüente guerra marítima de 1657-1661, seja da ofensiva da Companhia das Índias Orientais na Índia, seja enfim das negociações diplomáticas que levaram os tratados de paz de 1661 e 1669, pelos quais os Países Baixos reconheceram a soberania portuguesa no Nordeste em troca de substanciais concessões financeiras e comerciais. Ao longo destes anos, a possibilidade de novo ataque ao Brasil constituiu preocupação constante da Coroa e dos seus representantes na terra e ainda em 1703, a aliança luso-anglo-neerlandesa dirigida contra Luís XIV teria de liquidar problemas remanescentes da ocupação batava" (Mello, 1998a:13).

13. Com exceção de uma pequena e inexpressiva mineração aurífera de lavagem, na capitania de São Vicente, nos fins do século XVI, somente no século seguinte seria encontrado algo com relativa importância.

Essas expedições assumiam diversas formas, dentre as quais destacaram-se as *bandeiras paulistas*, que tinham como objetivo a captura de índios. Foram esses aventureiros que encontraram o ouro mineiro na região das cidades históricas de Minas Gerais. Começou, então, a corrida ao ouro brasileiro que, durante um século, ocuparia o centro nervoso da economia.

A repercussão da descoberta do metal ocasionou um movimento migratório inédito para o Brasil, alterando o perfil populacional, sobretudo pelo surgimento de uma camada média na escala social. A mineração atraiu colonos de menores posses, devido ao tamanho mais modesto das minas brasileiras em relação às das colônias castelhanas. Furtado alerta:

Não se conhecem dados precisos sobre o volume da corrente emigratória que, das ilhas do Atlântico e do território português, se formou com direção ao Brasil no decorrer do século XVIII. Sabe-se, porém, que houve alarme em Portugal, e que se chegou a tomar medidas concretas para dificultar o fluxo migratório[14].

A indústria da mineração consubstanciava-se na exploração das jazidas, sendo que, de um lado, se dava nas lavras e, de outro, pelo trabalho dos faiscadores, homens livres e nômades que produziam isoladamente e já faziam parte do cenário colonial. Seu volume tendeu a aumentar na fase de decadência do ouro. A produção maior, no entanto, era obtida nas grandes lavras, que reuniam um número elevado de trabalhadores, a maioria dos quais eram escravos. Não se registra a presença do índio.

Não se pode ignorar que a produção aurífera conheceu novas modalidades de trabalho escravo em virtude de sua organização geral. Diferentemente do ciclo econômico anterior, na economia mineira, alguns escravos gozavam de uma posição diferenciada, com maior mobilidade social. Podiam mesmo chegar a se estabelecer por conta própria, trabalhando por quotas e acumulando o suficiente para adquirir a própria liberdade.

Essas diferenças sociais atingiam os homens livres também. No passado, somente os grandes proprietários gozavam do *status* advindo de sua posição dominante na estratificação social vigente. Agora, as possibilidades eram outras e vários empreendedores de menor porte logravam sucesso na nova atividade.

---

14. Furtado (1980:74).

Vale lembrar que a atividade aurífera exigia um controle maior por parte dos colonizadores devido a sua importância como fonte de riqueza. O controle era praticado por meio de atos, regimentos, regulamentos e vigilância local, pelo superintendente da Intendência de Minas, forma de administração especial da Coroa. É desta época a determinação da Quinta parte — o *quinto* — como taxação sobre o ouro extraído.

A Fazenda Real enfrentava muitos contratempos para a fiscalização da cobrança desse imposto. Tratava-se de um tributo alto para os mineradores, que não pouparam criatividade para burlar o fisco e maquiar o montante da produção obtida. Foi uma longa disputa que desembocou na criação das Casas de Fundição. Todo o ouro extraído tinha de passar por esse local para ser fundido e cunhado, quando, então, no ato da colocação do selo régio, era recolhido o tributo. Estava terminantemente proibida a circulação de metal que não tivesse sido anteriormente *quintado*. As conseqüências para os infratores eram severas, chegando até à degradação para fora dos domínios luso-africanos.

Todas essas medidas foram somadas a outra, mais drástica, para os envolvidos no atraente negócio das minas de ouro: a decretação da quota mínima, ao redor de 100 arrobas ou 1.500 quilos. Espontaneamente ou de forma compulsória através do *derrame*, a quantia tinha que ser entregue à fiscalização. Tamanho abuso de Lisboa determinou um clima de revolta, culminando com a Inconfidência Mineira que, apesar de todos os percalços, conseguiu pôr um fim nesses atos predatórios para a colônia.

O século XVIII chegou ao seu final conhecendo a decadência da mineração brasileira. O ouro que ainda era encontrado, geralmente, nos leitos e nas margens dos rios, na forma de aluvião, ao contrário daqueles extraídos de rochas matrizes, era pouco abundante, o que explica seu precoce esgotamento. Somava-se a este fato o baixo nível tecnológico empregado pelo explorador, sem pesquisa ou aprofundamento de seus conhecimentos. A administração colonial, devido a seu caráter exploratório, nunca investira em educação, nem na racionalização de processos produtivos. Tal comportamento teve reflexos sobre a economia local e acelerou a decadência da mineração.

Outra preciosidade explorada à época foram os diamantes. O Brasil tomou o lugar antes ocupado pela Índia como grande produtor de diamantes, para, posteriormente, perdê-lo para a África do Sul, onde ocorreriam descobertas de grandes jazidas dessa pedra.

Em comparação com o ouro, a produção brasileira de diamantes foi pequena, mas conheceu a mesma lógica exploratória. Neste caso, a

Corte acabou por assumir totalmente a questão, com controle direto sobre o Distrito de Diamantina e demais áreas.

A mineração, apesar de relativamente efêmera, ocupou um lugar de destaque na história da colônia. No período de sua vigência, foi o foco das atenções no país e cresceu em detrimento das demais atividades. Houve uma corrida ao ouro, de outras regiões do país em direção a Minas Gerais, alterando o quadro populacional nacional, promovendo a ocupação do Centro-Oeste e a mudança do eixo econômico, que até então estava localizado junto à produção açucareira. Desenvolveram-se também, na região, a agricultura e a pecuária, como atividades acessórias para a manutenção da produção mineradora[15]. Outra conseqüência foi a transferência da capital, em 1763, da Bahia para o Rio de Janeiro, pois as comunicações entre Minas e a Metrópole seriam estabelecidas com mais facilidade pelo porto carioca.

2.3. O RENASCIMENTO AGRÍCOLA

Com o florescimento da mineração, a agricultura atravessou um período de decadência. Fenômeno oposto ocorreria no século XVIII, quando, novamente, a agricultura se tornaria a maior fonte de recursos da colônia. Sob os auspícios das vantagens trazidas pela Revolução Industrial e os progressos obtidos no contexto mundial, novas oportunidades surgiram no mercado internacional.

Em conseqüência da aliança portuguesa com o governo inglês, que colocava Portugal numa posição privilegiada no emaranhado das guerras européias, o Brasil pôde aproveitar as novas oportunidades emergentes para oferecer, com vantagens, suas mercadorias tropicais nas rotas comerciais e investir em um novo produto: o algodão. Com

15. "A pecuária, que encontrava no sul um hábitat excepcionalmente favorável para desenvolver-se — e que, não obstante sua baixíssima rentabilidade, subsistia graças à exportação do couro —, passará por uma verdadeira revolução com o advento da economia mineira. O gado do Sul, cujos preços haviam permanecido sempre a níveis extremamente baixos, comparativamente aos que prevaleciam na região açucareira, valoriza-se rapidamente e alcança, em ocasiões, preços excepcionalmente altos. O próprio gado do Nordeste, cujo mercado definhava com a decadência da economia açucareira, tende a deslocar-se em busca do florescente mercado da região mineira. Esse deslocamento do gado nordestino teria que acarretar a elevação dos preços que pagavam os engenhos, razão pela qual provocou fortes reações oficiais e tentativas de interdição" (Furtado, 1980:76).

novas tecnologias desenvolvidas na Revolução Industrial, esse tecido tornou-se a principal matéria-prima da época. Com o crescente aumento da produção fabril, o Oriente não conseguiria dar conta da demanda. A América, com suas reservas de terras virgens, seria chamada a fornecer a matéria-prima, e o Brasil passaria a ocupar um lugar de destaque nessa nova corrida.

O algodão é originariamente americano. As populações nativas, inclusive os indígenas brasileiros, já o conheciam antes dos descobrimentos. Era usado para fabricar vestimentas rudes e, ocasionalmente, exportado. Com o surto industrial, passou a ser produzido em todo o país, do Pará ao Paraná, passando por Goiás, chegando até o Rio Grande do Sul.

O açúcar acompanharia o algodão no renascimento agrícola da colônia. Após um centenário de decadência, as antigas regiões produtoras renasceram. A região paulista também participou desta nova fase, começando a demarcar sua futura posição na economia nacional.

Outra produção que floresceu neste ciclo foi a do arroz. Embora secundário em relação ao açúcar, teve certa expressão na pauta de exportações. As principais lavouras estavam circunscritas, primeiramente, ao Maranhão e, depois, ao Pará e ao Rio de Janeiro.

O anil foi uma esperança frustrada. Os americanos se tornaram no século XVIII os maiores produtores mundiais, superando a produção indiana, que era a grande fornecedora de então. Esse produto foi cultivado nos Estados Unidos, em São Domingos e também no Brasil, que chegou a exportar 5.000 arrobas através da capitania do Rio de Janeiro. Porém, nesse mesmo século começou a decadência e a liderança comercial voltou a ser exercida pela Índia. Os ingleses, com a perda de suas colônias americanas, voltaram a investir na Ásia, e a cultura de anil brasileira conheceu o declínio.

Ainda no século XVIII, o cacau apareceu no cenário baiano e na região paraense. Complementarmente, observou-se, no Pará, a exportação de produtos florestais, tais como baunilha, cravo e canela, juntamente com as resinas aromáticas, explorando a mão-de-obra indígena, apesar de todas as dificuldades conhecidas.

O café, proveniente da Abissínia, passou pela Europa antes de atingir a América e chegou ao Brasil na primeira metade do século XVIII. Adaptando-se perfeitamente ao nosso solo e sendo plantado e consumido como bebida no país, causou uma grande expansão na economia brasileira depois da Independência. Sua análise merecerá, na

Parte 2 deste livro, um estudo minucioso, pois sua ascensão e auge ocorreram já fora dos marcos da época colonial.

Por ora, é suficiente lembrar que esse produto surgiu, paradoxalmente, como um gênero de menor importância. No início, foi desprezado em favor do açúcar. Mas acabaria por figurar praticamente isolado na balança comercial cabocla a partir do 2º Império, em grande parte em razão da posição adotada pelos Estados Unidos, que, menosprezando os grandes centros, até então os maiores produtores, voltaram os olhos para a produção brasileira. Caio Prado Jr. relata que:

Os Estados Unidos, grandes consumidores de café, voltar-se-ão (...) para os novos produtores (...). Em particular o Brasil, favorecido além do mais, com relaçao a eles, pela sua posição geográfica. A produção cafeeira encontrará nos Estados Unidos um dos seus principais mercados; em meados do século, quando o café se torna o grande artigo de exportação brasileira, aquele país absorverá mais de 50% dela. E esta porcentagem ainda crescerá com o tempo[16].

O renascimento agrícola colonial foi marcado por ter superado a era da mineração. Definitivamente, a agricultura retomou sua importância e foi reconhecida como a razão de ser da produção local. Novamente, o Brasil voltou-se do interior para a costa, cumprindo suas tarefas de colônia de exploração.

Esse novo surto não teve uma longa vida no Nordeste, pois, já na segunda metade do século XIX, o Centro-Sul tomaria a liderança, enquanto se assistia ao declínio das regiões Norte e Nordeste e à ascensão do Sul e do Sudeste, na época do Brasil politicamente independente.

2.4. ENTRAVES À CONSOLIDAÇÃO DO CAPITALISMO

Um dos nódulos mais significativos no desenvolvimento da sociedade capitalista é a *formação do mercado interno.* A economia colonial brasileira, na fase açucareira, era orientada apenas para o mercado externo. Produziu uma imensa coleção de mercadorias exportáveis, mas a riqueza obtida acabou sendo despendida com importações, ou seja, retornou às economias centrais, enriquecendo um seleto grupo de colonizadores e comerciantes. A economia brasileira não logrou frutos substantivos que fossem responsáveis por inaugurar uma nova era. Ao

---

16. Prado Jr. (1988:160).

contrário, entrou e saiu dos ciclos econômicos da era colonial com a marca de uma economia subordinada aos centros hegemônicos do capital. O país permanecia povoado por uma massa humana, em sua maioria escravizada ou vivendo de subsistência, impossibilitada de formar um contingente consumidor relevante que gerasse um mercado local nos moldes daqueles dos países de capitalismo desenvolvido.

A economia mineira foi mais propícia à formação de um mercado interno, ainda que restrito, do que a economia centrada no açúcar. Apesar de ter gerado uma lucratividade inferior à da sua antecessora, a economia mineira criou um cenário um pouco mais promissor para a colônia. De fato, longe da costa, em alguns casos, compensava à atividade local suprir necessidades antes satisfeitas pela importação.

Entretanto, o fator mais dinâmico que efetivamente poderia tirar o país de seu atraso estrutural — a produção manufatureira — não vingou. Em vista das dificuldades existentes na própria Metrópole, dificilmente a colônia apresentaria faceta diferenciada neste setor. São famosas as análises do Tratado de Methuen e suas conseqüências para a manufatura portuguesa:

O pequeno desenvolvimento manufatureiro que tivera Portugal a fins do século anterior resulta de uma política ativa que compreendera a importação de mão-de-obra especializada. O acordo de 1703 com a Inglaterra (Tratado de Methuen) destruiu este começo de indústria e foi de conseqüências profundas tanto para Portugal como para sua colônia. Houvessem chegado ao Brasil imigrantes com alguma experiência manufatureira, e o mais provável é que as iniciativas surgissem no momento adequado, desenvolvendo-se uma capacidade de organização técnica que a colônia não chegou a conhecer[17].

Nesta fase da indústria nascente, contudo, não se logrou dar um passo adiante. O ouro brasileiro, provavelmente, foi o maior responsável por todos esses entraves, pois entorpeceu a metrópole, desestimulando avanços da dinâmica fabril. Usado para vencer a decadência do fim do período açucareiro, foi consumido nas trocas com produtos ingleses, baseadas no Tratado de Methuen, favorecendo os produtores de vinho portugueses.

Por diversas razões, como vimos, o Brasil não foi capaz de adentrar o século XIX com uma ampla e dinâmica economia de mercado. Inserido desde o início na periferia do sistema capitalista, não pôde conver-

17. Furtado (1980:80-81).

ter as imensas riquezas que tinha produzido durante três séculos de sua história em desenvolvimento econômico e social. Sua passagem de uma era para outra — de colônia para estado-nação — seria carimbada pela permanência do atraso estrutural vivido pelo maior país do continente sul-americano. Na primeira metade do século XIX, após o final do período colonial, na época do renascimento agrícola, não se registravam alterações substantivas nessa estrutura arcaica brasileira.

As vicissitudes da exploração lusa conseguiram dominar, por longo tempo, um vasto império colonial e determinar esse *modus vivendi.* Encontrando-se a Europa dividida em lutas intestinas, havia menos motivação ainda para que Portugal mudasse sua política colonial. Portugal perdera sua hegemonia política para a Espanha, quando ainda gozava, junto com os holandeses, das benesses do açúcar brasileiro. Não foram poucas as sangrias financeiras durante os sessenta anos a que ficou subordinado aos castelhanos. Quando retomou a hegemonia sobre os seus territórios, temeu ser atropelado pelas nações européias concorrentes no período setecentista. A neutralidade era impossível nesse cenário de nações bem mais fortes que o enfraquecido reino luso. Restava-lhe a aliança dos ingleses como último recurso. Com a busca do apoio britânico, o Brasil sofreria, novamente, uma sangria de mais riquezas.

No século XIX chega a família real ao Brasil, fugindo das guerras napoleônicas. Mesmo podendo-se registrar algumas modificações na colônia, nada realmente diferenciado do que descrevemos até aqui ocorreu. Ao contrário, o Brasil firmou-se definitivamente como dominação inglesa intermediada pelos portugueses, afastando-se de uma economia capitalista dinâmica.

Diferentemente do capitalismo de via clássica e de via prussiana, o capitalismo de via colonial não consegue realizar uma política econômica autônoma e um capitalismo sustentado. A acumulação capitalista advinda da produção de tantas riquezas no Brasil migrou para a Europa, pólo hegemônico do capitalismo mundial, ou seja, produziu-se para a Metrópole e não se reteve na Colônia o resultado de tantos esforços.

As formas arcaicas que procediam da organização do sistema produtivo brasileiro emperravam as leis da acumulação capitalista. No Brasil, bem como nas demais colônias, a evolução do capitalismo não foi acompanhada de um período de idéias iluministas, que gerasse pensamentos humanistas, mesmo que utópicos, para formar o cidadão e uma comunidade democrática, como lembra Coutinho na sua análise sobre os dilemas brasileiros:

> *Os movimentos neste sentido, ocorridos no século passado e no início deste século, foram sempre agitações superficiais, sem nenhum caráter verdadeiramente nacional e popular. Aqui, a burguesia se ligou às antigas classes dominantes, operou no interior da economia retrógrada e fragmentada. Quando as transformações políticas se tornaram necessárias, elas eram feitas "pelo alto", através de conciliações e concessões mútuas, sem que o povo participasse das decisões e impusesse organicamente a sua vontade coletiva. Em suma, o capitalismo brasileiro, ao invés de promover uma transformação social revolucionária — o que implicaria, pelo menos momentaneamente, a criação de um "grande mundo" democrático — contribuiu, em muitos casos, para acentuar o isolamento e a solidão, a restrição dos homens ao pequeno mundo de uma mesquinha vida privada*[18].

A economia talvez seja uma das áreas mais ricas para se enxergarem esses elementos. Durante mais de três séculos de colonização da Coroa portuguesa, o Brasil não organizou, de forma autônoma, uma produção agrícola. As vicissitudes que acompanharam a história produtiva inicial trazem, até os dias atuais, suas cores estampadas nas contradições de uma forma capitalista que não consegue ainda propiciar chances reais de ascensão social para a grande maioria da população.

A esperança de muitos economistas de que o capitalismo poderia, por seu desenvolvimento crescente e pelas leis da economia de mercado, resolver os problemas materiais dos países periféricos ainda não se concretizou. Segundo a interpretação da escola estruturalista, a *Teoria das Vantagens Comparativas*, enquanto modelo de interpretação da dinâmica capitalista, não passou pelo teste da história colonial, colocando novas questões para a teoria econômica resolver. Tais objetivos ligam a análise da época colonial aos demais capítulos da economia política geral e brasileira, desafiando o economista a buscar novas criações analíticas que dêem conta do passado e do presente. O passado não poderá ser mudado, mas a sua elucidação gerará, para o presente e o futuro, novas perspectivas.

A inserção da economia brasileira na divisão internacional do trabalho é definida, desde a colonização da América, a partir da empreitada comercial. No século XIX, mesmo conquistando sua independência política, o Brasil não rompeu os laços de subordinação estrutural aos

18. Coutinho *apud* Borges (1996:60-61).

pólos hegemônicos do capitalismo internacional. Desde o início da história colonial, o país se encontrava diante da problemática da emancipação, que perdura até os dias atuais e que tem alimentado um rico debate, no qual podemos vislumbrar pelo menos três grandes correntes de pensamento.

A primeira delas identifica a solução dos problemas econômicos do país na sua incorporação no mercado internacional de forma passiva, sem acirrar as contradições com o sistema financeiro internacional, aceitando pacificamente as regras do jogo ditadas pelo capital internacional por meio de seus países líderes. Trata-se da abertura para o capital internacional em nome da integração com o mercado mundial e da aceitação da livre concorrência.

A segunda corrente defende a possibilidade de o país ainda ser um centro autônomo dentro do capitalismo, conseguindo sua emancipação econômica circunscrita à lógica do capital. O desenvolvimento econômico poderia ser alcançado desde que certas políticas econômicas garantissem nossa soberania, por meio de protecionismo e de uma participação agressiva do Estado na economia, quer como catalisador e financiador do processo de industrialização, quer como produtor direto de serviços públicos e mesmo de bens intermediários como aço, petróleo e produtos químicos.

A terceira posição defende a superação da dependência econômica brasileira pelo rompimento com o modo de produção capitalista. Não existiria possibilidade de emancipação econômica e, conseqüentemente, política, nas hostes do capital, mas apenas para além de sua tutela. Romper com a subordinação e com o subdesenvolvimento, segundo esta corrente de pensamento, seria romper com o capitalismo.

Vantagens comparativas

Possuem vantagens comparativas os bens produzidos em um determinado país, cujos custos de produção sejam menores que os produzidos em outro país. As vantagens comparativas podem ser naturais ou adquiridas. As naturais são aquelas ligadas aos produtos agrícolas e as adquiridas são aquelas ligadas à produção de bens industriais. Este conceito econômico é originário da economia política clássica e foi seguido pela escola marginalista. Após a 2ª Guerra Mundial, a Teoria das Vantagens Comparativas foi criticada pelos estruturalistas cepalinos, como Raúl Prebisch e Celso Furtado.

Questões de Revisão

1. Qual foi o legado sócio-político-econômico do ciclo do açúcar?
2. Que relação pode ser estabelecida entre mineração e formação do mercado interno?
3. Que razões explicam o renascimento agrícola brasileiro?
4. Aponte que produtos tiveram alguma importância econômica durante o período colonial, além daqueles representativos dos grandes ciclos econômicos.
5. Quais foram os principais obstáculos ao desenvolvimento capitalista no Brasil Colônia?
6. Que herança restou-nos da era colonial, traduzida nas contradições da economia brasileira?
7. De que maneira o Brasil poderia alcançar sua emancipação econômica?

PARTE 2

Expansão Cafeeira e Origens da Indústria

CAPÍTULO 3

A economia cafeeira

"Café - 1935" — Pintura a óleo/tela - 130x195 cm — Cândido Portinari — Projeto Portinari

A lavoura de café do início do século não enfrentou nenhuma crise mais séria de escassez de mão-de-obra. O mercado de trabalho para a produção funcionava adequadamente, pois a questão da mão-de-obra fora resolvida a partir da década de 1870, com a abundante imigração européia. Além disso, a terra não constituía obstáculo à expansão da produção do café, já que vastas regiões do Estado de São Paulo encontravam-se desocupadas, podendo vir a ser cultivadas no futuro, ainda mais na presença de uma rede ferroviária que se expandia na medida da necessidade de ocupação das terras novas.

Assim sendo, a lavoura do café, e, portanto, a produção, possuíam amplas condições de crescimento no estado, sem enfrentar obstáculos de monta. Em conseqüência, métodos produtivos rudimentares eram perfeitamente adequados, sem reclamar qualquer mudança que exigisse absorção de recursos de capital, para o prosseguimento da empresa do café, cuja aplicação mais lucrativa encontrava-se na esfera comercial. Visto que a formação da lavoura e a produção de café necessitavam de financiamento, coube ao comerciante ocupar o espaço deixado pela inexistência de vínculos diretos entre o fazendeiro e os bancos.

3.1. O COMERCIANTE DE CAFÉ E O CRÉDITO AGRÍCOLA

Durante o longo período do século XIX em que a economia cafeeira se assentara sobre o regime de trabalho escravo, e mesmo nas duas décadas seguintes, ao final da escravidão, nas lavouras de café, o mecanismo de financiamento da produção vinculava-se profundamente à comercialização do produto. Adquiriam em tal sistema um papel central os comerciantes (ou comissários) de café das praças de Santos e do Rio de Janeiro, dos quais dependiam em grande medida, os fazendeiros de café, para:

(i) realizar seus lucros, com a venda do produto; e

(ii) obter os recursos financeiros necessários à produção.

O que diferenciava um comerciante de café de um comerciante comum, portanto, era o fato de exercer a atividade de financiador da lavoura.

Como em qualquer atividade produtiva no sistema capitalista, seria razoável supor que a principal fonte de financiamento de capital residisse nos lucros gerados na própria produção, ou, em outras palavras, no autofinanciamento. Contudo, tal não se dava na lavoura cafeeira até pelo menos a crise de superproducão do final do século XIX e princípio do século XX, em razão da exigência de recursos para a formação e operação da lavoura.

Os recursos financeiros na lavoura de café eram importantes por duas razões. Primeiramente, por se tratar de uma cultura permanente que exige um período relativamente longo para sua formação. As variedades de café correntes no começo do século produziam seus primeiros frutos somente no quarto ano após o plantio e mesmo essa colheita inicial era modesta. A lavoura era considerada formada e em plena produção apenas no seu quinto ou sexto ano de vida. Em conseqüência, os gastos com a formação exigiam uma inversão de recursos cujos primeiros retornos tardariam longo tempo a aparecer. A segunda razão refere-se às elevadas exigências do trato do cafezal. São necessárias diversas carpas durante o ano para conservar a lavoura limpa a fim de preservar a produtividade da planta. É assim evidente que, se o regime de trabalho envolvia remuneração monetária da força de trabalho, a lavoura exigia muito capital de giro para sua operação. Tais observações merecem atenção quando se busca explicar a dependência do fazendeiro de café diante do comerciante na época.

Havia, ainda, outra explicação para tal dependência. A função de comercialização do café era extremamente especializada, pois envolvia o preparo de ligas de diversos tipos de café, uma atenção especial com a bebida, e outras características que refletiam as exigências das demandas externas, de diversas procedências. O comércio concentrava-se, inclusive por essas razões, nos portos de Santos e do Rio de Janeiro. Assim sendo, ao fazendeiro não restava senão a entrega de todas essas responsabilidades ao comerciante de sua confiança, criando-se laços comerciais que acabavam por atingir o campo do financiamento da produção.

As relações entre o comerciante e o produtor assentavam principalmente na necessidade de fornecer o primeiro a massa de recursos indispensáveis para o desenvolvimento das operações de cultura a cargo do segundo durante o período da formação dos cafezais e posteriormente na rotação anual das colheitas, com a obrigação taxativa da consignação do produto para a amortização dos adiantamentos e dos ônus que lhes são correlatos[1].

---

1. Jordão (1923).

Relações transcendiam os limites comerciais

A dar-se crédito aos escritos da época, as relações entre o fazendeiro e o comissário, durante longo tempo, não apenas eram amistosas, mas transcendiam os limites dos negócios. Ao objetivo do lucro fazendeiros e comissários mesclaram uma forte dose do sentimentalismo das relações de família, do viver patriarcal que levavam. O comissário não se limitava a ser o comerciante incumbido da venda do café do fazendeiro e o seu fornecedor de capitais; era também o mentor, o parente ou amigo mais avisado que lhe impunha moderação nas despesas e o assistia nas principais emergências da vida com seus conselhos e seus recursos. Achou-se assim a assumir funções, que por muito tempo manteve, de regulador da atividade dos lavradores, disciplinando-os na exploração das lavouras já existentes e estabelecendo-lhes a justa medida na expansão de novas culturas.

E como agia este mentor, ou amigo mais avisado, em que se transformou o comissário? Ele "servia para tudo": achar hospedagem permanente aos filhos, sobrinhos ou parentes do comitente, distribuir-lhes mesada para os estudos, comprar-lhes roupas, livros, mandar acompanhá-los a teatros, centros de diversões, enfim, assisti-los nas menores coisas. Vinham também os comitentes às vezes hospedar-se na casa comercial e as mesas do correspondente assumiam "proporções de hotéis".

A ação do comissário com relação ao fazendeiro ultrapassava, pois, os limites comerciais. Além do fornecimento de crédito e da venda do café por ele produzido, o comissário encarregava-se da prestação de inúmeros serviços pessoais ao fazendeiro, adquirindo dessa forma a condição de seu amigo e conselheiro. Evidentemente, as relações de amizade encontravam viabilidade e fundamento nas bases de interesses comerciais comuns.

Um conjunto de circunstâncias a cercar o mecanismo de comercialização e financiamento da lavoura de café, no início do século XX, transparece da leitura do quadro acima, escrita em 1923. Em particular, deve ser destacada a ênfase no *relacionamento entre o comerciante e o fazendeiro*: não se tratava simplesmente de uma intermediação comercial, e sim de uma relação complexa na qual a função financiadora do primeiro adquiria relevo essencial. Cabia ao comerciante a função de prover ao fazendeiro os recursos necessários para a formação da lavoura e para o trato do cafezal e a colheita do café. Em outras palavras, cabia ao comerciante fornecer os recursos para a formação do capital fixo e de giro da produção. Era o comerciante, pois, o "banqueiro" da lavoura. Na ausência de um sistema bancário, público ou privado, ligado diretamente à produção, o comerciante de café chamava para si o papel fundamental de suprir o crédito necessário. Em contrapartida, exigia reciprocidade do fazendeiro, pois a produção era entregue aos seus cuidados, que consistiam no preparo e na venda do café, ganhando uma comissão que na época era fixada em 3% do valor da venda. O comerciante fornecia o crédito ao fazendeiro; em troca, adquiria um cliente cativo. Não era, contudo, um "cativeiro" tão difícil de suportar.

O relacionamento comercial entre a casa comissária e a fazenda principiava pelo fornecimento de crédito ao fazendeiro, tanto para a formação da lavoura quanto para o custeio da fazenda. Os juros cobrados pelo comércio comissário sobre tais adiantamentos variavam entre 9 e 12% ao ano. Ao que tudo indica, ao fazer o repasse do crédito bancário ao fazendeiro, o comissário não auferia lucro. Isto é, a taxa cobrada ao fazendeiro era a mesma cobrada pelo banco à casa comissária. Assim, como o dinheiro fornecido ao fazendeiro tomava a forma de adiantamento para cobrir as despesas ao longo do ano agrícola, também o empréstimo bancário era pouco formalizado: os bancos emprestavam sob crédito pessoal do comissário (firma social ou individual) "a descoberto", mediante simples comprovação de existência de conta corrente. Mais tarde, exigiam-se letras da terra, depois letras com endosso; raramente eram necessárias outras garantias. Assim sendo, a estrutura do sistema de crédito era informal dos dois lados, tanto do banco ao comissário como deste ao fazendeiro.

Durante todo o século XIX, ainda sob o regime de escravidão nas fazendas de café, esse papel de comerciante-banqueiro era o exigido do comissário. O sistema geral de venda de café no Estado de São Paulo, desde os mais remotos tempos a que nos chega a tradição, era, depois de transportado o produto ao porto do mar, consigná-lo a um comerciante que, por uma comissão sobre o valor da venda, transferia-o a um exportador que, por sua vez, o colocava no mercado consumidor. O comissário continuou a exercer suas funções até pelo menos os primeiros anos do século XX. Mesmo depois, até a crise de 1929, conservou ainda parte da sua importância na ausência de um sistema bancário ligado à produção:

Era, embora em estado rudimentar, o mesmo comerciante que hoje designamos por comissário, e que, com pequenas variações naturais da evolução dos tempos, perdura até nossos dias, como principal agente de negócios de café, no que toca ao produtor, em nosso porto de exportação[2].

---

2. Telles (1934:465).

Ao citar um trabalho de Paulo Porto Alegre, de 1878, Taunay afirmava que: *pelos anos em que ele escreveu, não havia ainda casas exportadoras e só comissárias. Eram os comissários, os banqueiros dos lavradores. Concentravam, em seus armazéns, as colheitas que as tropas faziam descer do planalto ao litoral.* E, em seguida, afirmava que *não havendo crédito agrícola no Brasil, via-se o comissário forçado a servir como banqueiro da lavoura*[3]. O comissário ocupa, pois, um espaço deixado pela inexistência do crédito agrícola no país. Como era possível ao comissário financiar a formação das lavouras e o custeio das mesmas? Continua Taunay: *Os bancos emprestavam sob o crédito do comissário, de sua firma ou pessoal, sob letras endossadas por outros comerciantes, pois recusavam-se, sistematicamente, a aceitar endossos de lavradores, de modo que se criavam interdependências comerciais perigosas e por vezes ruinosas*[4]. Dessa forma, a função de intermediário financeiro, exercida pelo comissário, equivalia a um tipo de especialização do sistema bancário, já que este último, nas condições vigentes na época, não possuía vínculo financeiro com a produção de café.

Por que era possível ao comissário o que era vedado ao fazendeiro? Que características permitiam ao comissário obter crédito junto aos bancos, enquanto aos fazendeiros o mesmo crédito era negado? Uma razão básica residia no fato de que o crédito, durante todo o século passado e até 1930, era basicamente constituído de empréstimos pessoais. Em conseqüência, o conhecimento e as relações pessoais assumiam relevância na concessão do financiamento. O comércio comissário situava-se, dessa forma, em posição privilegiada perante os bancos, enquanto os fazendeiros encontravam enorme dificuldade. As casas comissárias, no estado de São Paulo, localizavam-se na praça de Santos, centro do comércio interno e de exportação de café, e assim mantinham um relacionamento constante com os bancos que, mesmo quando sediados na capital, atuavam diretamente nas atividades comerciais de Santos. Os fazendeiros, ao contrário, tinham pouca oportunidade de manter qualquer relacionamento com os bancos, pois residiam em regiões distantes de Santos e da capital. Evidentemente, isso fazia sentido apenas pelo fato de o sistema bancário ser pouco desenvolvido, contando-se nos dedos o número de agências localizadas fora de São Paulo e Santos. A abertura de agências dos bancos nacionais e do Banco do Brasil no interior de São Paulo, que aproximaria os bancos dos fazendeiros, somente tomaria vulto nos anos 1920. É o que se conclui da passagem a seguir:

---

3. Taunay (1945:173).

4. Taunay (1945:173).

> *(...) em 1918, os bancos nacionais, em São Paulo, dispunham de 11 agências no interior do estado. Em 1924 esse número subiu a 53, para atingir 88 agências em 1927. O Banco do Brasil em 1918 contava 28 agências, das quais quatro ficavam no Estado de São Paulo. Em 1927 o principal estabelecimento bancário brasileiro dispõe de 70 agências, das quais 16 em nosso estado*[5].

Havia ainda outras razões que possibilitavam aos comissários o acesso ao crédito bancário. Entre essas, seguramente, o fato de que não era incomum existirem vínculos pessoais entre os comissários e os bancos. O conselheiro Antonio Prado, por exemplo, além de grande fazendeiro na região de Ribeirão Preto e Sertãozinho, desde o final do século passado, era proprietário, juntamente com outros membros de sua família, de uma casa comissária em Santos — a Prado & Chaves — e, ao mesmo tempo, era o controlador de um dos mais importantes bancos da época — o Banco do Comércio e Indústria de São Paulo (Comind)[6].

A razão principal, contudo, para o acesso dos comissários ao financiamento bancário, bem como para a inexistência de um vínculo efetivo entre os bancos e os fazendeiros no começo do século atual, residia na própria natureza da empresa do café. De um lado, os capitais da época, fossem eles nacionais ou estrangeiros, estavam aplicados basicamente no grande negócio que era o comércio do café. Sendo o produto uma das mercadorias de maior valor no comércio internacional, era na esfera da comercialização que se realizavam os grandes negócios, acumulavam-se fortunas e prosperavam as empresas. A produção de café, evidentemente, proporcionava lucros ao fazendeiro, mas, seguramente, menores que aqueles que se auferiam na sua comercialização, não apenas no âmbito doméstico, mas também, e sobretudo, nas exportações.

3.2. ESGOTAMENTO DO SISTEMA DE FINANCIAMENTO DA ECONOMIA CAFEEIRA

Sendo informal, o sistema creditício revelava-se flexível e adequado ao fazendeiro. Se por acaso a colheita fosse pequena, ou se baixassem as cotações do café no mercado internacional e os preços no mercado interno, o pagamento do empréstimo era muitas vezes posterga-

5. Macedo Soares (1934:329).

6. Silva (1976:59-60).

do. As vantagens que um sistema de crédito como esse proporcionava tanto ao comissário quanto ao fazendeiro eram evidentes. A este último, em particular, era altamente favorável: tinha acesso ao crédito de que necessitava a juros razoáveis e ainda contava com flexibilidade em períodos de aperto financeiro. Ao comissário, por sua vez, mesmo não auferindo lucros no repasse, cabia a vantagem de assegurar para si a colheita do fazendeiro, cuja comercialização lhe proporcionava os lucros da sua atividade.

O ponto fraco do sistema residia, a par de suas vantagens, precisamente no caráter pessoal do crédito: na medida da expansão da lavoura e do conseqüente aumento do volume de negócios, as somas emprestadas cresceram e passaram a exigir garantias mais sólidas. Mesmo essa debilidade do sistema encontrava solução nos primeiros tempos da grande expansão da lavoura, a partir de meados da década de 1880: o aumento do número de casas comissárias fazia com que os riscos maiores se diluíssem. À parte possíveis exageros, as casas comissárias surgiram em grande número, acompanhando a expansão dos negócios. Taunay chega a apontar cerca de 2.000 firmas comissárias no Rio de Janeiro.

Em entrevista a um jornal do Rio de Janeiro em 1927, um antigo comerciante de café assim descrevia o sistema:

(...) havia até 15 anos passados três classes distintas no comércio de café do Rio: o comissário, o ensacador, e o exportador. O comissário recebia o café do interior. Adiantava dinheiro ao fazendeiro, representando em face do produtor, o papel de banqueiro. O fazendeiro, além dos juros, que variavam entre 9 e 12%, pagava ao comissário uma comissão de 3% como, de resto, acontece ainda hoje. O ensacador comprava por conta própria o café aos comissários. Era este intermediário quem manipulava e classificava os tipos de café. (...) O exportador não fazia, como hoje, a classificação do café para os mercados externos. Ele se limitava a comprá-lo já manipulado do ensacador para a exportação. Ensacador e comissário, via de regra, eram ou brasileiros ou portugueses. O exportador era uma classe na sua quase totalidade constituída do elemento estrangeiro, ingleses principalmente. Não tinham nenhum armazém de depósito. Possuíam apenas escritórios. (...) Atualmente não existe mais a distinção entre ensacador e exportador, há apenas duas classes de intermediários entre o produtor e o mercado exportador, e que são o comissário e o exportador. A existência outrora de uma classe intermediária entre o comissário e o exportador era vantajosa para aquele, pois que o ensacador ajudava o comissário a resistir à desvalorização do produto. O ensacador era um interessado na alta,

tanto quanto o comissário. E assim toda vez que o café tendia para baixa, era ele quem, via de regra, ajudava o comissário obter crédito nos bancos, para o café não ir parar a preços não-remuneradores às mãos do exportador.

O autor da entrevista referia-se ao comércio do café de antes da República, e na praça do Rio de Janeiro. Contudo, adianta que tal sistema prevaleceu até "15 anos passados", ou seja, até por volta de 1912. Descontando-se o papel do ensacador, importante principalmente no Rio de Janeiro no século XIX, no essencial era esse o sistema na praça de Santos, no início do século XX.

Muitas são as informações importantes no depoimento acima reproduzido. A primeira delas é o interesse altista do comissário e o interesse do exportador na baixa do café. Aí residia um ponto de convergência de interesses do comissário e do fazendeiro. Ao comissário, assim como ao fazendeiro, só interessava a alta, pois sua comissão repousava sobre o valor da venda. Ao exportador, ao contrário, era a baixa do preço interno que interessava, pois ganhava na diferença entre esse preço e o de exportação. Nesse sentido, pode-se concluir que a casa comissária era o representante do fazendeiro nas praças de Santos e do Rio de Janeiro.

Outra informação importante diz respeito ao controle do comércio exportador. Da mesma forma que no Rio, os maiores exportadores da praça de Santos eram estrangeiros. Do total de sacas exportadas pelo porto de Santos, no período de 1895 a 1907, verifica-se que os dez maiores exportadores foram responsáveis por mais de 70% das exportações. Dentre eles figura apenas uma empresa brasileira, a Prado & Chaves. Mesmo assim, essa firma brasileira foi responsável pelo equivalente a menos de 4% do total exportado no período. O controle das casas exportadoras por firmas estrangeiras, na praça de Santos, era, pois, absoluto. Em conseqüência, uma parcela considerável da renda gerada na economia cafeeira era apropriada por capital estrangeiro e drenada para o exterior.

À medida que crescia a área de atuação das casas exportadoras, em detrimento das casas comissárias, maior era a capacidade baixista do exportador e, portanto, maior a importância da renda apropriada e transferida para o estrangeiro. O comércio funcionava de tal modo que à queda dos preços internacionais não se seguia uma correspondente baixa dos preços no varejo. Esse mecanismo funcionou entre 1894-1904, provocando o aumento da margem de comercialização dos intermediários, que passou de 13 centavos por libra-peso em 1892-1895 para

17,4 centavos por libra-peso em 1901. Em outros termos, os exportadores estrangeiros da praça de Santos exerciam um papel de oligopsônio sobre vendedores, enquanto as casas comissárias organizavam-se numa estrutura concorrencial. Decorre desse fato um confronto desigual entre fracos interesses altistas e poderosos interesses baixistas, verificados, sobretudo, em períodos de superprodução, como o que teve lugar no final do século XIX e princípios do século XX.

Se os comissários trabalhavam pela alta das cotações, e assim representavam interesses que eram seus e dos fazendeiros, por outro lado sua atividade incluía práticas que contrariavam interesses dos proprietários de terra, como, por exemplo, manipulações com o café adquirido em consignação dos fazendeiros. Quando um tipo de café de qualidade era misturado com outros, de qualidade inferior, alcançavam-se preços mais baixos. Para o comissário, esta prática era interessante, pois assim encontrava colocação para produtos que, de outro modo, não teriam mercado. Isto é, ao comissário interessava vender pelo maior preço, mas vender todo o café de que dispunha em consignação, o que acarretava perdas para o fazendeiro que enviava um café fino a Santos.

Outras práticas também prejudicavam o fazendeiro. O café vendido pelo comissário ao exportador era acompanhado de uma simples conta de venda do comissário ao fazendeiro, relatando as condições da venda e o crédito que o fazendeiro possuía em sua conta na casa comissária. Nada impedia que esta emitisse a conta de venda em data posterior à data em que a transação fora de fato realizada. Tais práticas, cuja generalização é obviamente impossível de ser avaliada, eram, contudo, motivo de queixas por parte dos fazendeiros. Essa reação veio à tona, como se poderia esperar, nos momentos difíceis de superprodução e queda dos preços do café. Foi justamente nesses momentos que o mecanismo de comercialização e financiamento do café, baseado no comissário, começou a se mostrar inadequado para o empreendimento cafeeiro.

É bem verdade que algumas tentativas de formação de um sistema de crédito agrícola haviam sido realizadas desde os tempos do Império. A necessidade de um sistema financeiro alternativo já era sentida bem antes, principalmente por grandes fazendeiros, interessados em realizar investimentos volumosos. A questão da mão-de-obra, contudo, assumia uma gravidade de tal ordem, na segunda metade do século XIX, que absorvia atenção integral do capital cafeeiro.

A introdução do trabalho livre nas fazendas paulistas desencadeou um mecanismo expansionista sem precedentes na lavoura e, como conseqüência, revelou-se mais claramente a insuficiência do sistema de financiamento baseado no comissário. Assim sendo, se, por um lado, recursos financeiros adicionais se tornaram necessários para o custeio das fazendas, de outro a introdução do trabalho livre veio eliminar a necessidade de recursos anteriormente exigidos para a aquisição de escravos.

3.3. A QUESTÃO DA MÃO-DE-OBRA

A utilização em massa do trabalho assalariado representou a primeira fase de desenvolvimento do capitalismo no Brasil. A formação do mercado de trabalho assalariado adquiriu um ritmo mais intenso no país depois da falência definitiva do sistema escravista. Na análise desse processo, salta à vista o fato de que, praticamente até a década de 1930, a mão-de-obra assalariada era recrutada, na região de desenvolvimento mais intenso — Sudeste —, preferencialmente entre os imigrantes, embora já houvesse, desde as últimas décadas do século XIX, um grande contingente potencial de trabalhadores assalariados constituído por brasileiros natos. Uma investigação parcial dos recursos de mão-de-obra efetuada em 1882 demonstrou que de cerca de 5 milhões de pessoas na idade de 13 a 45 anos que viviam nas seis maiores províncias do país — Rio de Janeiro, Minas Gerais, São Paulo, Bahia, Pernambuco e Ceará —, 651 mil, ou 13%, eram escravos. O número de pessoas livres que se dedicavam a qualquer trabalho era igual a 1,4 milhão, ou 29%. As demais, 2,9 milhões, ou 58% de toda a população apta ao trabalho, foram qualificadas como "indivíduos sem ocupação certa".

A abolição da escravatura em 1888, assim como uma série de cataclismas sociais e econômicos no último quartel do século — como, por exemplo, uma seca catastrófica no Nordeste em 1877-1879 ou a decadência dos cafezais outrora prósperos na província do Rio de Janeiro e a sua transformação em pastagens —, resultaram no aumento do número de pessoas que não tinham fontes de rendimentos permanentes para sua subsistência e, muitas vezes, nem sequer domicílio. Foi precisamente nessa época que surgiram, no Rio de Janeiro e em algumas outras cidades do Brasil, as favelas.

O que explicaria a necessidade de importação de imigrantes, apesar da existência de tanta mão-de-obra nativa desocupada? Durante cinqüenta anos, de 1880 a 1930, chegaram ao país 4 milhões de imigrantes, a maior parte dos quais se estabeleceu em São Paulo, que era uma espécie de epicentro do desenvolvimento capitalista. Em fins do século XIX, os imigrantes constituíam cerca de metade da população adulta de São Paulo e mais de 10% da população adulta do país.

Isto aconteceu, em primeiro lugar, porque milhões de habitantes locais pauperizados, sem ocupação certa, representaram por muito tempo um exército de trabalho sobretudo potencial e não real. O longo domínio do sistema escravista e de outros sistemas arcaicos, a exploração impiedosa e a opressão social que as camadas dos despossuídos, tanto os escravos como os pobres livres, sofreram durante várias gerações, mutilaram-nas moral, psicológica e fisicamente. Além disso, o primitivismo dos seus hábitos de trabalho, que se combinava freqüentemente com a deficiência física, assim como tradições e costumes que lhe foram inculcados, criavam sérios obstáculos à exploração capitalista da mão-de-obra nacional.

Os fazendeiros de café de São Paulo e os industriais principiantes do Rio de Janeiro e de São Paulo, durante muito tempo, preferiam admitir operários-imigrantes que já haviam "cursado uma escola de trabalho assalariado", habituados a mais disciplina e autonomia, embora seus salários fossem mais elevados. Ao mesmo tempo, o governo federal e as administrações locais dos estados do Sudeste, principalmente São Paulo, continuavam a gastar importantes somas para subsidiar a imigração, apesar da intensificação do superpovoamento agrário. As primeiras restrições à imigração, ainda tímidas, como a proibição do ingresso de pessoas doentes e idosas, foram introduzidas no país em 1921. Depois de 1930, com o agravamento do problema do emprego, devido, entre outras razões, ao crescimento da oferta de mão-de-obra no mercado nacional, restrições mais sérias foram impostas.

De modo geral, até a década de 1930, a reserva de mão-de-obra composta de brasileiros nativos era utilizada relativamente pouco e de preferência nos ramos em que prevaleciam relações de produção tradicionais. Via de regra, as condições de contratação de mão-de-obra nacional eram consideravelmente piores. Segundo Roberto Simonsen, em 1938, cinqüenta anos depois da abolição da escravatura, o salário de um trabalhador de muitas zonas do Norte e do Nordeste do Brasil era inferior aos gastos com a manutenção de um escravo nos últimos anos do império.

> *Por condições econômicas ainda mal estudadas, o trabalhador livre, em vastas zonas do país, não ganha o suficiente para se alimentar: é um subalimentado executando miseravelmente o pouco trabalho de que é capaz, a troco do simples direito de viver*[7].

7. Simonsen (1973:268).

Tudo isso permite afirmar que a libertação dos escravos não os transformou em operários assalariados, como supõem alguns, mas apenas criou possibilidades para isso. Tornar-se-iam proletários apenas filhos e netos dos antigos escravos, cujos pais e avós tiveram de passar pela severa escola da adaptação ao novo modo capitalista de produção.

O baixo nível de desenvolvimento das forças produtivas e do próprio produtor imediato, no entanto, não foram as únicas causas do desenvolvimento atrasado e lento do mercado de trabalho assalariado. A concentração das terras mais férteis e melhor situadas nos latifúndios foi um importante obstáculo à transformação da maior parte das pessoas livres em proprietários de terra. Apesar disso, muitas tiveram acesso ao meio de produção básico, estabelecendo-se nas terras alheias como arrendatários.

Além disso, o monopólio da grande propriedade de terra no Brasil jamais teve um caráter absoluto. Na periferia e dentro das principais zonas de produção agrícola existiam grandes maciços de terras que não pertenciam a ninguém ou tinham sido abandonadas, o que abria à população indigente livre, que crescia cada vez mais, possibilidades de obter meios de subsistência. Portanto, embora a maioria das pessoas livres não possuísse os meios de produção, não estava destituída totalmente dos meios de existência, o que deu condições para transformar uma parte da população rural indigente em camponeses. Esses processos tornaram-se especialmente intensos após a derrocada do sistema escravista e resultaram na formação de dois sistemas econômicos: um de economias "semifeudais" e de pequenas economias camponesas, que concorriam na utilização do excesso de mão-de-obra com outro sistema, verdadeiramente capitalista.

Questões de Revisão

1. Por que a cultura do café revelou-se adequada ao Brasil, tendo sido, durante décadas, o carro-chefe da economia brasileira?
2. Por que se pode afirmar que o comerciante de café desempenhava um papel fundamental na economia cafeeira?
3. Sobre que bases se assentava a relação entre fazendeiros e comerciantes de café?
4. Como funcionava o sistema de financiamento da produção cafeeira? Quais eram suas limitações?
5. Como foi equacionado o problema da inadequação da população nativa ao trabalho nas lavouras de café?

CAPÍTULO 4

Origens da indústria

Indústrias Matarazzo — Arquivo Nosso Século

4.1. CONSOLIDAÇÃO DAS CONDIÇÕES PARA O DESENVOLVIMENTO INDUSTRIAL

O processo de transição para o modo de produção capitalista nos países atrasados mostra-se especialmente prolongado e doloroso, atravessando uma fase de desenvolvimento e de existência, mais ou menos longa, de diversas formas econômicas mistas que combinam elementos de relações de produção arcaicas e modernas. Nos países em vias de desenvolvimento, certos traços do tradicionalismo são característicos também do setor capitalista que surge, na maioria das vezes, com a participação direta do capital estrangeiro ou como resultado do efeito demonstrativo da indústria e da agricultura dos centros capitalistas e incorpora inicialmente apenas uma parte limitada da população.

No Brasil, a economia capitalista e as "outras economias" que se desenvolviam paralelamente absorviam apenas uma parte da mão-de-obra lançada para o mercado devido ao superpovoamento agrícola e à deterioração das formas econômicas anteriores. Foi precisamente isso que criou condições para a reprodução da pior espécie das formas pré-capitalistas de exploração, adiando por muito tempo a sua deterioração e decomposição definitiva, como atesta o exemplo da utilização de trabalho forçado em massa na Amazônia durante o ciclo da borracha, a partir do fim do século XIX. Centenas de milhares de pessoas recrutadas entre a população desempregada dos estados nordestinos foram praticamente reduzidas à condição de escravos para se verem novamente desempregados às vésperas da Primeira Guerra Mundial em razão da crise no mercado internacional. Resultaram, portanto, muito instáveis e passageiras também essas formas "novas" de organização da produção que surgiram depois do desmoronamento do sistema escravista.

No final do século XIX, no entanto, observou-se não só o surgimento de um mercado de mão-de-obra assalariada (como apontado na seção anterior) mas também a intensificação da concentração de riquezas e o desenvolvimento de relações monetário-mercantis.

As estradas de ferro, que começaram a ser construídas em 1852, desempenharam papel fundamental, uma vez que incorporaram vastas zonas em que dominavam anteriormente economias naturais ou semi-naturais. A imigração em massa aumentava a disponibilidade de mão-de-obra, assim como a demanda agregada. Por fim, verificou-se elevação da oferta monetária. Enquanto em 1851 a massa de moeda em circulação era igual a 7 mil-réis (0,85 da libra esterlina por habitante), em 1889 este índice subiu para 15 mil-réis (1,65 libras esterlinas por habitante), o que sugere que, no período, a circulação mercantil, provavelmente, tenha-se intensificado.

De modo geral, a envergadura do mercado interno e da economia financeira eram ainda bastante limitadas, pois asseguravam condições mínimas para o início da produção capitalista, mas insuficientes para abrir caminho ao seu desenvolvimento livre. No momento da queda do império, por exemplo, o total de papel-moeda em circulação era igual a apenas 211 milhões de mil-réis (cerca de 23 milhões de libras esterlinas), valor 2,4 vezes inferior ao da circulação mercantil externa. O restrito meio circulante de uma economia escravista não era suficiente para permitir um funcionamento adequado de uma economia baseada no regime de trabalho assalariado. O governo republicano que chegou ao poder intensificou a emissão de papel-moeda e concedeu maior autonomia e responsabilidades aos bancos privados. Durante um prazo curto, o total de recursos financeiros em circulação mais que duplicou. Teve início um processo inflacionário acompanhado de especulação nas bolsas de valores, criadas no fim século XIX, em São Paulo e outras grandes cidades. Durante um ou dois anos, foram fundadas no Brasil centenas de sociedades acionárias que possuíam, via de regra, apenas um capital fictício.

Os investimentos estrangeiros, cujo afluxo aumentou consideravelmente a partir de meados do século passado, também foram encaminhados, sobretudo, para a infra-estrutura. No período de 1860 a 1889, por exemplo, foram concedidas licenças para a abertura de 137 companhias estrangeiras, 111 das quais eram inglesas. A maioria esmagadora das empresas foi criada na esfera financeira — bancos, companhias de seguros — e de serviços — estradas de ferro, navegação, transportes urbanos, abastecimento de gás — e, mais raramente, na indústria mineira.

4.2. A FORMAÇÃO DA INDÚSTRIA

A formação dos primeiros focos de produção capitalista começou no Brasil só no último quartel do século XIX, especialmente no segundo qüinqüênio da década de 1880. Contribuiu para isso, em primeiro lugar, o surgimento do mercado de mão-de-obra assalariada originado pela imigração em massa, abolição da escravatura e intensificação da deterioração das outras estruturas pré-capitalistas. Certas mudanças tiveram lugar também na ideologia da classe dominante. Enquanto anteriormente boa parte de seus representantes considerava que o Brasil deveria continuar a ser um país exclusivamente agrário, agora não faltavam partidários da criação da indústria nacional. Essas tendências deviam-se em grande parte ao crescimento das dificuldades na esfera da economia tradicional. A crise econômica mundial de 1875 e a crise de superprodução de café de 1880-1886, que acarretaram a ruína de muitos fazendeiros, comerciantes e bancários, tornaram evidente a vulnerabilidade da economia cafeeira.

As primeiras tentativas, em geral infelizes, de organização da indústria capitalista haviam sido empreendidas no Brasil em meados do século XIX. Em 1844, o governo brasileiro aproveitara a expiração do tratado comercial desigual com a Inglaterra, que limitava os impostos alfandegários ao nível máximo de 15%, estabelecendo uma nova tarifa alfandegária, bem mais alta. Embora essa medida tenha sido tomada, sobretudo, para alcançar certos objetivos fiscais, teve também certo efeito protecionista. Além disso, em 1846, o governo baixou vários decretos concedendo subsídios à produção local de artigos têxteis.

Essas medidas, assim como o efeito demonstrativo da indústria capitalista da Inglaterra, estimularam alguns brasileiros ricos a criar empresas industriais. No entanto, essas indústrias — ainda em pequena quantidade — não eram capitalistas, pois utilizavam, em geral, trabalho escravo e equipamentos primitivos. Segundo informações de Morse, em todo o Brasil havia apenas 50 manufaturas qualificadas como empresas industriais com capital de 7 milhões de mil-réis, equivalente a cerca de 840 mil libras esterlinas[8]. Ferreira Lima aponta por sua vez que, em 1850, eram 74 as empresas produtoras de chapéus, círios, sabão, cerveja, cigarros, tecidos de algodão etc., 50 das quais se encontravam na capital e na província do Rio de Janeiro. *Eram fábricas pequenas, usando poucas máquinas, que ainda eram muito caras, mas que apresentavam produtos de notável acabamento, embora fossem de âmbito apenas local, não se realizando quase intercâmbio de manufaturas entre as províncias*[9].

Entre essas empresas primitivas, havia também certas exceções, como o estaleiro na cidade de Niterói, inaugurado em 1850. Construída de acordo com modelos ingleses e sob a direção de engenheiros ingleses, nela trabalhavam mais de mil pessoas. Entre 1850 e 1861, esta empresa de Mauá construiu 72 navios, além de ter produzido tubos, peças para a construção de pontes, etc. Contudo, a maior parte das

8. Morse (1970).

9. Ferreira Lima (1970:241).

empresas criadas depois da reforma de tarifas de 1844 não conseguiu sobreviver devido à falta de mão-de-obra qualificada, à concorrência por parte de esferas mais lucrativas de aplicação do capital e, especialmente, ao enfraquecimento do protecionismo alfandegário a partir de 1857. Em particular, em 1858 foram fechadas muitas fábricas têxteis da capital, mesmo as que recebiam ajuda por parte do governo. Depois da diminuição dos impostos sobre a importação de navios a vapor, de alguns tipos de veleiros e de máquinas a vapor, o estaleiro de Mauá viu-se forçado a se dedicar ao conserto de navios pequenos para, finalmente, ser fechado em 1861.

A campanha em prol da política protecionista intensificou-se após a criação, em 1880, da Associação Industrial, cuja direção foi assumida por A. Felício dos Santos. Em 1882, ele publicou, em nome da Associação, um manifesto contra os partidários da orientação exclusivamente agrária do país. A sua argumentação a favor do desenvolvimento da indústria era a seguinte:

> *O Império, graças a ela (indústria) não só obteria a independência econômica, mas resolveria alguns de seus problemas, pois atrairia braços e capitais estrangeiros, ocuparia uma população urbana desocupada que poderia suscitar uma questão social, livraria a nação de sua vulnerabilidade de uma economia monocultora e, abastecendo o mercado interno, diminuiria a importação, aliviando a balança comercial*[10].

É interessante assinalar que o ideólogo da burguesia industrial em vias de surgimento interpretava a dependência econômica exclusivamente como dependência comercial e considerava o capital estrangeiro como um elemento indispensável e útil do desenvolvimento. Além disso, A. Felício dos Santos era adversário da abolição da escravatura. Edgard Carone chamou a atenção para mais uma particularidade da campanha em defesa da indústria: "O singular é ter nascido no Brasil uma associação profissional favorável à industrialização, antes de existir uma indústria propriamente dita"[11].

A atividade da Associação Industrial contribuiu para o crescimento de tendências pró-industrializantes, mas a sua influência direta sobre a política do governo era insignificante. A nova tarifa alfandegária posta em vigor em 1887 estabeleceu elevados impostos, sobretudo para os produtos agrícolas que podiam concorrer no mercado interno com os produtos locais, e impostos moderados para produtos em cuja importa-

10. Vilela Luz (1961:62).

11. Carone (1977).

ção estava interessado o setor agrário. Foram aumentadas ainda as taxas alfandegárias sobre o fiado de lã e de algodão importado por fabricantes locais de tecidos. Em outras palavras, o protecionismo alfandegário tinha como objetivo atender basicamente os interesses da classe dominante tradicional.

Medidas mais enérgicas em defesa da indústria foram tomadas pelo primeiro governo republicano, especialmente na época da gestão do Marechal Floriano Peixoto (1891-1894). O Ministro da Fazenda Ruy Barbosa estabeleceu impostos protecionistas para os produtos manufaturados nacionais, tendo diminuído consideravelmente as taxas cobradas sobre a importação de equipamento e de matérias-primas. Nessa mesma época, foi promulgada a lei da proteção à indústria, que estabeleceu privilégios adicionais. Essas decisões foram anuladas depois da tomada do poder pelo governo de Prudente de Morais (1894-1898), o primeiro presidente a representar, na época da República Velha (1889-1930), os interesses da oligarquia do café de São Paulo. A política do Estado foi especialmente pró-oligárquica e antiindustrial na época dos presidentes Campos Salles (1898-1902) e Rodrigues Alves (1902-1906). Em particular, a tarifa alfandegária de 1900 que continuou em vigor até 1934 levava em consideração, sobretudo, os interesses dos ramos da agricultura que se orientavam para a exportação e dos grupos sociais ligados a esses ramos.

A importância dos investimentos estrangeiros

No recenseamento de 1920, encontramos dados relativos ao capital total das empresas industriais então existentes, assim como aos períodos em que foram feitos os respectivos investimentos, o que permite fazer uma idéia sobre a época de formação da indústria brasileira.

Essa formação intensificou-se no período da derrocada definitiva do sistema escravista e nos primeiros anos da República. Restabelecido o poder da oligarquia tradicional, depois de 1894, esse processo tornou-se mais lento, para voltar a se acelerar na década anterior à Primeira Guerra Mundial e durante a própria guerra. Mais de 55% da capacidade instalada da indústria, registrada pelo recenseamento de 1920, foi criada em 1905-1919; aproximadamente um quarto dela, em 1884-1894; e apenas 9,6%, até 1884. Em 1884, no Brasil havia apenas 200 empresas industriais. Em 1889, o número aumentou para 600 (60% das quais eram têxteis). Mais de 450 empresas industriais foram fundadas em 1890-1895. Em 1907, o número de empresas registradas como industriais chegou a 3,2 mil, e em 1920, a 13,3 mil. Aumentava paralelamente o número de operários ocupados na indústria. Em 1890, havia no país entre 50 e 60 mil; cerca de 152 mil em 1907 e 297 mil em 1920. Cumpre assinalar que esses dados, reti-

A importância dos investimentos estrangeiros

rados dos recenseamentos oficiais, indicam números um tanto exagerados de operários industriais. Baer[12] indica que, no recenseamento de 1920, foram registrados como operários industriais até os artesãos que não haviam renunciado totalmente à produção agrícola. Mas, de um modo geral, o número de pessoas ocupadas na indústria ou ligadas a ela tinha efetivamente aumentado.

A partir de meados da primeira década do século XX, o crescimento rápido da indústria foi propiciado em grande parte por uma nova crise de superprodução de café, ainda mais profunda do que em 1880-1886, que diminuiu a rentabilidade dos investimentos na produção de café e criou novos estímulos para investimentos na indústria. Além disso, em 1907, os industriais conseguiram aumentar um pouco o nível de proteção alfandegária. Condições favoráveis para o desenvolvimento da indústria formaram-se também durante a Primeira Guerra Mundial, pois o mercado interno ressentia-se da falta de mercadorias de origem estrangeira. Ritmos relativamente altos de crescimento da indústria verificaram-se também em alguns anos do período do pós-guerra, mas, a partir de 1923, e até 1929, houve praticamente uma estagnação. O crescimento do produto nacional bruto, cuja média anual atingiu 4,5% na década de 1920, deveu-se, sobretudo, ao incremento da produção agrícola.

Após a Primeira Guerra Mundial, intensificou-se o afluxo de investimentos estrangeiros ao Brasil. Os investimentos diretos provenientes da Inglaterra elevaram-se, em 1923, a 110 milhões de libras esterlinas (aproximadamente 500 milhões de dólares) e os dos EUA, em 1929, atingiram 193 milhões de dólares. De modo geral, no período de 1920 a 1931, o afluxo anual médio de capitais estrangeiros no Brasil variava entre 65 e 75 milhões de dólares, grande parte dos quais dirigia-se à indústria. Em 1920, a companhia americana *Ford* abriu no país a sua primeira filial para montagem de alguns tipos de automóveis. A companhia inglesa *British-American Tobacco* começou a construir em 1923 a maior fábrica de cigarros da América Latina. Fundaram suas filiais no país as companhias americanas *Armour* (matadouro), *Park Davis & Co.* (produtos farmacêuticos), *International Harvester* (maquinaria agrícola), *Goodrich* (produção de pneus), dentre outras. Paralelamente aumentou muito a capacidade instalada das filiais das companhias de energia elétrica *Light and Power* e *American Foreign Power*. Em 1921, com capital belga, começou a ser construída em Sabará-MG a primeira fábrica metalúrgica moderna do país; em 1924, a companhia holandesa *Philips* abriu sua primeira filial no Brasil. No período de 1925 a 1929, além de empréstimos contraídos pelo governo, ingressaram no país vultosos capitais procedentes de outras fontes.

---

12. Baer (1975).

4.3. A CLASSE INDUSTRIAL

Em 1872, o Barão de Piracicaba construiu, na cidade de São Paulo, a primeira fábrica têxtil de tipo moderno, que utilizava cerca de 30 teares adquiridos da firma inglesa *John Pratt & Sons* e o trabalho de apenas 60 operários. Em 1877, o filho do Barão de Piracicaba, que tinha sido educado na Inglaterra, construiu outra fábrica têxtil, ainda maior, munida de 350 máquinas da mesma firma inglesa. No estado de São Paulo, em particular na zona algodoeira de Itu, foram abertas mais dez pequenas empresas de fiação de algodão. No Brasil, tal como em muitos outros países, o setor têxtil foi durante muito tempo o principal ramo industrial. Em 1881, nela estavam ocupados 3 mil operários, em 1907, 53 mil e, em 1921, 109 mil.

No período de 1875 a 1885, começaram a surgir empresas de diversos ramos em outras regiões, como no Nordeste, onde foram construídas, sobretudo com a ajuda de créditos ingleses, 50 refinarias de açúcar, que substituíram em parte os engenhos de tipo colonial. Em 1881, uma empresa têxtil bastante grande foi aberta em Madalena-PE. Em 1890 eclodiria aí uma das primeiras greves de operários industriais no Brasil. Uma algodoaria ainda maior foi aberta em 1891 na Bahia, por um certo L. Tarquínio, conhecido como autor do projeto de libertação dos escravos publicado em 1885.

Iniciava-se também a construção de modernas refinarias de açúcar nas províncias do Rio de Janeiro e de São Paulo. Algumas delas foram construídas pela companhia francesa *Société de Sucreries Brésilienne*; outras, por proprietários de novas plantações de café altamente produtivas, criadas na parte ocidental do estado de São Paulo em fins da década de 1860, depois da construção das estradas de ferro. Os enormes lucros de alguns dos fazendeiros dessa zona, cujas terras férteis permitiam obter colheitas sem precedentes, foram investidos, em parte, na criação de outras empresas capitalistas.

Ganhavam fama especial, então, Antonio da Silva Prado e outros representantes da elite do café de São Paulo, que se tornariam empresários capitalistas. Muitos deles participavam, ao mesmo tempo, na vida política do país, o que lhes permitia obter diversos privilégios dos governos federal e estadual. A partir da década de 1880, e especialmente durante a de 1890, começaram a investir recursos na construção de empresas industriais. Lacerda Franco, por exemplo, proprietário de várias plantações, grande comerciante de café e senador federal, fundou, em 1890, o Banco União e construiu mais tarde, em Sorocaba-SP, a fábrica têxtil Votorantim, uma das maiores do Brasil. Era também proprietário de uma pequena fábrica têxtil em Jundiaí-SP e de uma companhia telefônica, além de ser acionista e diretor de uma companhia ferroviária. R. Miranda, proprietário de grandes plantações de café e de uma firma de importação, deputado federal e ministro da agricultura, construiu uma fábrica têxtil em Piracicaba-SP. O proprietário de plantações de café A. Rodovalho fundou em 1890 uma fábrica de papel que existe ainda hoje sob o nome de Companhia Melhoramentos de São Paulo. Em 1897, construiu na sua fazenda a primeira fábrica de cimento do Brasil. Em 1891, um grupo de latifundiários ricos de São Paulo, juntamente com alguns comerciantes-importadores locais de origem alemã, ligados ao banco alemão *Brasilianische Bank für Deutschland*, fundaram a companhia Antarctica, atualmente uma das maiores fábricas de cerveja do país. Em 1902, de maneira semelhante, foi criada outra grande companhia de cerveja, a Brahma.

A fim de abastecer com garrafas a indústria de cerveja em vias de nascimento, foi fundada a Companhia Vidraria Santa Marina, uma das maiores ainda hoje. Seu fundador e principal acionista foi Antonio da Silva Prado, a quem já nos referimos; ações dessa companhia foram adquiridas ainda pelo conde A. do Nascimento (presidente da fábrica de cerveja Antarctica), por G. Marchke (o então dono da Brahma), por C. Campos (antigo presidente da província de São Paulo) e por alguns estrangeiros ricos, representantes da elite local.

Antonio da Silva Prado, que pertencia à elite latifundiária tradicional de São Paulo, chegou a representar durante certo período a sua província na capital, ocupando o posto de ministro em um dos governos do Império. No período de 1866 a 1889, criou numerosas plantações na região oeste do estado de São Paulo e participou ativamente da construção de estradas de ferro. Foi presidente e diretor da Companhia Paulista de Estradas de Ferro e construiu, entre 1870 e 1872, o trecho ferroviário entre Jundiaí e Campinas e, posteriormente, algumas outras ramificações ferroviárias na parte ocidental do estado. A oficina de reparação, criada junto com a companhia, tornou-se mais tarde uma importante empresa industrial onde trabalhavam mais de 700 operários. Essa empresa dedicava-se não só à reparação, mas também à produção de vagões ferroviários, caldeiras, bombas d'água, etc. A partir de 1911, essa oficina começou a efetuar a montagem de locomotivas que vinham do exterior. Entre outras companhias industriais fundadas por Antonio Prado pode-se mencionar ainda uma fábrica de couros e um matadouro.

A partir de meados da década de 1880, Antonio Prado tentou organizar a produção de uma máquina para purificação e secagem de café inventada pelo imigrante alemão E. Engelberg, mas a tentativa fracassou, pois os fazendeiros locais não acreditavam que algo de valor pudesse ser inventado e produzido no Brasil e recusavam-se a adquirir a máquina. Em 1888, a patente de Engelberg foi vendida nos EUA e a máquina produzida a partir desse protótipo passou a gozar de boa procura no mercado internacional, inclusive no Brasil.

Dean, exagerando, escreveu:

Quase todos os empresários brasileiros saíram da elite latifundiária. Até 1930, não se podia descobrir um só empresário que pertencesse por origem à classe local média ou inferior. Aliás, mesmo depois desta data, semelhantes exemplos eram muito raros[13].

Na verdade, o grupo social de onde saiu grande parte dos empresários locais eram os comerciantes importadores e exportadores de origem estrangeira e empresários-imigrantes pertencentes à nova corrente migratória, que chegaram ao país em fins do século passado na esperança de enriquecer rapidamente. Estes últimos eram especialmente agressivos. Em geral, começavam a sua carreira de negócios no Brasil na esfera do comércio de importação. Depois, tendo aumentado ou criado o capital inicial, davam início à organização das suas próprias empresas ou estabeleciam controle sobre empresas instituídas anteriormente por pessoas oriundas da elite latifundiária.

Freqüentemente, os novos empresários-imigrantes atuavam durante certo tempo como representantes diretos das companhias e bancos da Europa Ocidental e dos EUA interessados em reforçar suas posições no mercado brasileiro. Rodolfo Crespi, por exemplo, que se tornaria mais tarde proprietário da maior fábrica têxtil de São Paulo, chegou ao Brasil em 1893 como representante da firma italiana de indústria e comércio E. Dell'Acqua. Algum tempo depois, casou-se com a filha do proprietário de uma pequena fábrica têxtil e começou a trabalhar na empresa do sogro, sendo, ao mesmo tempo, dono de um restaurante, o que aumentava os seus lucros. Em 1906, adquiriu a fábrica do sogro e começou a ampliá-la, utilizando para isso os créditos da E. Dell'Acqua e da filial local da *Banca Commerciale Italiana*. Em 1909, já trabalhavam na sua empresa 1.300 pessoas. Adquiriu também fábricas de chapéus, de cimento e de seda e, em 1913, uma fábrica de fiação de lã. Em 1917, o número de trabalhadores ocupados na empresa básica do grupo Cotonifício Rodolfo Crespi chegou a 2.000. Foi precisamente nesse estabelecimento que começou a greve geral de operários paulistas em

---

13. Dean (1969:46).

1917. Mais tarde, Crespi obteve também acesso ao negócio de café mediante o casamento de sua filha com o filho de Antonio da Silva Prado. Quando Mussolini tomou o poder na Itália, Crespi tornou-se adepto fervoroso do fascismo e transferiu grandes somas para a Itália. Mussolini condecorou-o por isso com uma comenda e o rei Vitor Emanuel III concedeu-lhe a patente de conde. Na década de 1930, Crespi ingressou na filial local do partido fascista italiano.

O imigrante italiano G. Puglisi Carbone, por seu turno, começou sua atividade empresarial no Brasil como importador de farinha e de outros produtos alimentares. Em 1900, fundou, juntamente com Francisco Matarazzo, um pequeno banco em São Paulo que se dedicava, sobretudo, à transferência de salários dos operários italianos para seu país de origem. Em 1906, este banco transformou-se em filial da *Banca Commerciale di Milano*, o que aumentou consideravelmente os fundos de Carbone, que os utilizou para criar suas próprias empresas. Em apenas três anos adquiriu um moinho, uma fábrica de fiação de seda e uma refinaria de açúcar.

Muitos outros empresários-imigrantes percorreram o mesmo caminho no fim do século XIX e princípios do século XX, para passar da categoria de comerciantes-importadores para a de industriais. Os quatro irmãos Jafet chegaram a São Paulo, vindos do Líbano, no período de 1887 a 1893 e criaram uma firma que vendia tecidos importados e confecções. Em 1906, fundaram sua própria fábrica têxtil. O sueco H. Lundgren fundou uma série de empresas têxteis no Nordeste do Brasil. Sotto Maior, grande comerciante importador de origem portuguesa, que se havia estabelecido no Rio de Janeiro ainda em 1865, possuía, no fim do século passado, meia dúzia de empresas industriais. Os irmãos Klabin, que durante certo tempo comerciavam papel, organizaram uma fábrica própria. Porém, quem fez a carreira mais brilhante foi o imigrante italiano Francisco Matarazzo.

4.3.1. As indústrias Matarazzo

Francisco Matarazzo chegou ao Brasil em 1881. Tinha instrução superior, alguma experiência comercial e o desejo de enriquecer. Estabeleceu-se inicialmente em Sorocaba-SP, onde se empenhou no comércio de porcos e de toucinho. Cerca de nove anos depois já havia conseguido acumular um capital de cerca de 4,5 mil libras esterlinas e mudou-se para a capital do estado, onde fundou uma firma comercial especializada na importação de farinha de trigo e de toucinho. Nos dez anos seguintes, isto é, até 1900, aumentou ainda mais as suas propriedades e estabeleceu relações de amizade que o ajudaram, em particular, a obter crédito do *British Bank of South America*, à custa do que construiu o primeiro moinho a vapor em São Paulo. Em 1904, Matarazzo fundou uma fábrica têxtil, com o objetivo de satisfazer suas próprias necessidades de tecidos para sacos. Mais tarde construiu uma fábrica de tecidos finos.

A fim de adquirir matérias-primas sem intermediários, Matarazzo criou nas regiões algodoeiras uma rede de empresas de beneficiamento de algodão, o que lhe permitiu, posteriormente, construir um lagar de azeite. Os produtos deste último foram utilizados em mais uma empresa por ele fundada para o fabrico de sabão e de glicerina. A seguir, fundou fábricas de fósforos, de massas, de círios, de conservas, serrarias, uma empresa de caixas de madeira, uma tipografia, assim como fábricas de seda artificial, de ácido sulfúrico, de cerâmica, de porcelana, etc. Adquiriu, além disso, vários navios e construiu uma doca própria, assim como uma fábrica de fundição e uma oficina mecânica para consertar os equipamentos das suas numerosas empresas.

Para economizar dinheiro com o seguro de mercadorias, Matarazzo criou seu próprio fundo especial e realizava operações financeiras através da filial local da *Banca di Napoli*, que se encontrava sob sua direção. Mais tarde, Matarazzo adquiriu plantações de cana-de-açúcar, fazendas de café e granjas pecuárias, além de muitos imóveis na cidade de São Paulo. Nos fins da década de 1930, seu nome já era no Brasil símbolo da riqueza e do êxito empresarial. Em 1934, o giro comercial das empresas que lhe pertenciam chegou a 350 milhões de mil-réis, enquanto o rendimento de todo o estado de São Paulo era igual a 400 milhões de mil-réis. "É fora de dúvida (...) que o conde Matarazzo, financeira e economicamente, é o segundo 'Estado' de São Paulo", liase em um jornal brasileiro da época.

4.3.2. O grupo Votorantim

Os fundamentos de outro império industrial, o grupo Votorantim, foram lançados pelo imigrante português António Pereira Ignácio, que começara a carreira de negócios, em 1892, como retalheiro. Depois, tendo assegurado o apoio de dois grandes comerciantes-importadores do Rio de Janeiro, fundou uma pequena empresa de beneficiamento de algodão em São Paulo. Em 1899, Ignácio deslocou-se aos EUA, a fim de estudar o beneficiamento de algodão e, ao voltar dali, em 1902, ampliou ainda mais sua rede de empresas. Os lucros obtidos permitiram-lhe adquirir a fábrica de cimento construída por Rodovalho em 1897, uma companhia telefônica e uma pequena central elétrica.

Durante a Primeira Guerra Mundial, a indústria paulista de algodão deparou com uma falta aguda de matérias-primas. Pereira Ignácio aproveitou-se disso para agravá-la artificialmente, sendo auxiliado nessa artimanha por dois outros corretores de algodão — um dos quais era o imigrante italiano Nicolau Scarpa — e depois adquiriu quatro algodoarias que se encontravam em apuros financeiros. Duas destas empresas pertenciam aos herdeiros do barão de Piracicaba e de Barros que as haviam construído ainda na década de 1870.

Em 1917, Pereira Ignácio e Scarpa aproveitaram-se da falência do Banco União para adquirir no leilão a empresa têxtil Votorantim, segunda maior empresa do ramo em São Paulo, pagando apenas a oitava parte de seu valor real. É interessante assinalar que, até 1917, os novos ricos imigrantes conseguiram estabelecer controle sobre 8 das 15 algodoarias construídas no estado de São Paulo por pessoas oriundas da elite latifundiária tradicional. Entre elas, encontravam-se 7 das 9 empresas que haviam sido fundadas antes de 1900. Os próprios imigrantes, assim como proprietários de firmas comerciais especializadas na importação, construíram em São Paulo até 1917 19 algodoarias, 15 delas no período de 1900 a 1917[14]. Ainda em 1917, Pereira Ignácio adquiriu de Scarpa a sua quota-parte na Companhia Votorantim. Como resultado de todos esses negócios, obteve o controle sobre 17% das algodoarias do Estado de São Paulo. Em 1925, o genro de Pereira Ignácio, J. Ermírio de Moraes, tornou-se diretor-gerente da Companhia Votorantim e, depois, o seu único proprietário. Mais tarde, consolidou o mais poderoso grupo empresarial nacional do Brasil e talvez de toda a América Latina.

4.3.3. Outros grandes grupos industriais

No limiar dos séculos XIX e XX, os avós de alguns dos maiores capitalistas do extremo sul do Brasil fundaram suas primeiras empresas. Renner, por exemplo, construiu no Rio Grande do Sul o primeiro matadouro no país em 1894; Eberle abriu uma oficina mecânica em 1896 e Gerdau criou uma pequena oficina de fundição em 1901. Todos eles eram descendentes de colonos alemães.

Foi fundado, no Rio de Janeiro, em 1887, o Moinho Fluminense, a primeira filial da companhia argentino-alemã *Bunge y Born.* Mais tarde, a *Bunge y Born* fundou uma empresa moageira em Santos e muitas outras companhias comerciais, industriais, de crédito e de finanças em São Paulo, Rio de Janeiro e no Nordeste do país. Eram, via de regra,

14. Dean (1969:26, 28 e 68).

estrangeiras também as primeiras grandes empresas brasileiras de calçados, como a fábrica São Paulo Alpargatas, fundada em 1907 por capital anglo-argentino.

Foi aproximadamente nessa altura que se começaram a ampliar os investimentos estrangeiros diretos na indústria brasileira. Nomeadamente, a companhia americano-canadense de energia elétrica *Brazilian Traction, Light and Power*, fundada em Toronto (Canadá), abriu em 1899 a sua filial em São Paulo e, em 1905, outra, no Rio de Janeiro. Pouco tempo depois, a *Brazilian Traction* estabeleceu o controle total sobre a indústria energética desses centros econômicos.

4.4. APROFUNDAMENTO DA CRISE DA ECONOMIA TRADICIONAL

De modo geral, até a década de 1930, o desenvolvimento capitalista do país tivera um caráter esporádico, dadas as condições de domínio do latifúndio semifeudal e de formas inferiores do capital. O sistema de relações econômicas externas conservava o aspecto colonial. O afluxo de empréstimos e investimentos no início do século XIX contribuíra, sobretudo, para a consolidação da economia tradicional, isto é, pré-capitalista ou capitalista primitiva, e dos grupos sociais ligados àquele sistema.

Tudo isso criou obstáculos ao desenvolvimento das formas superiores do capital industrial. Em particular, o crescimento da indústria capitalista dependia em grande medida dos ramos da economia orientados para a exportação, porquanto até a década de 1930, a formação da indústria realizava-se, sobretudo, através da criação de empresas de transformação primária de matérias-primas destinadas à exportação (refinarias de açúcar, empresas de beneficiamento de algodão, etc.), ou de empresas que produziam mercadorias para a população com baixo nível de rendimentos (empresas têxteis, de calçados, fábricas de cerveja, etc.). Quanto às camadas mais abastadas da população, estas satisfaziam suas necessidades, assim como antes, à custa de importação. Portanto, a procura de mercadorias e de serviços proporcionados pela indústria local era determinada pelo desempenho dos ramos da agricultura que produziam artigos para a exportação. Nos anos de aumento da exportação, o total de salários pagos também aumentava, o que automaticamente conduzia à ampliação do mercado para a colocação de produtos industriais. Por outro lado, nas épocas de conjuntura desfavorável nos mercados externos, a procura de mercadorias e de serviços da indústria local diminuía e o ritmo de seu crescimento baixava.

A ausência de apoio por parte do Estado exerceu uma influência muito negativa sobre o desenvolvimento da indústria. A oligarquia latifundiária e o grande capital comercial, empenhado na esfera de operações de exportação e importação, exerciam o domínio político, na Primeira República (1889-1930). Utilizavam os recursos financeiros do Estado e outros meios de intervenção estatal na economia exclusivamente para interesses próprios. Apenas algumas medidas dos governos oligárquicos tiveram certo efeito protecionista para a indústria, embora tivessem sido tomadas visando atingir outros objetivos. Pode-se indicar, como exemplo, a política de desvalorização da moeda nacional no estrangeiro, medida aplicada, por vezes, nos períodos de queda dos preços das mercadorias exportadas. A cotação elevada da moeda estrangeira permitiu manter os rendimentos dos exportadores locais, auferidos em moeda nacional, em nível bastante alto. Isto por sua vez encarecia o valor das mercadorias importadas, elevando, portanto, a capacidade de concorrência dos produtos locais.

A primeira etapa de formação do sistema capitalista no Brasil foi concluída, basicamente, já no fim da Primeira Guerra Mundial, em particular no Rio de Janeiro e em São Paulo. Já em 1903, no Rio de Janeiro, ocorreram duas greves gerais de operários da indústria têxtil, das quais participaram 25 mil pessoas. Em 1908, foi criada a Confederação Operária Brasileira, cuja fundação deve-se, sobretudo, a elementos anarcosindicalistas. No período de 1917 a 1920, o jovem proletariado brasileiro realizou uma série de batalhas de classe encarniçadas, incluindo uma série de greves políticas e uma insurreição armada, em novembro de 1918, no Rio de Janeiro. Em 1922, seria fundado o Partido Comunista Brasileiro. Em 1904, os fabricantes têxteis do Rio de Janeiro criaram a primeira associação de empresários industriais do ramo, o chamado Centro Industrial do Brasil, a fim de coordenar suas atividades. Em São Paulo, duas associações análogas de proprietários de fábricas de fiação de lã e de algodão foram criadas em 1919. No entanto, a primeira federação de industriais surgiu no Brasil só em 1928, devido à cisão da federação local de comércio de São Paulo (nos anos anteriores, os industriais ingressavam normalmente nas federações comerciais dos estados). Em 1931, uma federação própria de industriais foi criada também no Rio de Janeiro. Pode-se dizer que a burguesia industrial brasileira passou a conscientizar-se como classe só nos fins da década de 1920 e princípios da década de 1930.

A partir do último quartel do século XIX, houve um importante crescimento das camadas médias da população das cidades, em razão da aceleração da urbanização, da ampliação do aparelho de Estado, da formação do exército profissional moderno, da criação do sistema de educação, dentre outras razões. Alguns representantes dessas camadas, em particular os oficiais do exército, desempenharam um importante papel nos movimentos que conduziram à abolição da escravatura e ao estabelecimento do regime republicano. Na década de 1920, os elementos democráticos pequeno-burgueses, sobretudo os jovens oficiais, organizaram uma série de insurreições armadas contra o governo que exprimia os interesses da oligarquia.

O aprofundamento das crises da economia tradicional e das estruturas políticas herdadas do passado aceleraram o advento da nova etapa de desenvolvimento capitalista do Brasil inaugurada pela revolução de 1930. A investida da Grande Depressão, tal como para o resto da economia mundial, assinalou o fim de uma era para o Oeste paulista. Os preços do café caíram, a expansão das lavouras desacelerou-se e o sistema de colonato mudou, na medida em que os fazendeiros se ajustavam às novas condições econômicas. A imigração já vinha declinando quando a Depressão cortou abruptamente o influxo de trabalhadores do exterior, tornando, assim, mais importante a mão-de-obra nacional. Os cafezais plantados na fronteira, durante o surto de 1885-1896, estavam terminando sua vida produtiva na década de 1920, de modo que a crise externa foi pouco mais do que um golpe final.

No meio século anterior à Grande Depressão, o Oeste paulista tornara-se um lugar diferente. Havia-se formado, na periferia de São Paulo, na década de 1880, uma relação especial e de certa forma singular entre o Brasil e a economia mundial. A sociedade agrária e as estruturas institucionais que a acompanhavam se haviam expandido com o auxílio de recursos virgens no planalto ocidental, durante as décadas seguintes, alimentadas pela demanda de café na Europa e América do Norte e pelo excesso de trabalhadores na Europa e, mais tarde, no Japão, até o colapso geral da década de 1930.

Os fazendeiros, herdeiros de uma longa tradição, permaneceram dominantes por todo este período. Suas decisões econômicas, seu governo e sua política ainda afetavam os outros grupos sociais. A fazenda propriamente dita, como instituição econômica e social, era uma continuação de padrões anteriores, conjugando fatores de produção em unidades bastante grandes para tornar os sucessivos deslocamentos na fronteira ocidental atraentes para os capitalistas do café e seus aliados no exterior. Apenas a receita potencial da empresa agrícola em larga escala pôde atrair o investimento inicial e a infra-estrutura de transporte, sem o que a capacidade produtiva da hinterlândia de São Paulo teria permanecido apenas uma promessa. A fazenda, portanto, abriu seu caminho fronteira adentro, ocupou a melhor terra, e permaneceu. Persistiu porque serviu aos interesses de fazendeiros individuais, gerando lucros. Sua permanente viabilidade contribuiu para o senso de hegemonia que a elite paulista conservou.

As fazendas pequenas e médias, as "fazendolas", também eram viáveis, produzindo café para o mercado externo, bem como cereais e gado para os mercados locais e para a subsistência. Em vez de diminuir de importância, à medida que as fazendas se expandiam, as fazendolas cresceram em número e na taxa proporcional dentro da lavoura cafeeira. A emergência final de um estrato importante de fazendas pertencentes a imigrantes foi uma agregação, uma atividade complementar, que não representou desafio direto às grandes fazendas. Na verdade, os fazendeiros, nas áreas mais antigas, encorajaram a transição para unidades menores, como uma maneira de transformar bens fixos, porém em declínio, em capital líquido, que podiam reinvestir na fronteira ou em outros setores econômicos. Esses outros setores — comércio, construção, processamento de alimentos e indústrias leves — cresceram em função da expansão cafeeira, assim como cresceram os centros urbanos, a demanda interna e os mercados locais. Eles foram os antecedentes históricos da estrutura econômica diversificada da São Paulo moderna.

Com a rápida expansão para o Oeste e a crescente complexidade da estrutura agrária, foi possível para a velha elite afrouxar o controle, em termos relativos, embora ainda ganhando de modo absoluto. Uma indicação de que o poder político dos fazendeiros não era mais total, foi a decisão unilateral do Governo do Estado, em 1927, de eliminar os subsídios de transporte — a chave do programa imigratório. Este e outros sinais, sobretudo a crescente influência do setor urbano-industrial da economia regional, assinalam um relativo enfraquecimento do tradicional poder dos fazendeiros paulistas, pouco antes da crise internacional.

Dos primórdios do sistema brasileiro de fazendas, no século XVI, às vésperas do surto cafeeiro, a despeito de algumas experiências hesitantes, a forma dominante de organização do trabalho havia sido a escravidão. No momento em que aumentou a demanda dos países centrais e foi instalada uma rede de ferrovias que tornou possível a expansão das lavouras, não era mais possível manter a escravatura. Ocorreu um radical rompimento com o passado, quando os paulistas desenvolveram o singular sistema de colonato, seguindo uma receita virtualmente original, e criaram seu programa de imigração. Entre os fazendeiros no cume e os camponeses nativos e ex-escravos no fundo da estrutura social rural, emergiu uma nova categoria social — os trabalhadores imigrantes. Em retrospecto, fica claro que a solução dos fazendeiros de café para suas necessidades de força de trabalho, ao tempo da abolição e nas décadas seguintes, trouxe para São Paulo um imenso influxo de capital humano. Como força de trabalho agrícola e depois industrial, co-produtores para mercados locais e para exportação, como consumidores de bens e serviços, como pais de novas gerações de brasileiros, os imigrantes forneceram a base social para a ascensão de São Paulo à preeminência entre as regiões do Brasil.

Questões de Revisão

1. Quais eram os maiores obstáculos ao desenvolvimento capitalista no Brasil, durante o período de auge da economia cafeeira?
2. Como se deu o amadurecimento das premissas do capitalismo no Brasil?
3. Que fatores internos e externos estimularam o desenvolvimento da indústria brasileira?
4. De que grupos sociais provinham os primeiros industriais brasileiros?
5. Que regiões do Brasil foram pioneiras no desenvolvimento industrial? Por quê?
6. Havia grandes divergências entre cafeicultores e industriais, ou seus interesses eram complementares? Qual era a força política de cada um dos grupos?
7. Qual foi o papel desempenhado pelos investimentos estrangeiros no processo de industrialização brasileiro?
8. Como estava constituído o quadro de forças político-econômicas no final da década de 1930?

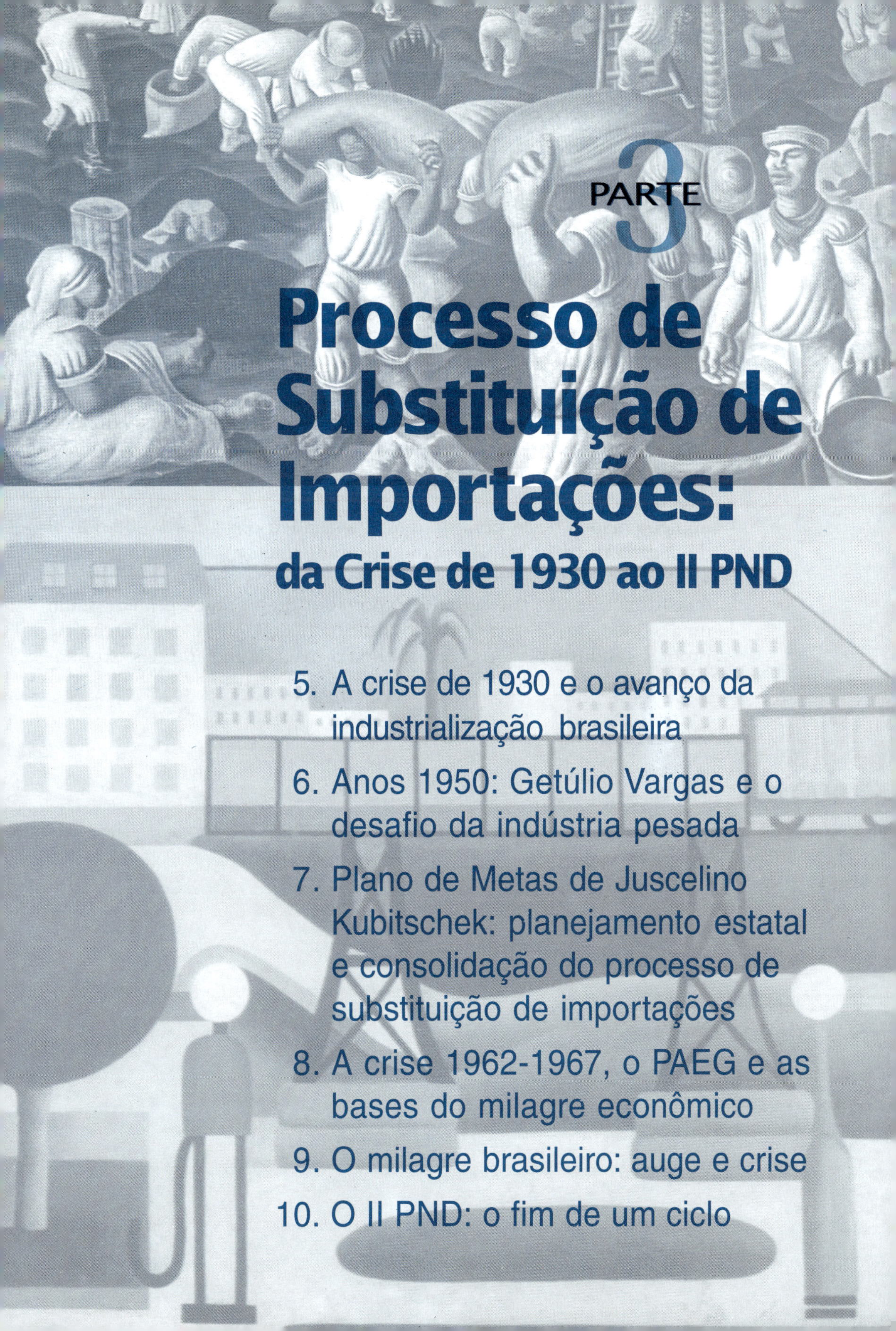

PARTE 3

Processo de Substituição de Importações:

da Crise de 1930 ao II PND

A indústria brasileira tornou-se o principal fator de crescimento do país a partir da Grande Depressão dos anos 1930. A crise da economia cafeeira foi um grande estímulo para o aprofundamento da industrialização, iniciada já nas décadas finais do século XIX. O avanço da industrialização deu-se por meio do processo de substituição de importações, começando com bens de consumo não-duráveis, como alimentos e tecidos, e evoluindo na direção de bens de consumo duráveis e de capital.

Não foi um processo linear e sem contradições. A industrialização do país implicou perda da hegemonia política dos cafeicultores e introdução dos trabalhadores na cena política nacional. Vários projetos de desenvolvimento e suas respectivas políticas econômicas foram implementados neste período que se estendeu dos anos 1930 ao final da década de 1970, transformando profundamente a estrutura produtiva do país. A sociedade brasileira levou menos de 50 anos para se transformar de um país agrário, exportador de produtos primários, em uma sociedade de base urbano-industrial, em que a exportação de produtos industrializados corresponde a mais da metade das exportações totais.

CAPÍTULO 5

A crise de 1930 e o avanço da industrialização brasileira

Manifestação de desempregados diante da Bolsa de Valores de Nova York em 1930 — Arquivo Nosso Século

A Grande Depressão que atingiu a economia mundial na década de 1930 é considerada o marco fundamental no processo de consolidação da produção industrial brasileira e mesmo latino-americana. Embora o início do processo de industrialização brasileiro remonte às últimas décadas do século XIX, a indústria só viria a se tornar o fator determinante da dinâmica econômica na década de 1930. Somente após a crise econômica mundial, o café deixou de ser o produto determinante dos destinos da economia brasileira. Por décadas, o país ainda continuou a ter uma produção agrícola superior à industrial. Somente em 1956, a situação se inverteria. Na pauta de exportações, a superação se daria apenas no início da década de 1970.

A literatura sobre a industrialização brasileira sintetizou este rico processo histórico na expressão *processo de industrialização por substituição de importações* (ou *PSI*). Celso Furtado, em *Formação econômica do Brasil* [1], apresentou a análise clássica desse processo, constatando que a indústria brasileira saiu fortalecida do choque adverso que foi a Grande Depressão. O objetivo deste capítulo será a apresentação da análise de Celso Furtado, bem como a qualificação e o enriquecimento desta visão, com as revisões que a pesquisa histórica produziu posteriormente.

5.1. A GRANDE DEPRESSÃO

A primeira metade do século XX foi marcada fortemente por três acontecimentos: a Primeira Guerra Mundial (1914/1918), a Grande Depressão (1929/1933) e a Segunda Guerra Mundial (1939/1945). Foram duas guerras imperialistas, que envolveram os países mais ricos do mundo e provocaram destruição em uma escala ainda não vivenciada pelos seres humanos até então. Na visão de respeitados historiadores econômicos, como Eric Hobsbawn, foi o período em que as economias capitalistas atravessaram sua crise mais profunda e terrível.

A história econômica tem constatado que as economias capitalistas industrializadas são, periodicamente, atingidas por crises econômicas. Normalmente, essas crises ocorrem com intervalos de 7 a 10 anos, configurando os chamados ciclos econômicos (como visto no Capítulo 2). As

1. Furtado (1980).

economias iniciam um período de crescimento apoiado no aumento da produção, do consumo e do nível de investimentos, em um autêntico "círculo virtuoso" que parece não ter fim. Repentinamente, porém, o ciclo de crescimento sofre uma inflexão, e inicia-se um círculo vicioso: caem os investimentos, a produção e as vendas. As explicações para esse comportamento cíclico são variadas, mas a constatação empírica é irrefutável: as economias capitalistas são intrinsecamente instáveis.

A instabilidade cíclica atinge, em alguns momentos, dimensões e conseqüências significativas, abalando profundamente um grande número de países, configurando crises econômicas mundiais. Assim, podemos classificar a Primeira Grande Depressão (1873/1896) como a primeira destas crises globais. A Segunda Grande Depressão (1929/1933, mas que na verdade só terminou com o início da Segunda Guerra Mundial), é comumente chamada de Grande Depressão e foi o período histórico de maior redução do nível de atividade em quase todos os países do mundo, com exceção da União Soviética. Sinteticamente, a crise pode ser quantificada pelo desemprego: no auge da Depressão, esse indicador atingiu 22% da força de trabalho na Inglaterra e Bélgica, 24% na Suécia, 27% nos Estados Unidos e 44% na Alemanha. Ocorreu também uma redução de 60% no comércio mundial e de 90% nos empréstimos internacionais. São cifras inimagináveis, considerando-se o movimento de intensa euforia e especulação que apresentava a Bolsa de Valores de Nova York até a sua quebra, no fatídico 29 de outubro de 1929, dando início ao período mais instável do capitalismo.

Além das conseqüências econômicas, políticas e sociais, a Grande Depressão abalou convicções arraigadas em termos de política econômica. A respeito deste tema, o historiador Eric Hobsbawn afirmou: "A Grande Depressão destruiu o liberalismo econômico por meio século"[2]. O mundo que emergiu da Grande Depressão e da Segunda Guerra foi marcado pelas políticas econômicas intervencionistas de inspiração keynesiana e pela busca da construção do estado de bem-estar social nos países desenvolvidos.

No Brasil, a Revolução de 1930 ocasionou a perda da hegemonia política pela burguesia cafeeira em favor da classe industrial ascendente. O avanço do processo de industrialização no país intensificou-se a partir de então.

---

2. Hobsbawn (1995).

5.2. A POLÍTICA DE DEFESA DO CAFÉ

Devido à extraordinária importância que a produção e a exportação de café haviam assumido na economia brasileira desde 1840, as conseqüências da crise do café nos anos 1930 foram gravíssimas. No final do século XIX, o Brasil já era o principal produtor de café, responsável por 3/4 das exportações mundiais. No mercado cafeeiro, o país atuava como um produtor semimonopolista, com grandes vantagens comparativas, tais como enormes reservas de terras férteis e de mão-de-obra. A única alternativa para alocar o capital obtido da cafeicultura era o reinvestimento na produção de mais café.

Apesar da disseminação do consumo de café em todo o mundo, especialmente no enorme e crescente mercado norte-americano, a demanda pelo produto atingiu seu limite. Pelo lado da oferta, a produção, liderada pelo Brasil, tendeu sempre a aumentar, resultando periodicamente em crises de superprodução. Devido à força econômica e política da burguesia cafeeira, desenvolveram-se vários mecanismos de defesa do café, dos quais o mais freqüentemente utilizado era a depreciação da moeda nacional nos momentos de queda dos preços de exportação, procedimento que diminuía as perdas de receitas dos cafeicultores. O mecanismo cambial, no entanto, tinha seus limites e, em 1906, a partir do Convênio de Taubaté, sofisticaram-se os métodos de defesa do café e o governo passou a comprar os excedentes de produção, financiado por empréstimos externos. Esse mecanismo buscava preservar a renda dos cafeicultores por meio da redução da oferta exportável em uma situação de produção crescente. O objetivo era impedir a queda ainda maior dos preços, mas isso significava apenas um adiamento da solução do problema. A política de valorização do café, para ser eficiente, deveria ter desenvolvido mecanismos que impedissem o contínuo aumento da produção. Contudo, a defesa do nível de preços não só incentivou a produção interna ainda mais, como também constituiu um estímulo fabuloso para os concorrentes externos, como mostra Delfim Netto, em *O problema do café no Brasil*[3]. A Grande Depressão só precipitou uma crise que se arrastava potencialmente havia décadas.

Quando ocorreu a crise mundial de 1929, a cafeicultura brasileira encontrava-se em situação extremamente vulnerável: no período 1925/1929, a produção crescera quase 100%, com exportações estáveis de 2/3 de todo o café produzido no Brasil. No entanto, em 1929, segun-

3. Delfim Netto (1979).

do Furtado, para uma produção de 28,94 milhões de sacas, foram exportadas 14,28 milhões, ou seja, menos da metade da produção total. O consumo de café nos Estados Unidos era estável: enquanto a renda per capita crescera 35% nos anos 1920, o consumo se havia fixado em 12 libras-peso por ano por habitante, com os preços no varejo estáveis. Tratava-se de uma situação comum de desequilíbrio entre oferta e procura de uma atividade econômica tipicamente colonial: a demanda atingira o seu limite. A política de defesa do café, ao manter os preços elevados, só agravava ainda mais este desequilíbrio.

Mesmo com o início da Depressão, a produção continuou a aumentar, atingindo seu ponto máximo em 1933, em função do início efetivo da produção dos cafezais plantados em 1927/1928. A retenção de novos estoques de café invendáveis tornou-se impossível, pois o mercado internacional estava em queda e o governo já não podia sustentar a política de defesa do café em função de uma política cambial equivocada, baseada na conversibilidade entre o mil-réis e o ouro, e na liberdade de movimento de capitais. No período 1927/1929 ocorreram as maiores inversões em estoques, e também grandes entradas de capital privado estrangeiro no país. Furtado afirmou:

Deflagrada a crise no último trimestre de 1929, não foram necessários mais que alguns meses para que todas as reservas metálicas acumuladas à custa de empréstimos externos fossem tragadas pelos capitais em fuga do país[4].

Assim, as reservas de ouro do governo, que haviam atingido 31 milhões de libras em setembro de 1919, estavam reduzidas a zero em dezembro de 1930. Essa situação enfraqueceu as ações do governo e sua política de sustentação dos preços do café baseada na elevação dos estoques com financiamento externo.

Diante desse quadro, colocava-se a seguinte questão aos cafeicultores: colher o café ou abandonar os cafezais? Em caso de abandono, quem pagaria pelas perdas? Em caso de colheita e armazenagem, como se daria o financiamento? O café ainda tinha peso político devido à enorme dependência de nossa economia com relação a esse produto. Por isso, mais uma vez, lançou-se mão do mecanismo cambial para sua defesa. Em setembro de 1929, o café era cotado a 22,5 centavos de dólar por libra/peso, atingindo a cotação de 8 centavos em setembro de 1931, configurando uma queda de preço de 60%. O preço para o consumidor norte-americano, por sua vez, baixou apenas de 47,9 para

---

4. Furtado (1980).

32,8 centavos por libra, favorecendo os intermediários que controlavam o comércio internacional de café. Assim, o valor da saca de café exportado caiu de 4,71 libras, em 1929, para 1,80 libras em 1932/1934, representando uma redução de 62%. Com a desvalorização em 40%, a queda em moeda nacional foi de 192 para 145 mil-réis, ou apenas 25%. Ainda segundo Celso Furtado, no triênio seguinte, o preço em libras baixou para 1,29, enquanto, em mil-réis, subiu para 159.

Evidentemente, a preservação da renda dos cafeicultores era paga pelo conjunto da sociedade, por meio da desvalorização cambial e da alta dos preços das importações. Os cafeicultores, com a queda dos preços, aumentaram o volume físico exportado em 25%, entre 1929 e 1937, tentando preservar a sua renda, vendendo mais a um preço menor. Isto só fortaleceu ainda mais a posição dos fortes grupos importadores que controlavam a distribuição mundial do café. Essas medidas não foram suficientes para manter estáveis os preços do café diante da dimensão da crise, pois o aumento da oferta só poderia pressionar para baixo o preço pago aos produtores. Assim, o governo tomou a decisão de utilizar uma solução econômica lógica, embora aparentemente absurda: a diminuição da oferta de café pela queima dos excedentes, ou o equivalente a 1/3 da produção obtida entre 1931/1939. A compra desses excedentes foi financiada por impostos sobre a exportação de café e pela pura e simples expansão do crédito. Embora, a partir de 1934, as economias dos países industrializados já ensaiassem uma recuperação, e já se registrassem altas nos preços de alguns produtos primários, o café, por sua particular posição de mercado, com enormes excedentes estocados no país e no exterior, não viu seu preço aumentar.

Furtado estimou que, devido a este mecanismo de defesa da renda da cafeicultura, a queda da renda nacional foi da ordem de 25 a 30%, valor razoável considerando-se que algumas estimativas indicaram uma queda de 50% na renda nacional norte-americana. Para o autor, o financiamento público da compra dos excedentes de café e sua destruição anteciparam outras intervenções estatais, com o objetivo de manutenção do nível de emprego e da demanda agregada, preconizadas posteriormente por Keynes. Em função disso, já em 1933, a renda nacional recomeçou a crescer, com níveis de investimento equivalentes aos de 1929. Os investimentos, que representavam 9% do produto líquido em 1929, alcançariam 10% em 1933. Já a recuperação da economia norte-americana só começaria a ocorrer em 1934.

É claro, portanto, que a recuperação da economia brasileira a partir de 1933 não foi reflexo de uma recuperação econômica dos países industrializados ou de aumento dos preços e do volume exportado de café, mas em razão de fatores internos. Segundo Furtado, tratava-se de uma "política de fomento seguida inconscientemente no país e que era um subproduto da defesa dos interesses cafeeiros"[5].

5.3. O CRESCIMENTO INDUSTRIAL DURANTE A GRANDE DEPRESSÃO

Devido à Grande Depressão, houve uma queda no nível de renda de 25 a 30%, e o índice de preços dos produtos importados subiu 33%. Como conseqüência, a redução das importações foi da ordem de 60%, baixando de 14 para 8% do produto interno. Parte da procura, antes satisfeita com importações, passou a ser atendida pela oferta interna. Com isso, a demanda interna passaria a ter importância crescente como elemento dinâmico nessa conjuntura de recessão mundial. A firmeza da procura interna criou uma situação nova, com a preponderância do setor ligado ao mercado interno no processo de formação de capital e no conjunto de investimentos no país. Furtado observou que:

> *(...) o fator dinâmico principal, nos anos que se seguem à crise, passa a ser, sem nenhuma dúvida, o mercado interno. A produção industrial, que se destinava em sua totalidade ao mercado interno, sofre durante a depressão uma queda de menos de 10%, e já em 1933 recupera o nível de 1929*[6].

A crise do café afugentava os capitais investidos na cafeicultura. Parte desses capitais foi absorvida pela própria agricultura de exportação, particularmente do algodão, cujo preço se manteve constante durante a Depressão. Enquanto em 1929 a produção de algodão equivalia a 10% da produção cafeeira, em 1934 já correspondia a 50%.

Embora o aumento da produção requeira o aumento das importações de máquinas e equipamentos, em um primeiro momento isto não era necessário, pois era possível usar a capacidade ociosa preexistente, como exemplifica o caso da indústria têxtil. Posteriormente, seria possível importar equipamentos usados a preços mais baixos, provenientes de fábricas fechadas no exterior em decorrência da Depressão. Ao mesmo tempo, o crescimento da procura por bens de capital e o forte aumento dos preços de importação desses bens, devido à desvalorização cambial, criaram condições propícias à instalação de uma indústria

5. Furtado (1980).

6. Furtado (1980).

de bens de capital no país. Normalmente, essa demanda crescia no auge das exportações, mas a "euforia cambial" permitia facilidades para as importações. A crise quebrou este círculo: a procura de bens de capital cresceu em uma etapa em que as possibilidades de importação eram as mais remotas possíveis. Mesmo assim, a produção de cimento, por exemplo, não sofreu muito com a Depressão, voltando a crescer em 1931. Em 1935, as inversões líquidas já ultrapassavam as de 1929, muito embora as importações fossem tão-somente 50% do montante desse ano.

Resumindo, os principais dados da produção agrícola e industrial do período mostram um dinamismo surpreendente no contexto da crise mundial, com o aumento da renda nacional, induzido, basicamente, a partir do próprio mercado interno. Enquanto a produção agrícola atingiu 7,5 bilhões de cruzeiros em 1929, dos quais 5,5 bilhões dirigidos a exportações, a produção de 1937 atingiu 7,8 bilhões, sendo 4,5 bilhões para exportações. A produção para exportação diminuiu de 70% para 57% da produção agrícola total. Já o valor da produção industrial cresceu 50% no período 1929/1937 e a produção primária para o mercado interno aumentou 40%. Como resultado, a renda nacional aumentou 20% no período, enquanto a renda per capita subiu apenas 7%. Na mesma época, a renda nacional dos Estados Unidos decresceu, enquanto países com níveis de desenvolvimento similares ao do Brasil e que seguiram políticas econômicas ortodoxas ainda estavam em depressão, em 1937.

5.4. CELSO FURTADO E O MODELO DE INDUSTRIALIZAÇÃO POR SUBSTITUIÇÃO DE IMPORTAÇÕES

O saldo desse processo para a economia brasileira foi a rápida ascensão da indústria, que passou a ser o fator dinâmico principal de criação da renda interna. Como resultado da crise e das fortes desvalorizações cambiais, além de ocorrer diminuição das importações e aumento da produção interna, estabeleceu-se um novo nível de preços relativos, com base nos quais, desenvolveram-se indústrias destinadas a substituir importações.

A interpretação de Maria da Conceição Tavares, no clássico *Da substituição de importações ao capitalismo financeiro*, segue basicamente as posições de Furtado, caracterizando a Grande Depressão como o momento de ruptura com o modelo primário-exportador da economia brasileira em favor de um modelo de desenvolvimento voltado para o mercado interno. O conceito de substituição de importações, além de significar o início da produção interna de um bem antes importado, denota também uma mudança qualitativa na pauta de importações do país. Conforme aumenta a produção interna de bens de consumo anteriormente importados, aumenta também a importação de bens de capital e de bens intermediários necessários para essa produção. Além disso, dentro do modelo de industrialização por substituição de importações, muitas vezes a produção interna de um produto novo não estava, a rigor, "substituindo importações", na medida em que aquele produto não era importado anteriormente.

Tavares, em obras posteriores, assim como João Manuel Cardoso de Mello, em *O capitalismo tardio*, qualificaram a análise do PSI, apontando seus limites e contradições[7]. Apesar de a dinâmica da economia brasileira ter passado, a partir dos anos 1930, a ser determinada internamente, tratava-se de um processo de industrialização ainda incompleto, uma vez que os setores produtores de bens de capital e de bens intermediários eram muito pouco desenvolvidos no país. Por isso, Mello denominou este período, que se estende até o início da implantação do Plano de Metas do governo JK, *industrialização restringida*, uma vez que:

> *(...) as bases técnicas e financeiras da acumulação são insuficientes para que se implante, num golpe, o núcleo fundamental da indústria de bens de produção, que permitiria à capacidade produtiva crescer adiante da demanda, autodeterminando o processo de desenvolvimento industrial*[8].

Como lembra Francisco de Oliveira, uma economia cujo setor de bens de produção "localiza-se" no exterior transfere para os países exportadores desses bens os estímulos e interações interdepartamentais, isto é, o mútuo estímulo entre o departamento produtor de bens de consumo e o de bens de produção, que é a condição essencial para que ocorra o processo de acumulação capitalista[9].

Furtado e Tavares qualificam e complementam a análise do modelo de industrialização por substituição de importações, que se consolidou no país após o choque adverso da Grande Depressão. Esse mode-

---

7. Tavares (1975) e (1978); Mello (1982).

8. Mello (1982).

9. Oliveira (1980).

lo já havia sido delineado pela Comissão Econômica para a América Latina (CEPAL), organismo da ONU, criado em 1948. Segundo a CEPAL, o relacionamento comercial dos países exportadores de matérias-primas com os países desenvolvidos era caracterizado pela deterioração das relações de trocas, conforme constatação do economista argentino Raúl Prebisch, grande impulsionador da CEPAL que havia ganhado notoriedade como dirigente do Banco Central argentino na década de 1930. Em outras palavras, os preços dos produtos primários normalmente se depreciavam com relação aos dos produtos industrializados, obrigando os países latino-americanos a exportar um volume cada vez maior de bens para fazer frente às suas importações. Assim, quando fatores externos como as Guerras Mundiais e a Grande Depressão prejudicavam esse relacionamento comercial, ocorria o desenvolvimento "voltado para dentro", com o avanço da industrialização.

Na verdade, a questão do relacionamento comercial externo é muito mais complexa que esta generalização do enfoque cepalino, em razão da própria dependência dos países latino-americanos com relação à importação de bens de produção. A generalização do conceito de choque adverso como impulsionador dos desenvolvimentos latino-americano e brasileiro revela-se, portanto, simplista e equivocado. Assim, as análises de Furtado e Tavares são procedentes, na medida em que associam um choque adverso específico — a Grande Depressão — à consolidação do desenvolvimento urbano-industrial como determinante do processo de acumulação capitalista no país[10].

5.5. O ESTADO NOVO E A SEGUNDA GUERRA MUNDIAL

Em novembro de 1937, ocorreu um golpe militar liderado pelo Presidente Vargas, eleito indiretamente, em 1934, pela Assembléia Nacional Constituinte, e cujo mandato terminaria em 1938. Foram dissolvidos o Parlamento, as Assembléias Estaduais e as Câmaras Municipais, e os governadores estaduais foram substituídos por interventores. Esse golpe significou a instauração do período ditatorial conhecido como Estado Novo, que se estenderia até 1945, concentrando no Governo Central a maior soma de poderes desde a Independência. Além de representar o fim da descentralização republicana, fruto do próprio enfraquecimento da oligarquia cafeeira, foi uma tentativa de afirmação de um projeto nacional, no qual caberia ao Estado assumir o papel de

10. Suzigan (1986).

indutor do desenvolvimento industrial, quer implantando agências governamentais para a regulação das atividades econômicas, quer estabelecendo uma nova legislação trabalhista, ou ainda assumindo o papel de produtor direto, com a construção da usina siderúrgica de Volta Redonda, marco do desenvolvimento industrial nacional.

Historiadores econômicos e teóricos desenvolvimentistas demonstraram que o avanço da indústria nos países de industrialização tardia, como Alemanha, Japão e Itália, só fora possível em razão da ação estatal, contrariamente às experiências de industrialização capitalista clássicas de Inglaterra e França. Já nos processos de industrialização do século XX, período do capitalismo monopolista, com predomínio das grandes corporações, as escalas técnicas e financeiras requeridas para o avanço da industrialização estavam muito acima das forças dos capitalistas locais. Por outro lado, somente após a Segunda Guerra o movimento de expansão mundial das multinacionais se intensificaria. Assim, na década de 1930, os capitais privados nacionais eram ainda frágeis, e não fazia parte da estratégia das grandes empresas capitalistas produzir em outros países, especialmente nos chamados países subdesenvolvidos. Portanto, a única possibilidade de implantar grandes projetos de indústrias de bens de produção residia na ação estatal, o que era exatamente a proposta de Vargas.

Logo após o golpe de novembro de 1937, o forte aumento das importações — da ordem de 40% entre 1936 e 1937 — provocou escassez de divisas e forçou o governo a adotar o monopólio cambial com uma taxa única desvalorizada e com um sistema de controle cambial similar ao vigente entre 1931 e 1934. O objetivo imediato era reduzir o nível agregado das importações[11]. Era, na verdade, a repetição de uma situação comum na economia brasileira a convivência quase permanente com crises cambiais, permeadas por alguns momentos particulares de tranqüilidade relativamente às divisas externas e à capacidade de cumprimento dos compromissos assumidos pelo país. Somente após o início da Segunda Guerra, em 1941, o país passou a apresentar uma balança comercial superavitária, com o aumento das exportações para os países aliados e a recuperação dos preços do café, em um momento de forte redução das importações.

Apesar da diminuição das importações, a produção industrial, após sofrer uma forte queda no seu crescimento, que atingiu tão-somente 1,6% a.a. no período 1939/1942, voltou a crescer mesmo com séria escassez de insumos e de bens de capital importados:

---

11. Abreu (1990).

A taxa de crescimento do produto industrial, que havia caído em 1937/39 para 6,5% ao ano, caiu em 1939/42 para 1,6%. Entre 1942 e 1945, quando a escassez de insumos e de bens de capital tornou-se séria, a taxa média de crescimento foi de 9,9%, comparável à que se verificou entre 1933 e 1939.

O produto agrícola médio 1940/42 praticamente estagnou em relação ao de 1936/39; a recuperação pós-1942 foi modesta pois o produto agrícola médio 1943/45 foi apenas 8% superior ao de 1936/39. Assim, a taxa de crescimento do PIB, que já havia caído a 3,5% ao ano em 1937/39, atingiu 0,4% ao ano em 1939/42, antes de recuperar-se para 6,4% ao ano em 1942/45[12].

5.6. O PÓS-GUERRA E O CRESCIMENTO INDUSTRIAL

Logo após o fim da Guerra, o país redemocratizou-se e o governo Dutra foi eleito, iniciando seu governo dentro dos princípios liberais de Bretton Woods e da política seguida pelo governo Truman. Os Estados Unidos eram, incontestavelmente, a potência capitalista dominante. A posição liberal inicial do governo Dutra, bem como sua contraposição ao intervencionismo de Vargas, apoiava-se no que Abreu chama de *ilusão de divisas*, pois: as reservas internacionais do país pareciam bastante confortáveis. Julgava-se ainda que o Brasil era credor político dos Estados Unidos em função da sua colaboração com os aliados na Segunda Guerra. Por fim, acreditava-se que uma política liberal de câmbio seria capaz de atrair investimentos diretos estrangeiros, equilibrando estruturalmente o balanço de pagamentos brasileiro. Em função disso, o câmbio foi mantido praticamente à paridade de 1939 (Cr$ 18,5/US$) e o mercado livre foi instituído, com a abolição das restrições e do controle dos fluxos de divisas por parte do governo central, existentes desde os anos 1930. O resultado dessa política foi o que se previa: uma literal queima das divisas, só em parte gasta com importações de máquinas e matérias-primas essenciais. Além disso, a política econômica de Dutra seria, até 1949, marcadamente ortodoxa, preocupada com a ascensão inflacionária, que já atingira 20% em 1944 e 15% em 1945.

Em julho de 1947, diante da impossibilidade de sustentar a política anterior, voltam os controles cambiais, enquanto o país enfrenta uma

12. Abreu (1990).

escassez de moedas fortes, sobretudo de dólares. O sistema de licenciamento de importações reduziu o déficit comercial de US$ 313 milhões, em 1947, para US$ 108 milhões, em 1948, resultando em um superávit de US$ 18 milhões, em 1949. Com a recuperação dos preços do café, a partir de 1949, a balança comercial passou a apresentar superávits expressivos.

A conjugação de uma taxa de câmbio sobrevalorizada com controle cambial, a partir de 1947, produziu um triplo efeito em benefício da industrialização substitutiva de importações: um subsídio às importações de bens de capital e bens intermediários; protecionismo contra a importação de bens competitivos; e aumento da rentabilidade da produção para o mercado interno[13]. Apesar da pouca preocupação do governo Dutra com o crescimento industrial, a política do Banco do Brasil de crédito à indústria foi bastante importante. "O crédito real à indústria cresceu 38%, 19%, 28% e 5% nos anos de 1947, 1948, 1949 e 1950, respectivamente"[14].

Enquanto no mundo capitalista desenvolvido, especialmente nos países europeus envolvidos na reconstrução do pós-guerra, o planejamento estatal estava sendo intensamente utilizado, a única tentativa de intervenção planejada do Estado no governo Dutra foi o Plano Salte que procurava coordenar os gastos públicos nas áreas de saúde, alimentação, transporte e energia, estabelecendo investimentos para o período 1949/1953. Como não foram asseguradas as fontes de financiamento para estes investimentos, na prática o Plano Salte mal saiu do papel. Por outro lado, levaram-se adiante os trabalhos de organização da Cia. Hidrelétrica do São Francisco e criaram-se a Comissão do Vale do São Francisco e a Superintendência do Plano de Valorização Econômica da Amazônia, só constituída efetivamente em 1953.

Questões de Revisão

1. Quais foram os efeitos da Grande Depressão sobre a política econômica brasileira?
2. Que mecanismos de defesa do café foram utilizados durante a Grande Depressão? De que forma a desvalorização cambial atendia ao objetivo de defesa do café?

---

13. Abreu (1990).
14. Abreu (1990).

3. Quais foram as conseqüências da defesa do café durante a Depressão dos anos 1930 com relação à renda nacional?
4. Que papel assumiu o mercado interno após a Grande Depressão?
5. O que caracteriza o modelo de industrialização por substituição de importações?
6. Explique o conceito de industrialização restringida.
7. Qual foi o projeto nacional que se tentou implantar durante o Estado Novo?
8. Como evoluiu o crescimento industrial do país no pós-guerra, durante o governo Dutra?

CAPÍTULO 6

Anos 1950: Getúlio Vargas e o desafio da indústria pesada

Companhia Siderúrgica Nacional — Arquivo Nosso Século

Foi na economia brasileira que o PSI proporcionou maior desenvolvimento industrial. No entanto, o avanço da industrialização substitutiva de bens de consumo duráveis seria constantemente bloqueado pelos estrangulamentos cambiais, que dificultavam ou impediam a importação dos bens de produção necessários ao desenvolvimento. Assim, a conseqüência lógica do PSI foi a necessidade de avanço e aprofundamento do próprio processo, para que o país passasse a produzir internamente também os bens de produção.

Padrões de acumulação na economia: uma análise departamental

Encontramos em Marx as primeiras tentativas de análise econômica a partir da interação entre os vários setores produtivos ou entre os vários departamentos da economia[15]. Este instrumental analítico foi utilizado nos famosos esquemas de reprodução, em que o autor buscou comprovar as possibilidades de reprodução ampliada no capitalismo. Os setores ou departamentos da economia seriam dois: o departamento I, produtor de bens de capital e de bens intermediários, isto é, os bens de produção; e o departamento II, produtor de bens de consumo. O departamento II pode ser ainda subdividido em um departamento produtor de bens de consumo dos capitalistas (bens de consumo de luxo ou bens duráveis) e um departamento produtor dos bens de consumo dos trabalhadores (bens simples ou não-duráveis).

Historicamente, o crescimento das economias capitalistas industrializadas foi impulsionado pelo maior crescimento do departamento I. O departamento I, produtor de bens de capital e dos bens intermediários, é também aquele em que se encontra a indústria pesada ou de base, incluindo a indústria química, de aço, de cimento, etc. É responsável pela produção dos insumos indispensáveis ao desenvolvimento do setor produtor de bens de consumo. Assim, uma economia cujo departamento I é insuficientemente desenvolvido encontra dificuldades estruturais para o prosseguimento de uma acumulação capitalista equilibrada.

A identificação dos departamentos de maior crescimento em uma economia e a articulação deste crescimento com as formas de seu financiamento permitiriam a determinação do padrão de acumulação dessa economia. Esta forma de análise revela-se muito rica, pois permite que se constate quais são os setores determinantes da dinâmica capitalista em

15. A partir dos anos 1930, este esquema departamental foi utilizado por Michel Kalecki, célebre economista polonês, autor contemporâneo a Keynes, em suas análises sobre a dinâmica das economias capitalistas. Assim, muitos autores creditam a Kalecki a autoria deste esquema de análise setorial ou departamental.

Padrões de acumulação na economia: uma análise departamental

cada momento histórico, bem como que se identifiquem com clareza os limites e as contradições dessa acumulação.

A análise departamental está presente nas mais interessantes tentativas de interpretação dos rumos da economia brasileira. Paul Singer, por exemplo, especialmente em *Desenvolvimento e crise no Brasil* e em *A crise do milagre*, procura articular essa análise departamental no entendimento do crescimento da economia brasileira[16]. O desequilíbrio departamental, com um desenvolvimento insuficiente do departamento I, resultaria em pontos de estrangulamento que limitariam e diminuiriam o ritmo de crescimento e conduziriam a economia à crise. Analogamente, Francisco de Oliveira, em *Crítica à razão dualista*, também elabora a sua clássica análise sobre o desenvolvimento industrial brasileiro a partir dos esquemas departamentais.

Já a rica análise desenvolvida pela chamada Escola da Unicamp, liderada por Maria da Conceição Tavares, João Manuel Cardoso de Mello e Luiz Gonzaga de Mello Belluzzo, construiria sua interpretação da economia brasileira a partir da visão de Kalecki relativamente à articulação dinâmica entre os departamentos da economia produtores de bens de produção de consumo. Por articulação dinâmica, os autores entendem a forma de integração e interação recíproca entre os departamentos produtores de bens de capital e de bens de consumo.

Nos anos 1950, a conjuntura política internacional era marcada pela Guerra Fria, confrontando Estados Unidos e União Soviética. Os interesses estratégicos norte-americanos estavam voltados para a reconstrução européia e japonesa. Aliados latino-americanos, como o Brasil, foram deixados praticamente à própria sorte, ou seja, dependiam estritamente do mercado e dos movimentos privados de capitais internacionais para o financiamento de seus déficits em transações correntes e de seus projetos desenvolvimentistas. Nesse momento, houve um fortalecimento dos movimentos anticolonialistas e de afirmação nacional em um grande número de países, nos quais, além da independência política, estava colocada centralmente a questão do desenvolvimento econômico. A volta de Getúlio Vargas ao governo, agora por eleições diretas, significou uma nova tentativa de superação nacionalista dos estrangulamentos do PSI e dos entraves à afirmação de um projeto nacional, apesar das contradições e limitações da proposta política getulista.

16. Singer (1977) e (1982).

6.1. O PROJETO NACIONALISTA DE VARGAS

A interpretação da economia brasileira a partir dos departamentos permite que se observem resultados bastante interessantes, especialmente quando o departamento I, produtor de bens de produção, e o departamento II, produtor de bens de luxo (ou duráveis), começam a assumir relevância no conjunto da produção industrial do país. Isto é exatamente o que começou a acontecer na economia brasileira no início da década de 1950, com a tentativa de Getúlio Vargas de implantar as bases de uma indústria pesada no país.

É desse ponto de vista que se entende o bloco de atividades produtivas, que se materializaram sob a forma de empreendimentos estatais, consubstanciados na criação da Petrobrás, na entrada em operação da Companhia Siderúrgica Nacional, na tentativa de pôr em funcionamento a Companhia Nacional de Álcalis, na já modesta performance da Companhia Vale do Rio Doce e no projeto da Eletrobrás, enviado ao Congresso Nacional e apenas aprovado dez anos após. Este conjunto de atividades produtivas, com exceção da Eletrobrás, na verdade foi formulado como projeto ainda nos anos da ditadura Vargas, com a ressalva de que o projeto da Petrobrás finalmente aprovado pelo Congresso Nacional em 1953 diferia, em muitos aspectos, de suas anteriores formulações[17].

A proposta nacionalista de Vargas restringiu as possibilidades de financiamento externo desses projetos ou a participação de capitais estrangeiros na forma de investimentos diretos. Era uma acumulação financiada internamente pelas altas taxas de lucro das atividades industriais impulsionadas pela política de valorização cambial e de transferência dos excedentes do setor agroexportador para a indústria.

A criação do Banco Nacional de Desenvolvimento Econômico (BNDE), em 1952, financiado através de um adicional sobre o imposto de renda, foi fundamental para o financiamento de projetos de infraestrutura de transporte e energia e, posteriormente, de projetos de implantação industrial. Em 1953, foi tomada uma iniciativa também bastante importante para a continuidade do desenvolvimento industrial posterior: a Instrução 70 da Superintendência da Moeda e do Crédito (SUMOC), que condicionava as importações aos interesses industriais, mediante o leilão de divisas com câmbio diferenciado conforme a essencialidade da importação. Os leilões passaram a representar uma importante fonte de arrecadação para o Estado, além de manter a política cambial de favorecimento das indústrias substitutivas de importações.

17. Oliveira (1980).

A tentativa de Vargas de implantar o departamento I em nossa economia, especialmente a produção de bens intermediários, enfrentou as dificuldades políticas típicas de um projeto nacionalista. Conforme transcorria o mandato presidencial, aumentavam as divergências políticas entre as classes que, em tese, sustentariam seu governo, isto é, os trabalhadores industriais e a burguesia nacional. Os trabalhadores, sua mais firme base de sustentação, aumentaram suas reivindicações, buscando participar dos ganhos de produtividade decorrentes do avanço da industrialização. Os empresários, mesmo os beneficiados direta e indiretamente por Vargas, mostrariam o seu descontentamento com a Instrução 70, em função do aumento dos custos das importações que a desvalorização cambial provocava. A nova crise que enfrentaria a agricultura cafeeira também seria creditada ao governo, e seria capitalizada politicamente pela oposição.

O desfecho da crise política foi o suicídio de Vargas e a morte de um projeto nacional, que não chegou a ser implementado. Nas palavras de José Luís Fiori, houve com Vargas um *prussianismo desfigurado*, em que o Estado nacional não conseguia se articular com a burguesia industrial buscando a construção de uma sociedade industrial avançada[18]. Este tipo de articulação permitira que um Estado nacional tardiamente unificado, como o alemão, queimasse etapas rapidamente na construção de um capitalismo industrial avançado[19].

O projeto de Vargas tinha como única semelhança com a experiência alemã a tentativa de alavancar o processo de industrialização com o desenvolvimento da indústria pesada ou a produção de bens intermediários. A falta de sustentação política da burguesia industrial a Vargas e as limitações da acumulação financeira nacional, em uma economia que dependia em muito de financiamentos e de aportes de tecnologia externos, resultaram em transformações limitadas na estrutura produtiva, impedindo a abertura de caminhos autônomos para o desenvolvimento nacional. Essas transformações, entretanto, seriam fundamentais para o aprofundamento posterior do processo de industrialização, se bem que em condições bem diferentes daquelas da proposta nacionalista: o capital privado estrangeiro seria o carro-chefe dessa industrialização.

---

18. A chamada via prussiana de industrialização refere-se ao exemplo histórico de articulação entre o Estado e a burguesia industrial e financeira que ocorreu na Alemanha, no final do século passado, resultando na modernização conservadora da sociedade alemã. Ver Capítulo 1.

19. Fiori (1995).

TABELA 6.1. BRASIL: TAXAS MÉDIAS DE CÂMBIO SOB O REGIME DA INSTRUÇÃO 70 (CR$/US$)

	1953*	1954
Taxa oficial	18,82	18,82
Taxa de mercado livre	43,32	62,18
Leilões de importação		
Categoria I	32,77	39,55
Categoria II	38,18	44,63
Categoria III	44,21	57,72
Categoria IV	52,13	56,70
Categoria V	78,90	108,74
Taxas de exportação**		
Café	—	23,36
Demais produtos	—	28,36

*Outubro-dezembro (exceto mercado oficial e livre).

**De 9.10.1953 a 15.8.1954.

Fonte: Simonsen (1973).

6.2. O SUICÍDIO DE VARGAS: CAFÉ FILHO E EUGÊNIO GUDIN

Com o suicídio de Vargas, assumiu o governo o vice-presidente Café Filho, que governou no período de 1954/55. Nesse curto espaço de tempo, Café Filho executou duas políticas econômicas claramente distintas, consubstanciadas em dois Ministros da Fazenda: Eugênio Gudin, economista ultraliberal, considerado o criador dos cursos de Ciências Econômicas no Brasil, e o banqueiro José Maria Whitaker, representante da cafeicultura paulista.

Eugênio Gudin podia ser considerado a antítese do governo Vargas: era inimigo das propostas desenvolvimentistas e defensor de uma política econômica ortodoxa, que tinha como prioridade políticas anti-inflacionárias baseadas no controle da emissão monetária e do crédito. Gudin, grande polemista, com presença constante na imprensa e nas primeiras publicações econômicas do país, participou de uma clássica polêmica com Roberto Simonsen, industrial paulista e presidente da Federação das Indústrias do Estado de São Paulo (FIESP), defensor da industrialização brasileira e das ações estatais desenvolvimentistas[20].

20. Borges (1996).

Sua indicação para o ministério deveu-se ao seu prestígio na comunidade financeira internacional, pois se acreditava que isto facilitaria as negociações para desafogo da grave crise cambial que o país atravessava, em função de vultosos compromissos externos assumidos anteriormente.

Concretamente, a principal ação de Gudin foi a Instrução 113 da SUMOC, de 27 de janeiro de 1955, que permitia às empresas estrangeiras instaladas no país importar máquinas e equipamentos sem cobertura cambial, para a complementação dos conjuntos industriais já existentes no país e classificados nas três primeiras categorias de importação, conforme a essencialidade dos produtos. Essa foi a forma encontrada por Gudin para a extinção dos obstáculos à livre entrada de capital estrangeiro. A existência de taxas cambiais múltiplas beneficiava duplamente o capital estrangeiro. Ao importar bens de capital sem a necessidade de primeiro internalizar as divisas à taxa de mercado livre, para depois recomprar as licenças de importações por um valor mais alto nos leilões de câmbio, o capital estrangeiro estaria recebendo um subsídio equivalente ao diferencial entre o custo das divisas na categoria relevante e a taxa do mercado livre[21]. Esse subsídio não era concedido às empresas nacionais, que já enfrentavam normalmente em condições de inferioridade a concorrência com as empresas estrangeiras, que quase sempre importavam máquinas e equipamentos de segunda mão, resultantes de linhas de produção obsoletas e já desativadas em seus países de origem[22]. A Instrução 113 seria, posteriormente, no governo Kubitschek, um dos principais instrumentos para a entrada de capital externo no país.

A política de estabilização implementada por Gudin foi extremamente ortodoxa, baseada no diagnóstico de que a inflação seria resultante da monetização dos déficits públicos e do excesso de crédito, que resultaria na exacerbação da demanda. A partir deste diagnóstico ortodoxo, Gudin buscou cortar os gastos públicos, especialmente investimentos, e executou uma forte política de contração monetária e creditícia. O resultado foi uma falta de liquidez que provocou uma crise bancária, com a liqüidação de dois bancos paulistas, uma corrida aos pequenos e médios bancos, bem como o aumento de falências e concordatas no Rio de Janeiro e em São Paulo. Além disso, a política de Gudin com relação ao café não atendia às expectativas otimistas da cafeicultura, exacerbadas devido à posição histórica de Gudin, de de-

21. Abreu (1990).

22. Serra (1982).

fensor da vocação agrária do país. Como não houve a extinção do *confisco cambial*, que prejudicava a cafeicultura através de uma taxa bastante desfavorável, a oposição dos cafeicultores deixou Gudin sem nenhuma sustentação política. A troca do apoio de Jânio Quadros, governador de São Paulo, à candidatura udenista à sucessão de Café Filho, resultou na queda de Gudin, em 4 de abril de 1955, e na indicação do banqueiro paulista José Maria Whitaker para a pasta da Fazenda[23].

Assim que assumiu, Whitaker defrontou-se com uma nova e mais séria crise bancária, ainda decorrente da política contracionista de Gudin. Imediatamente, a liquidez da economia foi restabelecida, por intermédio da ação do Banco do Brasil. Os objetivos de Whitaker iam além da administração da crise: propôs uma profunda reforma cambial, buscando unificar as dez taxas distintas: cinco de importação, quatro de exportação e a do mercado livre, por onde se efetuavam as transações financeiras[24]. Essa reforma liberalizante, elaborada sob os auspícios do FMI, significou a derrota de uma política desenvolvimentista, impulsionadora do PSI, e não contou com o apoio político dos principais candidatos à sucessão de Café Filho. Particularmente, chocava-se com as propostas de Juscelino Kubitschek, cuja plataforma política propunha intensificar o PSI. Com a falta de sustentação política para suas propostas, Whitaker foi exonerado, não tendo conseguido implementar sua reforma cambial, nem tampouco defender os interesses da cafeicultura.

FMI — Fundo Monetário Internacional

Organização financeira internacional, criada em 1944, na Conferência Internacional de Bretton Woods (Estados Unidos). É uma agência especializada da ONU, com sede em Washington, e faz parte do sistema financeiro internacional, ao lado do BIRD (Banco Internacional de Reconstrução e Desenvolvimento) e do BIS (Banco de Compensações Internacionais).

O FMI foi criado com a finalidade de promover a cooperação monetária dos países capitalistas, coordenar as paridades cambiais, e levantar fundos entre os diversos países-membros para auxiliar os que encontram dificuldades nos pagamentos internacionais. Embora a associação a esse organismo seja voluntária, ela acaba se impondo à maioria dos países, pois o sistema financeiro internacional, incluindo os bancos privados, utiliza as avaliações e as recomendações do FMI para a concessão de créditos.

Desde o seu início, o FMI esteve voltado ao socorro e à assistência aos países com desequilíbrios em suas balanças comerciais. Com o passar dos anos, os desequilíbrios passaram a ter um forte peso financeiro, pressionando a conta de serviços. Nessa nova situação, as orientações

23. Abreu (1990).

24. Abreu (1990).

FMI — Fundo Monetário Internacional

técnicas deste organismo têm sido cada vez mais questionadas, na medida em que suas propostas de políticas econômicas, geralmente monetaristas, provocam recessões e conflitos sociais nos países sob sua assistência.

Os questionamentos sobre o papel e os limites da atuação do FMI também aumentaram muito nos últimos anos devido à instabilidade financeira mundial provocada pela desregulamentação bancária e o intenso incremento dos fluxos financeiros internacionais.

Atualmente, quase todos os países do mundo fazem parte do FMI, que é controlado pelos países mais ricos, que detêm um maior número de cotas, ou seja, do capital da instituição.

Questões de Revisão

1. Explique quais são os setores ou departamentos da economia.
2. Quais foram as bases econômicas da nova tentativa de Vargas de implementar um projeto nacional no início dos anos 1950?
3. Descreva a atuação do governo Café Filho e da gestão Eugênio Gudin no Ministério da Fazenda.
4. Qual foi a importância da Instrução 113 da SUMOC? Quais eram suas principais características?
5. Explique o que foi a tentativa de unificação do câmbio, proposta por José Maria Whitaker.

7 CAPÍTULO

Plano de metas de Juscelino Kubitschek: planejamento estatal e consolidação do processo de substituição de importações

Congresso Nacional — Nélio Rodrigues/Abril Imagens

A experiência brasileira de planejamento estatal, consubstanciada no Plano de Metas do governo Juscelino Kubitschek, é considerada um caso bem-sucedido de formulação e implementação de planejamento. Além dos amplos projetos estatais de infra-estrutura, o Estado conseguiu articular grandes somas de investimentos privados de origem externa e interna, destinadas a áreas como indústria automobilística, construção naval e construção aeronáutica, tomando apenas setores em que o transbordamento dos efeitos interindustriais das cadeias produtivas, a montante e a jusante, são extremamente importantes.

O governo de JK utilizou o instrumental do planejamento, técnica então recém-introduzida no país, para sintetizar a sua proposta política de desenvolvimento industrial acelerado. Naquele momento, a ideologia desenvolvimentista, verdadeiro sinônimo de industrialização, tornou-se, mundialmente, a chave e a palavra de ordem para escapar do chamado subdesenvolvimento. Naquele momento da corrida para o desenvolvimento industrial caberia avançar na construção do departamento I, propiciando, conseqüentemente, a implantação das indústrias produtoras de bens duráveis, como a emblemática indústria automobilística.

Contrariamente ao projeto nacionalista de Vargas, havia uma clara aceitação da predominância do capital externo, limitando-se o capital nacional ao papel de sócio menor deste processo. Os grandes investimentos estatais em infra-estrutura, bem como as empresas estatais do setor produtivo, estariam a serviço da acumulação privada.

7.1. PLANEJAMENTO ESTATAL: 50 ANOS EM 5

O planejamento estatal começou a ser utilizado amplamente na União Soviética, com o primeiro plano qüinqüenal de 1929, no momento em que praticamente toda a economia mundial começava a enfrentar os duros anos da Grande Depressão. De 1929 a 1940, enquanto as economias capitalistas sofriam os traumas da Depressão, a participação da produção industrial soviética aumentou de 5%, no total mundial em 1929, para 18%, em 1938[25]. Esses resultados impressionaram políticos e técnicos de vários países e, rapidamente, os termos plano e planejamento passaram a freqüentar os debates mesmo nas

25. Hobsbawn (1995).

economias capitalistas, que não eram centralmente planejadas. Posteriormente, com a divulgação da macroeconomia keynesiana e com a evolução dos modelos de crescimento, típicos da ideologia desenvolvimentista, o planejamento estatal passou a ser uma técnica utilizada intensamente em todo o mundo. Alguns autores, como Galbraith, apontariam, ainda, a crescente importância do planejamento empresarial nas grandes corporações privadas, confirmando a utilidade dessa ferramenta[26].

As técnicas de planejamento foram aperfeiçoadas rapidamente, com a utilização de modelos de política econômica e de novos instrumentos, como a programação linear, os modelos econométricos, as matrizes insumo-produto etc. Além disso, desenvolveu-se não só o planejamento global, mas também o regional — inclusive de microrregiões — e, especialmente, o setorial, que poderia chegar à elaboração de projetos bem específicos[27].

Nesse contexto, iniciou-se a atividade de planejamento no país. Entre 1951/1953, ainda no governo Vargas, foi constituída a Comissão Mista Brasil-Estados Unidos (CMBEU), com o objetivo de elaborar projetos que seriam financiados pelo Banco de Exportação e Importação dos Estados Unidos (EXIMBANK) e pelo Banco Internacional de Reconstrução e Desenvolvimento (BIRD). Posteriormente, em 1954, foi constituído o Grupo Misto BNDE-CEPAL que, sem sombra de dúvidas, constitui a base do Plano de Metas[28]. O trabalho do Grupo Misto seria o de fazer um levantamento exaustivo dos principais *pontos de estrangulamento* da economia brasileira — sobretudo os setores de transporte, energia e alimentação —, além de identificar áreas industriais com demanda reprimida, que não poderiam ser satisfeitas com importações, dada a escassez estrutural de divisas na economia brasileira. A partir desse diagnóstico, caberia às comissões propor projetos e planos específicos para a superação dos pontos de estrangulamento, considerando as repercussões e as necessidades criadas pela introdução de novos ramos industriais, como a indústria automobilística.

O Plano de Metas proposto por JK, para o período 1956/1960, continha um conjunto de 31 metas, incluída a meta-síntese: a construção de Brasília. Tratava-se de um ambicioso conjunto de objetivos setoriais que, segundo Lessa:

26. Galbraith (1982).

27. Mindlin Lafer (1970).

28. Oliveira (1980).

(...) constituiu a mais sólida decisão consciente em prol da industrialização na história econômica do país ... e conferia prioridade absoluta à construção dos estágios superiores da pirâmide industrial verticalmente integrada e do capital social básico de apoio a esta estrutura. Daria continuidade ao processo de substituição de importações que se vinha desenrolando nos dois decênios anteriores[29].

Os setores de energia, transporte, siderurgia e refino de petróleo receberiam maior parte dos investimentos do governo. Subsídios e estímulos seriam concedidos para expansão e diversificação do setor secundário, produtor de equipamentos e insumos com alta intensidade de capital. Para a implementação efetiva do Plano, especialmente nos aspectos de responsabilidade do setor privado, foram criados grupos executivos, colegiados que congregavam representantes públicos e privados, para a formulação conjunta de políticas aplicáveis às atividades industriais. Os grupos mais conhecidos e atuantes foram o grupo executivo da indústria automobilística (GEIA), da construção naval (GEICON), de máquinas agrícolas e rodoviárias (GEIMAR), de indústria mecânica pesada (GEIMAP), de exportação de minério de ferro (GEMF), de armazenagem (Comissão Consultiva de Armazéns e Silos) e de material ferroviário (GEIMF).

Segundo Lessa, a política econômica do Plano dava tratamento preferencial ao capital estrangeiro. Financiava os gastos públicos e privados com expansão dos meios de pagamento e do crédito, via empréstimos do BNDE, bem como por meio de avais para a tomada de empréstimos no exterior. Aumentava a participação do Estado na formação de capital, estimulando a acumulação privada. Mais uma vez, o crédito privado, constituído por empréstimos de curto prazo, voltados para o capital de giro das empresas, foi estimulado através de repasses do Banco do Brasil, o que causou uma pressão adicional sobre o déficit público.

No período 1957/1961, o PIB cresceu à taxa anual de 8,2%, resultando em um aumento de 5,1% ao ano na renda per capita, superando o próprio objetivo do Plano. Esses resultados devem ser atribuídos ao impacto da implantação do plano, na medida em que as projeções do Grupo Misto, publicadas em 1956, eram pessimistas com relação ao qüinqüênio que se iniciava. A avaliação da implementação do plano é também positiva quando se examinam as metas setoriais que, em sua maioria, alcançaram boas taxas de realização em relação às previsões[30].

29. Lessa (1981).

30. Lafer (1970).

TABELA 7.1. PLANO DE METAS: PREVISÃO E RESULTADOS (1957-1961)

Meta	Previsão	Realizado	%
Energia elétrica (1000 kw)	2000	1650	82
Carvão (1000 ton.)	1000	230	23
Petróleo-Produção (1000 barris/dia)	96	75	76
Petróleo-Refino (1000 barris/dia)	200	52	26
Ferrovias (1000 km)	3	1	32
Rodovias-Construção (1000 km)	13	17	138
Rodovias-Pavimentação (1000 km)	5	—	—
Aço (1000 ton.)	1100	650	60
Cimento (1000 ton.)	1400	870	62
Carros e caminhões (1000 un.)	170	133	78
Nacionalização (carros — %)	90	75	—
Nacionalização (caminhões — %)	95	74	—

Fonte: Banco do Brasil, *Relatório e Anuário Estatístico*, vários anos. *Apud*: Abreu (1990).

7.2. CAPITAL ESTRANGEIRO E OLIGOPÓLIOS

O desenvolvimento industrial durante o Plano de Metas foi liderado pelo crescimento do departamento produtor de bens de capital e do departamento produtor de bens de consumo duráveis. Suas taxas anuais de crescimento médio no período 1955/1962 atingiram 26,4% e 23,9%, respectivamente. Já a participação desses setores nos investimentos industriais apresentaria um desempenho ainda mais notável. O investimento na indústria de transformação cresceu a uma taxa média anual de 22% no período 1955/1959, enquanto, segundo Serra:

(...) os investimentos nos subsetores de material elétrico, mecânico e de material de transporte (representativos das atividades produtoras de bens finais duráveis) cresceram, respectivamente, a 38, 43 e 80% ao ano, mais que triplicando a sua participação conjunta no investimento total da indústria (12 para 38%)[31].

O crescimento industrial que ocorreu a partir do início do governo JK estava estruturado em um tripé formado pelas empresas estatais, pelo capital privado estrangeiro e, como sócio menor, o capital privado nacional. O objetivo de implantar de chofre o departamento II na economia brasileira, sintetizado no *slogan* "50 anos em 5", bem como o obrigatório desenvolvimento complementar do departamento I, só se-

31. Serra (1982).

riam possíveis com a participação dominante do capital externo. As transformações estruturais que ocorreram na segunda metade dos anos 1950 implicaram a oligopolização da economia brasileira, quando os principais ramos industriais passaram a ser constituídos por um reduzido número de grandes empresas, reproduzindo processo que se iniciara ainda no final do século passado com as economias capitalistas desenvolvidas. A participação hegemônica do capital estrangeiro na produção manufatureira também foi possível devido à própria mudança da estratégia de investimentos das grandes corporações estrangeiras, que neste momento estavam começando os seus movimentos de transnacionalização. O acirramento da concorrência entre os grandes oligopólios internacionais americanos, europeus e japoneses estendeu esta disputa até os países subdesenvolvidos[32].

O Brasil, pelo tamanho de seu mercado interno, o que era também efeito do próprio sucesso do processo de substituição de importações, tornou-se um espaço privilegiado para a atuação das empresas multinacionais (EMN), embora seja importante ressaltar que os Estados Unidos, inicialmente, estavam presentes apenas marginalmente nesse processo. Somente após a implantação de empresas européias e japonesas em várias áreas, as multinacionais americanas se engajariam na produção industrial no Brasil, mesmo aquelas que já atuavam há muitos anos no país, com centros de montagem e distribuição de seus produtos, como a Ford e a General Motors.

Tomando-se, por exemplo, os países ou as empresas internacionais que concorreram à execução do Plano de Metas, verifica-se que a participação inicial de empresas do país capitalista hegemônico — os Estados Unidos — era irrisória: elas não estiveram presentes na indústria de construção naval, que se montou com capitais japoneses, holandeses e brasileiros; na indústria siderúrgica, que se montou basicamente com capitais nacionais estatais (BNDE) e japoneses (Usiminas); nem sequer tinham participação relevante na própria indústria automobilística, que se montou com capitais alemães (Volkswagen, Mercedes-Benz), franceses (Simca) e nacionais (DKW)[33].

As empresas multinacionais passaram a dominar amplamente a produção industrial brasileira, especialmente os setores mais dinâmicos da indústria de transformação. Considerando-se as 1000 maiores em-

32. Hymer (1983).

33. Oliveira (1980).

presas do país por volume de vendas em 1974, 2/3 delas eram empresas industriais. As EMN correspondiam a 12% do número total, 50% do valor das vendas e 43% do estoque de capital. Essas empresas concentravam-se nos setores mais dinâmicos. Em 1970, as EMN dominavam amplamente a produção de bens duráveis de consumo (85% das vendas) e eram majoritárias na produção de bens de capital (57% das vendas). No subsetor de bens de consumo não-duráveis, controlado basicamente por empresas privadas nacionais, a participação das EMN era bastante significativa (43% das vendas). Mesmo no subsetor produtor de bens intermediários, onde ocorreria forte participação estatal, a presença destas empresas chegaria a 37% das vendas[34].

O predomínio das EMN foi conseqüência direta das características da industrialização no capitalismo monopolista. Dadas as escalas de produção e intensidade de capital necessárias, foi inevitável a supremacia do capital externo, dominando amplamente os setores industriais mais dinâmicos de nossa economia. Ao capital privado nacional coube o papel subordinado de fornecedor de insumos e componentes, como no caso da relação complementar entre o setor de autopeças e a indústria automobilística. Por outro lado, havia setores em que a participação estrangeira foi bastante restrita, quer por questões legais, quer por estratégias de investimentos das EMN. Foram os casos dos setores financeiro, de mineração, serviços em geral, construção civil e agricultura. Esses dados levam a uma conclusão paradoxal sobre a economia brasileira: embora a industrialização por substituição de importações tenha aprofundado e consolidado o fechamento do país às importações, o mecanismo de reserva de mercado, que impedia a importação de produtos com similar nacional levou a uma abertura sem precedentes ao capital externo. A enorme presença do capital estrangeiro no país tornou a economia brasileira uma das mais abertas e internacionalizadas do mundo: as EMN respondem pela produção de mais da metade dos bens de consumo duráveis no país, além de expressiva parcela dos bens de capital e até dos bens de consumo não-duráveis. Tal controle externo da estrutura produtiva de um país com o grau de desenvolvimento do Brasil não encontra similaridade em nenhum outro país. Isto fica ainda mais claro se considerarmos o chamado grau de abertura financeira, que mede as despesas líquidas do país com suas relações econômicas externas[35].

---

34. Serra (1982).

35. Gonçalves (1994).

7.3. A CONSOLIDAÇÃO DA ESTRUTURA INDUSTRIAL BRASILEIRA

O Plano de Metas estimulou decisivamente o PSI, especialmente no setor de bens de consumo duráveis, e mesmo em importantes áreas do setor de bens de capital, como nos ramos de máquinas-ferramentas e de equipamentos sob encomenda, particularmente no setor elétrico pesado. A economia brasileira, como afirmado anteriormente, foi aquela em que o PSI mais avançou, quer na América Latina, quer no conjunto dos outros países não-industrializados. A partir de então, o próprio sucesso do PSI exigia a transição para um modelo auto-sustentado de crescimento. Assim, já no início dos anos 1960, Maria da Conceição Tavares considerou a hipótese de esgotamento do PSI, com a diminuição de seus efeitos positivos sobre a dinâmica industrial brasileira.

Se a produção de bens de capital e de bens intermediários cresceu significativamente, não se chegou a completar a criação de um departamento I que possibilitasse a autonomia do processo de acumulação. A obrigatória complementaridade entre os departamentos da economia exigia um desenvolvimento do departamento I ainda mais intenso, sobretudo em termos de tecnologia avançada. Essa possibilidade revelou-se de difícil consecução porque o mercado brasileiro era ainda relativamente pequeno, não sustentando as escalas de produção requeridas para a fabricação de bens com grande intensidade tecnológica. Assim, as indústrias dedicavam-se à produção de produtos mais leves, deixando os mais pesados e especializados por conta das importações[36]. Essa foi uma das características básicas da nova fase da divisão internacional do trabalho. Assim, o desenvolvimento industrial de países subdesenvolvidos, superando parcialmente o papel histórico de fornecedores de alimentos e matérias-primas, implicaria a instauração de uma nova dependência financeira e tecnológica com relação aos países desenvolvidos.

Esta situação se refletia em desequilíbrios no balanço de pagamentos do país. Os saldos comerciais tornaram-se negativos a partir de 1958, com um novo ciclo de deterioração das relações de troca e crescimento das despesas financeiras com o serviço do capital estrangeiro a partir de 1957, conseqüência dos investimentos e empréstimos externos acumulados nessa década. A situação agravou-se devido aos prazos curtos dos vencimentos dos empréstimos externos, em um contexto de conflitos entre o governo JK e o FMI e o Banco Mundial que culminaram em um rompimento em 1959. Apesar da política extre-

---

36. Serra (1982).

mamente liberal seguida por JK relativamente ao capital estrangeiro, esses organismos internacionais não aprovavam os pilares do PSI: protecionismo e controle de importações. Além disso, a ortodoxia monetarista predominante no FMI e no Banco Mundial também não aprovava a condução da política macroeconômica — com grandes déficits fiscais — e a política monetária expansionista, que não se preocupava com as crescentes taxas de inflação do período.

Esse conjunto de contradições se manifestou na queda do ritmo de crescimento industrial a partir de 1962, configurando a primeira crise econômica brasileira motivada, principalmente, por causas internas. Até então, todas as crises haviam tido origens basicamente externas, com repercussões internas.

Essa crise revelaria, ainda, a importância assumida pela acumulação industrial no processo de desenvolvimento econômico do país, na medida em que o crescimento do PIB passa a estar diretamente vinculado ao crescimento da produção industrial. Assim, o nível dos investimentos passa a ser a variável fundamental para explicar os movimentos cíclicos da economia.

CEPAL — Comissão Econômica para a América Latina

Órgão regional da Organização das Nações Unidas (ONU), criado em 1948, com o objetivo de estudar e propor políticas de desenvolvimento aos países latino-americanos. Está sediada em Santiago do Chile e, desde sua fundação, tem sido um dos principais centros de reflexão sobre a economia da região. Seu grande impulsionador foi o argentino Raúl Prebisch, que juntamente com Celso Furtado, Aníbal Pinto, Aldo Ferrer, Maria da Conceição Tavares, Osvaldo Sunkel e outros, produziram obras que marcaram profundamente o pensamento crítico sobre a industrialização na América Latina. Prebisch, em artigos considerados clássicos, analisou o relacionamento econômico perverso entre os países exportadores de produtos primários e os países desenvolvidos. Esse relacionamento era caracterizado historicamente pela deterioração das relações de troca: os preços dos produtos primários exportados normalmente desvalorizavam-se com relação aos preços dos bens industriais importados.

A CEPAL produziu, assim, uma crítica à teoria das vantagens comparativas do comércio internacional, desenvolvendo uma abordagem histórico-estruturalista, baseada no entendimento da evolução econômica e social dos países latino-americanos, no contexto de relações econômicas externas adversas e de dependência.

Entre os brasileiros ligados à CEPAL, destacam-se Celso Furtado, Maria da Conceição Tavares, Fernando Henrique Cardoso, Antônio Barros de Castro, Carlos Lessa, José Serra, e, mais recentemente, Renato Baumann e Ricardo Bielschowsky.

Questões de Revisão

1. Caracterize, em linhas gerais, o Plano de Metas.
2. Pode-se afirmar que a implementação do Plano de Metas foi bem-sucedida? Por quê?
3. Explique o tripé em que se apoiou a estrutura industrial brasileira a partir do Plano de Metas.
4. Qual foi a importância do capital estrangeiro no Brasil a partir do Plano de Metas? E do capital estatal?
5. É paradoxal o fato de a economia brasileira ter-se fechado com relação aos fluxos comerciais ao mesmo tempo que se tornava uma das mais abertas do mundo com relação aos fluxos de investimentos? Por quê?

CAPÍTULO 8

A crise 1962-1967, o PAEG e as bases do milagre econômico

Militares ocupam Brasília em 1964 — Reprodução/AE

No início da década de 1960, a economia ainda mantinha sua trajetória de crescimento, mas, já em 1962, os dados sobre o nível de investimentos e sobre o ritmo de crescimento industrial apontavam para a recessão de 1963. A sociedade brasileira atravessou, a partir da posse e precoce renúncia do presidente Jânio Quadros, um período de grande instabilidade política que resultou na interrupção do processo político democrático e na instauração da ditadura militar, em 1964. A política de estabilização intentada pelo governo João Goulart, com o Plano Trienal de Celso Furtado, fracassara, agravando a crise econômica e aumentando o seu desgaste político. A partir de 1964, o regime militar e as políticas de estabilização e de transformações institucionais da economia brasileira teriam êxito com o Plano de Ação Econômica do Governo (PAEG). O regime militar aprofundou as características do modelo econômico dependente e associado ao capital estrangeiro, e manteve a matriz industrial implementada com o Plano de Metas. Essas seriam as bases do chamado *milagre econômico brasileiro* de 1968/1973.

8.1. A PRIMEIRA CRISE INDUSTRIAL ENDÓGENA: OS LIMITES DO PROCESSO DE SUBSTITUIÇÃO DE IMPORTAÇÕES

Após um período de intenso crescimento do PIB entre 1956 e 1962, a economia brasileira sofreu uma desaceleração que perdurou até 1967. Entre 1962 e 1967, a taxa média de crescimento do PIB caiu à metade daquela alcançada no período anterior. A formação bruta de capital fixo, um dos principais determinantes do ritmo de crescimento, começou a cair já em 1962, tornando-se negativa em 1963, o que também ocorreu com o crescimento da produção industrial. A inflação disparou e atingiu uma taxa anual de 90% em 1964, considerada extremamente alta, mesmo para os permissivos padrões brasileiros de convivência com a inflação naquela época.

Se não há dúvidas sobre a expressiva diminuição do ritmo de crescimento do país, as explicações para o fato são as mais variadas possíveis. Parte dessas divergências deve-se à própria complexidade daquele momento histórico, quando se entrelaçavam questões econômicas estruturais com políticas econômicas conjunturais, em um quadro de acirramento dos conflitos políticos e sindicais.

Para os autores de tradição estruturalista, como Tavares e Serra, esta crise seria uma típica crise cíclica, relacionada com a conclusão do volumoso conjunto de investimentos do Plano de Metas. Depois da conclusão desse pacote de investimentos, a economia levaria algum tempo para absorvê-lo, na medida em que a própria existência de elevadas capacidades ociosas em vários ramos industriais seria um freio para a continuidade dos investimentos. Segundo Leff, haveria uma grande capacidade produtiva inaproveitada no setor de bens de capital, em função das próprias características do setor. Na indústria automobilística, por exemplo, a capacidade ociosa chegou a 50%. Além disso, haveria subestimação da capacidade competitiva das empresas já instaladas e superestimação das dimensões do mercado nacional[37].

O setor produtor de bens de consumo duráveis enfrentou dificuldades pois a demanda não crescia de maneira satisfatória. A demanda reprimida que o PSI buscou atender esgotou-se rapidamente, em função da baixa renda per capita e da elevada concentração de renda no país. A inexistência de mecanismos para o financiamento de longo prazo do consumo trazia ainda mais limitações à demanda.

Sobre esta questão estrutural, atuavam ainda fatores conjunturais, como a ascensão inflacionária, que corroía o poder aquisitivo dos trabalhadores, reduzindo a própria demanda por bens não-duráveis, e a política antiinflacionária recessiva do Plano Trienal.

Para autores de outras posições políticas, como Mário Henrique Simonsen, o início da crise se devia à instabilidade política presente no país a partir da renúncia de Jânio Quadros, o que teria desestimulado os investimentos[38].

Francisco de Oliveira, em *Economia brasileira: crítica à razão dualista*, associou a crise e a queda dos investimentos ao aumento da atividade sindical e política dos trabalhadores que, durante todo o período populista, haviam sido os grandes sustentadores do processo de acumulação industrial, ao participarem marginalmente dos enormes ganhos de produtividade ocorridos na economia brasileira nesse período. Posteriormente, Oliveira desenvolveu uma interpretação dessa crise a partir das contradições resultantes de um padrão de acumulação baseado na produção de bens de consumo duráveis (departamento II), e as fracas bases internas do setor produtor de bens de produção (departamento I), uma vez que ambos eram controlados pelo capital estrangeiro[39].

---

37. Leff (1968).

38. Simonsen (1969).

39. Oliveira (1980).

Paul Singer, em *Desenvolvimento e crise no Brasil*, ressalta a importância do aspecto político e do papel da inflação no processo de concentração de renda e de potencialização da acumulação capitalista. A intensificação da luta sindical e a sua transformação crescente em luta política, com a defesa das "reformas de base", levaram a um impasse político e econômico solucionado apenas pelo golpe militar. Singer chegou assim a uma formulação de ciclo econômico político, conceito já desenvolvido anteriormente por Michel Kalecki[40].

Finalmente, alguns autores consideraram como causa do início da crise a política de estabilização recessiva do Plano Trienal, baseada em forte contração monetária. Evidentemente, trata-se de uma explicação parcial e incompleta para uma crise cuja superação implicou transformações políticas e um governo militar que se impôs ao país por mais de vinte anos.

Uma explicação mais abrangente sobre a crise de 1962 certamente deveria considerar os vários aspectos abordados nas análises anteriores. Tratou-se efetivamente de uma crise cíclica, agravada pelo aumento da instabilidade política e pelas políticas de estabilização recessivas, como o Plano Trienal, num primeiro momento, e o próprio PAEG, a partir de 1964. Some-se a isso o fato de que era uma economia que se industrializara mantendo enorme dependência com relação ao setor externo, o que provocava freqüentes crises cambiais.

8.2. CRISE POLÍTICA E O PLANO TRIENAL DE CELSO FURTADO

Durante o curto governo Jânio Quadros, a política econômica foi bastante conservadora no enfrentamento dos problemas herdados do governo JK: aceleração inflacionária, déficit fiscal e pressão sobre o balanço de pagamentos. Em março de 1961, foi feita uma reforma cambial, com desvalorização em 100% para o chamado câmbio de custo, aplicado às importações preferenciais, como petróleo e papel de imprensa. O objetivo foi diminuir a pressão dos subsídios cambiais sobre o déficit público. Em maio e junho, o governo obteve sucesso na renegociação dos débitos com credores externos e com organismos financeiros internacionais, reescalonando os vencimentos da dívida externa do período 1961/1965. A abrupta renúncia do presidente, em agosto de 1961, interrompeu a continuidade de sua política econômica.

40. Singer (1977).

A posse do vice-presidente João Goulart só foi possível com as limitações que lhe seriam impostas pelo regime parlamentarista, resultado dos vetos militares. Assim, de setembro de 1961 até janeiro de 1963, houve três gabinetes parlamentares que, diante do quadro de indefinição política, não conseguiam implementar nenhuma política econômica consistente. Desse modo, a taxa de inflação alcançou 45,5%, em 1962, contra 33,2%, em 1961. No final de 1962, poucos meses antes do plebiscito que restabeleceria o regime presidencialista, foi apresentado por Celso Furtado, ministro extraordinário para Assuntos do Desenvolvimento Econômico, o Plano Trienal, uma resposta política do governo à aceleração inflacionária e à deterioração econômica externa, que objetivava dar continuidade ao desenvolvimento do país.

Furtado, o mais importante economista brasileiro estruturalista, elaborou um plano de ações antiinflacionárias bastante ortodoxas, o que para Francisco de Oliveira e Ignácio Rangel demonstrava as próprias limitações do enfoque estruturalista. Mais uma vez, foi usada a política de contenção de gastos públicos e de liquidez. Rapidamente, as reivindicações sindicais e políticas da base de apoio do governo se impuseram, com a recusa dos assalariados em suportar mais uma vez o peso do ajuste antiinflacionário. A tentativa de estabilização fracassou e provocou o crescimento negativo do PIB per capita: a economia cresceu 6,6% em 1962, mas apenas 0,6% em 1963, com inflação anual de 83,25%. Em julho de 1963, Furtado deixou o governo e, a partir de então, o acirramento dos conflitos sindicais e políticos, com a desestabilização política interna e externa do governo democraticamente eleito, impediram a implementação de qualquer política de gestão econômica mais articulada. Como resultado, houve aumento das taxas mensais de inflação. O fim do governo ocorreu com o golpe militar de 1964.

8.3. 1964: RUPTURA DEMOCRÁTICA E O MODELO DEPENDENTE E ASSOCIADO

A tomada do poder pelos militares, em 1964, pôs fim ao chamado populismo no país. Denominavam-se populistas os regimes políticos latino-americanos que incorporaram amplas massas urbanas em um processo político do qual haviam sido excluídas secularmente, como os governos de Perón, na Argentina, e Vargas, no Brasil. Foi nesse contexto histórico que a economia brasileira predominantemente agroexportadora transformou-se em outra, de base urbano-industrial. O PSI avançou com maior intensidade sob o impulso de governos populistas, quando a acumulação industrial era extremamente estimulada pelas altas taxas de retorno e pelo próprio papel que assumiram os Estados nacionais no apoio a esse processo. Em uma marchinha carnavalesca, ouvia-se que Getúlio Vargas "era o pai dos pobres, mas, dos ricos, ele era a mãe". Esta frase representava parte da ambigüidade do populismo: as benesses da incorporação dos trabalhadores no processo político tinham como limite as necessidades do processo de acumulação. Nem como parte da demanda efetiva estes trabalhadores seriam considerados, como ocorreu em países econômica e socialmente mais avançados[41].

Os governos populistas, principalmente aqueles com traços mais nacionalistas, eram, no entanto, acusados pelo pensamento econômico conservador de serem excessivamente redistributivistas, buscando distribuir uma renda ainda inexistente. Essa postura redistributivista, que seria conhecida, posteriormente, como populismo econômico, geraria, segundo seus críticos, pressões inflacionárias e dificultaria a continuidade do processo de acumulação. Entretanto, todas as evidências empíricas sobre o caso brasileiro desmentem esse raciocínio: o salário mínimo, instituído em 1940, somente garantia condições indispensáveis à sobrevivência do trabalhador e de sua família, longe, portanto, de embutir qualquer política redistributivista ou que incorporasse os ganhos de produtividade. Além disso, apesar de apresentar períodos alternados de recuperação e de perdas, o salário mínimo real praticamente não sofreu mudanças em seu valor real. Já o crescimento da produtividade industrial e do PIB, entre 1930 e 1990, levou à quintuplicação do PIB per capita no país. Segundo Angus Maddison, o Brasil foi o país com maior crescimento do PIB no mundo, entre 1870/1987. Considerando o crescimento populacional, o crescimento do PIB per capita do país no período só foi superado pelo Japão. Já no período 1950/1987, momento fundamental do PSI, o país apresentou o terceiro maior crescimento per capita no mundo, só superado pelo Japão e pela China[42].

O regime militar assumiu a direção do país, em 1964, com uma postura tecnocrático-modernizante, comprometido com a superação das políticas populistas de João Goulart, consideradas atrasadas e ultrapassadas. Apesar das críticas ao nacionalismo econômico do governo deposto, o novo regime manteria um discurso desenvolvimentista, comprometido com a retomada do crescimento econômico. A prioridade inicial do novo governo foi a normalização das relações com os orga-

41. Oliveira (1977).

42. Maddison (1989).

nismos financeiros internacionais. A partir de então, todas as ações buscavam uma integração maior com os países capitalistas desenvolvidos, especialmente os Estados Unidos. O Brasil assumiu então uma clara subordinação: tratava-se do aprofundamento do modelo de capitalismo dependente e associado, já hegemônico no país desde o Plano de Metas de JK. O resultado foi o aumento da internacionalização da economia brasileira com relação aos capitais externos e a consolidação da oligopolização, com o franco predomínio das EMN. O aumento da dependência externa, que se refletiu, sobretudo, no enorme aumento da dívida externa do país, foi determinante para os rumos da economia brasileira.

8.4. PAEG: ESTABILIZAÇÃO E MUDANÇAS INSTITUCIONAIS

O PAEG foi elaborado pelo recém-criado Ministério do Planejamento e da Coordenação Econômica. A equipe econômica do governo do marechal Castelo Branco era liderada por Roberto Campos, ministro do Planejamento, e por Octávio Gouvea de Bulhões, ministro da Fazenda. Este plano de estabilização conseguiu reduzir a taxa de inflação de 90%, em 1964, para menos de 30%, em 1967, invertendo a tendência inflacionária que existia desde o final dos anos 1930. Entretanto, o aspecto mais importante do PAEG foi o conjunto de transformações institucionais impostas ao país, consubstanciadas nas reformas bancária e tributária, e na centralização (autoritária) do poder político e econômico. O autoritarismo permitiu ao governo militar executar uma política econômica voltada a garantir os investimentos, estimulando ainda mais o processo de oligopolização.

O PAEG mantinha os objetivos básicos dos discursos desenvolvimentistas: retomada do desenvolvimento, via aumentos dos investimentos; estabilidade de preços; atenuação dos desequilíbrios regionais; e correção dos déficits do balanço de pagamentos, que periodicamente ameaçavam a continuidade do nosso desenvolvimento. As prioridades imediatas eram, internamente, o controle da inflação, e, externamente, a normalização das relações com os organismos financeiros internacionais.

O diagnóstico do processo inflacionário brasileiro era embasado na ortodoxia monetarista: o excesso de demanda era causado pela monetização dos déficits públicos; pela expansão do crédito às empresas e pelos aumentos salariais superiores ao aumento da produtividade.

Apesar de autores como Lara Resende[43] procurarem distinguir aspectos não ortodoxos nesse diagnóstico, cabe registrar que o único aspecto que poderia não se enquadrar na ortodoxia era a proposta de uma estabilização que seria alcançada de forma gradualista: pretendia-se uma redução gradual do déficit público e da inflação, a qual deveria atingir 10% em 1967. A partir desse diagnóstico, foram implementadas ações buscando controlar as contas públicas, aumentando as receitas e reduzindo as despesas; foi executada uma política monetária restritiva, com controle de emissão monetária e de crédito; e, especialmente, foi implementada uma dura política de contenção salarial. Essa política — uma derrota política dos trabalhadores e assalariados em geral — acabou provocando um efetivo arrocho salarial, somente possível em um regime autoritário.

As políticas monetária e creditícia, entretanto, foram do tipo *stop-and-go*, alternando alguns períodos de expansão da moeda e do crédito com outros de forte contração monetária, atingindo duramente a atividade econômica e provocando falências, concordatas e desemprego.

A reforma bancária de 1965 criou a estrutura básica do sistema financeiro nacional, instituindo o Banco Central e o Conselho Monetário Nacional, bem como permitiu a especialização do sistema financeiro, com a divisão em financeiras (voltadas ao financiamento dos bens de consumo duráveis), bancos comerciais e bancos de investimento. Com a criação das Obrigações Reajustáveis do Tesouro Nacional (ORTN), foi instituída a correção monetária, conforme preconizara Ignácio Rangel, possibilitando a convivência com taxas relativamente altas de inflação por muitos anos. A reforma bancária estimulou um movimento de fusões e aquisições sem precedentes, com o objetivo de desenvolver um sistema financeiro forte e competitivo.

A criação do Sistema Financeiro da Habitação (SFH) e do Banco Nacional da Habitação (BNH) possibilitou o fomento extraordinário da construção habitacional e do saneamento básico, utilizando recursos das cadernetas de poupança e do Fundo de Garantia por Tempo de Serviço (FGTS), que surgiu com o objetivo político de se contrapor à estabilidade no emprego que, segundo o patronato, enrijecia as relações trabalhistas.

A reforma tributária de 1967 criou o sistema tributário ainda vigente no país, aumentando a arrecadação e centralizando-a no governo federal. Além dos impostos, adquiriram grande importância fundos

43. Abreu (1990).

parafiscais como o FGTS, o Programa de Integração Social (PIS), e o Programa de Assistência ao Servidor Público (PASEP) — estes últimos voltados a propiciar a participação dos assalariados no lucro das empresas. Além disso, ao longo dos anos, o governo federal passou a se financiar através da constituição de uma dívida pública baseada na ORTN e, posteriormente, em Letras do Tesouro Nacional (LTN). A nova estrutura tributária também permitiria o aumento das exportações em virtude de incentivos fiscais variados.

A avaliação do PAEG como programa de estabilização é positiva, apesar de seus custos para uma parcela importante da população. O plano reduziu a inflação para a faixa de 20% ao ano e executou um amplo conjunto de transformações institucionais fundamentais para o grande crescimento econômico que se seguiria.

Em contrapartida, as críticas, como as formuladas por Bacha, centram-se no diagnóstico de inflação, erroneamente considerado como de demanda, que resultou em uma política recessiva com altos custos sociais. Segundo Bacha, a política monetária restritiva praticada em 1966 foi equivocada, na medida em que a ameaça de retomada do crescimento inflacionário devia-se a pressões dos preços agrícolas, conseqüência da quebra de safra por causa da seca[44]. Contraditoriamente, em 1965, a inflação havia sido declinante, apesar da política monetária claramente expansionista.

Outra linha de críticas é aquela dirigida contra o autoritarismo na implementação das transformações institucionais e na execução da política de estabilização, demonstrando que o liberalismo econômico preconizado pelo governo militar não era acompanhado por liberalismo político e democracia representativa. Criticava-se todo um projeto voltado ao fortalecimento dos grandes oligopólios e ao aprofundamento da desnacionalização da economia[45].

Questões de Revisão

1. Compare as diferentes interpretações sobre a crise econômica de 1962-1967.
2. Que aspectos políticos influenciaram a política econômica durante o período 1962-1967?

44. Bacha (1988).

45. Singer (1982).

3. Explique, sucintamente, os objetivos do Plano Trienal de Celso Furtado, os instrumentos utilizados para sua implementação e os seus resultados.
4. Qual era o diagnóstico do PAEG sobre as causas da inflação brasileira?
5. Quais eram os principais objetivos do PAEG?
6. Quais foram as principais transformações institucionais efetuadas pelo PAEG?
7. Pode-se considerar que o PAEG atingiu seus objetivos?

CAPÍTULO 9

O milagre brasileiro: auge e crise

Rodovia Transamazônica — Nélio Rodrigues/Abril Imagens

O que se convencionou chamar de *milagre econômico* brasileiro foi um período de intenso crescimento do PIB e da produção industrial entre 1968 e 1973. A economia brasileira beneficiou-se do grande crescimento do comércio mundial e dos fluxos financeiros internacionais para aumentar sua abertura comercial e financeira em relação ao exterior. Novamente, nesse ciclo expansivo, observou-se a predominância dos setores produtores de bens duráveis e de bens de capital, a partir da estrutura industrial implantada ainda no Plano de Metas. Uma das características marcantes desse processo, como já foi enfatizado, foi a presença de capital estrangeiro, na forma de investimentos diretos, especialmente através de empréstimos.

A conseqüência do endividamento seria a crise da dívida nos anos 1980. Ao mesmo tempo que ocorreu um intenso crescimento econômico, agravaram-se as questões sociais, com aumento da concentração de renda e deterioração de importantes indicadores sociais. O milagre, no fim das contas, aprofundou as contradições estruturais da economia e os problemas decorrentes de sua enorme dependência em relação ao capital internacional.

9.1. A EXPANSÃO DA ECONOMIA MUNDIAL E A ECONOMIA BRASILEIRA ENTRE O PÓS-GUERRA E OS ANOS 1970

O período compreendido entre o pós-guerra e meados dos anos 1970 é conhecido como os *trinta anos gloriosos* da economia capitalista. Nos anos 1950, tiveram início os milagres econômicos alemão e japonês; nos anos 1960, foi a vez de Espanha e de Formosa, entre outros.

TABELA 9.1. TAXA COMPOSTA DE CRESCIMENTO ANUAL DAS EXPORTAÇÕES MUNDIAIS

Período	%
1720-1820	0,9
1820-1970	4,2
1913-1950	1,1
1950-1985	5,8
1950-1973	7,3
1973-1985	3,3

Fonte: Maddison (1989).

Esses milagres eram caracterizados pela manutenção de altas taxas de crescimento por vários anos e refletiam o grande crescimento apresentado por toda a economia mundial neste período. Esse fenômeno provocou um intenso crescimento dos fluxos mundiais de comércio e de capitais financeiros, possibilitando um salto industrial mesmo em alguns países subdesenvolvidos. O Brasil se incluiria de forma mais acentuada nesse círculo virtuoso no final dos anos 1960, a partir da recuperação do crescimento econômico no final de 1967, que já anunciava o milagre brasileiro de 1968/1973.

TABELA 9.2. TAXAS MÉDIAS ANUAIS DE CRESCIMENTO DO PIB PER CAPITA DE PAÍSES SELECIONADOS

Países	1950-1960	1960-1967
África do Sul	1,8	4,1
Alemanha Ocidental	6,8	3,1
Argentina	1,4	1,3
Áustria	5,7	3,6
Brasil	**2,9**	**1,1**
Coréia do Sul	2,5	5,1
Espanha	2,6	7,2
Estados Unidos	1,1	3,6
Formosa	3,8	7,1
França	2,6	3,8
Grã-Bretanha	2,3	2,4
Grécia	4,9	6,9
Israel	5,5	4,3
Itália	4,9	4,1
Japão	7,2	8,6
México	3,0	3,1
Portugal	3,7	5,1

Fonte: *Yearbook of National Account Statistics* (1968), v. 2. *Apud*: Singer (1982).

Em março de 1967, iniciou-se o governo do general Costa e Silva, com uma nova equipe econômica, liderada por Antônio Delfim Netto, que continuaria responsável pela política econômica durante a Junta Militar, no período após o impedimento de Costa e Silva, e ainda durante o governo do general Médici. Delfim Netto assumiu a direção da política econômica com um novo diagnóstico do processo inflacionário brasileiro: após o ajuste das contas públicas efetuado pelo PAEG, e com os salários rigidamente controlados, a inflação passou a apresentar um forte componente de custos, decorrentes da grande capacidade ociosa existente e dos altos custos financeiros. A solução para a continuidade da queda da inflação seria a retomada do crescimento econômico, tendência verificada em toda a economia mundial da época. Para isso, era fundamental que se adotasse uma política monetária expansiva e que houvesse um grande aumento no crédito ao setor privado, estimulando a produção para o mercado interno e externo. Os dados da Tabela 9.3 mostram com clareza esta nova orientação: as políticas monetária e creditícia de Delfim Netto, durante o milagre econômico, foram fortemente expansionistas.

TABELA 9.3. ÍNDICES DE LIQUIDEZ REAL*, VARIAÇÃO ANUAL (EM %)

Ano	Trimestres			
	1º	2º	3º	4º
1960	8	11	6	5
1961	12	4	3	1
1962	–6	0	6	12
1963	–6	–9	–12	–9
1964	–6	2	0	–7
1965	9	17	30	42
1966	21	1	–12	–17
1967	**–5**	**10**	**18**	**20**
1968	**21**	**11**	**10**	**10**
1969	**15**	**12**	**9**	**9**
1970	**7**	**8**	**9**	**12**
1971	**7**	**3**	**9**	**12**
1972	**11**	**12**	**12**	**12**
1973	**14**	**18**	**21**	**23**
1974	22	8	1	–1
1975	–6	4	8	8
1976	9	3	–4	–5
1977	–7	–5	1	2
1978	4	2	0	–2
1979	1	0	–6	–5
1980	–10	–13	–18	–22
1981	–27	–31	–24	–14

* Taxa de crescimento dos meios de pagamentos, deflacionada pelo IPA.
Fontes: Banco Central e *Conjuntura Econômica. Apud*: Serra (1982).

O novo ciclo de crescimento foi, mais uma vez, comandado pelos setores produtores de bens de consumo duráveis e de bens de capital. O crescimento médio do PIB no período 1967/1973 atingiu 11,2% ao ano, enquanto a indústria manufatureira cresceu à taxa de 12,6%. O crescimento da produção de bens duráveis alcançou, em média, 23,6%, e a de bens de capital, 18,1% (Ver Tabela 9.3.). Manteve-se a mesma matriz de crescimento implantada durante o Plano de Metas, com aumento na abertura estrutural da economia para o exterior. Houve aumento das importações, de 5,4 para 8,6% do PIB, enquanto as exportações mais que dobraram, resultando em uma balança comercial praticamente equilibrada.

O crescimento da indústria de bens de consumo não-duráveis manteve-se bem abaixo das taxas de crescimento dos outros setores, alcançando "apenas" 9,4% ao ano. A agricultura cresceu dentro de suas taxas históricas, atingindo a média anual de 4,7%, depois de um medíocre crescimento de 1,7% ao ano no período 1962/1967. O crescimento da agricultura foi maior nas culturas voltadas à exportação, enquanto a produção de alimentos básicos como feijão, mandioca e banana, por exemplo, caiu a taxas anuais de 1,96%, 1,86% e 2,39%, respectivamente. Assim, a produção de alimentos básicos cresceu a taxas inferiores do crescimento da população.

TABELA 9.4. DESEMPENHO DA AGRICULTURA (TAXAS MÉDIAS DE CRESCIMENTO ANUAL)

Período	1932-1976	1962-1976	1968-1976
Produção de exportáveis	4,26	6,26	9,09
Produção de domésticos	4,44	4,00	3,32
Produção total	4,58	4,80	5,11

Fonte: Mendonça de Barros & Graham (1978).

TABELA 9.5. CRESCIMENTO DA INDÚSTRIA DE TRANSFORMAÇÃO (EM %)

Indústria	1965-1967	1967-1970	1970-1973	1974-1977
I. Bens de consumo	4,8	11,6	12,3	4,5
1. Duráveis	13,4	21,9	25,5	5,5
1.1. Transporte	13,1	23,9	24,5	–1,0
1.2. Elétricos	13,9	17,4	28,0	16,0
2. Não duráveis	3,6	9,7	9,1	4,2
II. Bens de produção	9,1	13,7	15,7	8,6
1. Capital	4,5	13,7	22,5	8,4
2. Intermediário	10,8	13,7	13,2	8,7
Total	6,8	12,6	14,0	6,6

Fonte: Inpes. *Apud*: Belluzzo & Tavares (1982).

9.2. FINANCIAMENTO EXTERNO: NECESSIDADE OU CONVENIÊNCIA?

O grande incremento do endividamento externo a partir do milagre econômico levou alguns autores a classificarem o período como *de crescimento conduzido por financiamento externo*. Supõem que o capital externo que entrou no país sob a forma de empréstimos teria sido fundamental no financiamento desse crescimento. Era este o discurso com que as autoridades econômicas justificavam o intenso crescimento do endividamento do país. Mesmo autores críticos da orientação da política econômica, como Paul Singer, admitem a importância do capital estrangeiro naquela conjuntura.

A dívida externa é uma das conseqüências das relações econômicas do país com o resto do mundo. Contabilmente, o estoque da dívida externa bruta é o resultado acumulado da parcela dos déficits em transações correntes não financiados pelo ingresso de capitais de risco ou pela redução das reservas internacionais do país. Os dados da balança comercial do país no período considerado mostram que ela está rigorosamente equilibrada. Paulo Davidoff Cruz, analisando o balanço de pagamentos do país, apontou a ocorrência de um déficit de 2 bilhões de dólares acumulado neste período, nos serviços considerados produtivos, isto é, aqueles relativos a transporte, seguros e importação de tecnologia. Como houve um ingresso líquido acumulado de capital de risco no montante de 1 bilhão de dólares, o déficit externo a ser financiado seria de apenas 1 bilhão de dólares. Em função disso, a única explicação para o extraordinário crescimento da dívida externa ao longo do milagre seria de origem financeira: o excesso de liquidez internacional diminuiu bastante as taxas reais de juros, tornando os empréstimos muito atraentes. Ao mesmo tempo, o sistema financeiro brasileiro, especialmente o setor privado, nunca se voltou para o financiamento produtivo de médio e longo prazo. Portanto, mesmo sem uma necessidade estrita de empréstimos externos que financiassem grandes déficits em transações correntes, ocorreu um aumento do endividamento, por meio da captação de recursos do exterior e seu repasse para empresas de dentro do país.

Por outras palavras, a economia brasileira foi "capturada", juntamente com várias outras economias, num movimento geral do capital financeiro internacional em busca de oportunidades de valorização[46].

---

46. Cruz (1984).

Essa posição é compartilhada por outros respeitados analistas da dívida externa brasileira e pode ser visualizada pela dívida líquida do país no período do milagre. Na verdade, o endividamento externo líquido passou de US$ 3,1 bilhões, em 1967, para US$ 6,2 bilhões em 1973. Já as reservas chegaram a US$ 6,4 bilhões em 1973, partindo de apenas US$ 200 milhões em 1967. Do endividamento bruto total de US$ 12,6 bilhões, em 1973, metade eram reservas. O intenso crescimento de seis anos provocou um aumento de apenas US$ 3,1 bilhões no endividamento líquido do país. Logo, 2/3 do aumento de endividamento total foram convertidos em reservas[47].

TABELA 9.6. EVOLUÇÃO DA DÍVIDA EXTERNA BRUTA E DAS RESERVAS INTERNACIONAIS (1960/1980) — US$ BILHÕES

Ano	Dívida externa bruta	Reservas internacionais
1960	3,1	0,3
1961	3,1	0,5
1962	3,2	0,3
1963	3,2	0,2
1964	3,1	0,2
1965	3,5	0,5
1966	3,7	0,4
1967	**3,4**	**0,2**
1968	**3,8**	**0,3**
1969	**4,4**	**0,7**
1970	**5,3**	**1,2**
1971	**6,6**	**1,7**
1972	**9,5**	**4,2**
1973	**12,6**	**6,4**
1974	17,2	5,3
1975	21,2	4,0
1976	26,0	6,6
1977	32,0	7,3
1978	43,5	11,9
1979	49,9	9,7
1980	53,9	6,9
1981	61,4	7,5

Fontes: Banco do Brasil e Banco Central. *Apud*: Cruz (1984).

47. Batista Jr. (1988).

TABELA 9.7. DÍVIDA EXTERNA BRASILEIRA: 1965-1973 (US$ BILHÕES)

Ano	Dívida externa bruta	Dívida externa líquida
1965	3,5	3,2
1966	3,7	3,2
1967	3,4	3,1
1968	3,8	3,5
1969	4,4	3,7
1970	5,3	4,1
1971	6,6	4,9
1972	9,5	5,3
1973	12,6	6,2

Fonte: Banco Central.

9.3. AS CONTRADIÇÕES DO MILAGRE: A QUESTÃO SOCIAL

O grande questionamento ao milagre refere-se aos aspectos sociais. Os teóricos do desenvolvimento já chamavam a atenção para a diferença entre crescimento e desenvolvimento econômico, entendendo este último como a mudança qualitativa das condições de vida da maioria da população de um país. O mero crescimento econômico registrado na melhoria dos índices de produção não se reflete, necessariamente, no aumento do bem-estar do conjunto da população. Foi o que ocorreu durante o milagre, tanto que os próprios dirigentes diziam que "a economia ia bem, mas o povo ia mal".

O intenso crescimento que houve durante o milagre econômico trouxe grandes benefícios para as classes de maior renda, incluindo-se aí a parte da classe média assalariada que fornecia os quadros técnicos necessários à gestão da economia, como engenheiros, economistas, administradores, analistas de sistemas etc. A renda concentrou-se ainda mais, em conseqüência da diminuição do valor real do salário mínimo.

Em São Paulo, segundo dados do Dieese, o salário mínimo real atingiu o nível mínimo em 1969, com uma perda de 22,2% de seu poder de compra com relação a 1964. Houve certa recuperação até 1973, voltando a cair em 1974, com a alta da inflação, não captada pelo índice de inflação oficial, o IGP, que sofrera manipulação, apontada por organismos internacionais, e reconhecida, posteriormente, pelo novo governo. Desta forma, o salário mínimo real sofreu uma perda de poder aquisitivo de 42% entre 1964 e 1974. No período 1964/1966, época de implantação do PAEG, a perda fora de 25,2%, enquanto entre 1967/1973 alcançou 15,1%. Os dados para o Rio de Janeiro também confirmaram perda de poder aquisitivo do salário mínimo, embora em menor intensidade do que em São Paulo.

Os dados sobre a evolução do salário mínimo são muito representativos da situação dos assalariados, pois, em 1972, mais de metade dos assalariados brasileiros recebia até um salário mínimo. Entre os assalariados que recebiam rendimentos monetários, 22,8% recebiam entre um e dois salários mínimos. Assim, em 1972, 75,3% dos assalariados recebiam rendimentos de até dois salários mínimos[48].

O salário real médio do pessoal ligado à produção caiu menos que o salário mínimo, segundo dados do Dieese. O salário real da força de trabalho ligada à produção teria caído até 1967, recuperando-se gradualmente até 1972, para voltar a cair em 1973, a um nível 10% abaixo do seu poder de compra em 1964. Já o salário real do pessoal ocupado total teria, em 1972, ultrapassado em 6,3% o nível de 1964, caindo em 1973, para continuar acima do nível de 1964, em 1974. Este aumento do salário real do pessoal total (que engloba os trabalhadores ligados à produção e às tarefas administrativas) deveu-se ao aumento dos salários do pessoal mais qualificado[49]. Tal fato levou autores como Carlos Geraldo Langoni a explicar o aumento da participação dos assalariados mais qualificados na renda nacional como resultado de sua maior escolarização. Trata-se de uma explicação tautológica, na medida em que o nível de escolarização é determinado a partir do nível preexistente de renda e patrimônio, pois as classes médias mais ricas tinham acesso às profissões mais bem remuneradas. Como já demonstraram os clássicos da economia política, porém, o nível do salário real depende fundamentalmente do dinamismo da acumulação. Assim, no milagre, período de intenso crescimento, todos os salários deveriam ter subido, o que não ocorreu em função do cerceamento das atividades sindicais e políticas.

Registrou-se neste período, aumento dos acidentes de trabalho, conseqüência das horas extras e da grande intensidade de trabalho. Cresceu o número de pessoas empregadas por família, em parte devido à diminuição do salário do chamado chefe de família. As conseqüências da política de exclusão social desse período foram dramáticas, e podem ser sintetizadas no agravamento das condições de saúde da

48. Camargo *et alii* (1976).

49. Abreu (1990).

maioria da população, que se deteriorou a ponto de ocorrerem epidemias como a de meningite e voltarem a crescer as taxas de mortalidade infantil em todo o país[50].

Houve, enfim, um agravamento de todo o quadro social no país, algo aparentemente incompatível com o enorme aumento da riqueza nacional. Na verdade, encontra-se aqui uma interpretação do que teria sido o milagre econômico brasileiro: um intenso crescimento da acumulação capitalista beneficiado por altíssimas taxas de lucro resultantes da compressão dos salários dos trabalhadores de maneira tão exagerada que chegou a ameaçar a continuidade do processo de crescimento.

Essa forma de crescimento da produção industrial e agrícola, especialmente a voltada para a exportação, foi classificada por Fernando Fajnzylber como *competitividade espúria*, pois estaria baseada no agravamento das questões sociais a partir da deterioração da relação salário/câmbio. Autores como Rui Mauro Marini e Theotônio dos Santos desenvolveram o conceito de superexploração dos trabalhadores para explicar esse tipo de acumulação, similares aos períodos de acumulação primitiva em que não eram respeitados os direitos políticos e sociais das classes trabalhadoras.

9.4. OS LIMITES ESTRUTURAIS DO CRESCIMENTO DEPENDENTE

Em 1973, o milagre atingiu seu auge, com um crescimento de 14% do PIB. No ápice do ciclo expansivo, um conjunto de contradições decorrentes de um desenvolvimento dependente se manifestaria. A principal delas foi o enorme aumento de importação de bens de produção, resultante de uma industrialização com grande desproporcionalidade departamental, dado que o departamento I da economia era insuficientemente desenvolvido. A participação de bens de capital importados na oferta interna total de bens de capital passou de um nível de 20%, em 1965, para mais de 30% durante o milagre. No auge do ciclo (1970/1973), enquanto a produção de bens de consumo duráveis praticamente dobrou (97%), a de bens intermediários aumentou 45%[51]. Isso provocou o surgimento de focos de tensão inflacionária e o

50. Camargo *et alii* (1976).

51. Serra (1982).

reaparecimento de déficits comerciais. As pressões inflacionárias também viriam dos aumentos dos salários, que começavam a se recuperar em função do enorme aumento da demanda por trabalhadores. Além disso, o grande crescimento da agricultura de exportação reduziu a produção de alimentos, e mesmo de matérias primas, direcionada para o mercado interno, gerando mais pressões sobre os preços. Após a grande mudança no contexto econômico mundial, com o primeiro choque do petróleo, em setembro de 1973, estas tensões inflacionárias se amplificaram ainda mais.

Nessa altura, o peso dos serviços na conta de transações correntes também começou a aumentar, em decorrência do aumento dos juros no mercado financeiro internacional. O déficit crescente na balança de transações correntes era coberto com o aumento do endividamento, com base na avaliação de que as turbulências da economia mundial seriam passageiras.

O governo do general Geisel, que assumiu em março de 1974, buscou enfrentar os desequilíbrios estruturais da economia com a implantação do II Plano Nacional de Desenvolvimento (II PND), em que seria retomada a tentativa varguista de desenvolvimento do departamento I da economia. A prioridade do II PND foram as indústrias produtoras de bens de capital e de bens intermediários, que constituíam os grandes pontos de estrangulamento que impediam a continuidade do desenvolvimento nacional. Finalmente, o país entrava na etapa final do processo de substituição de importações.

TABELA 9.8. PARTICIPAÇÃO DAS IMPORTAÇÕES NA OFERTA DE BENS DE CAPITAL (1965/1975)

Ano	%
1965	19,83
1966	23,01
1967	27,17
1968	29,24
1969	30,39
1970	32,01
1971	35,22
1972	36,67
1973	32,62
1974	36,41
1975	37,47

Apud: Oliveira (1980).

Questões de Revisão

1. Faça um breve apanhado sobre o comportamento da economia mundial no pós-guerra.
2. Qual foi o diagnóstico do processo inflacionário brasileiro elaborado por Delfim Netto, que assumiu a direção da economia em 1967?
3. Que departamentos da economia podem ser considerados responsáveis pelo crescimento econômico durante o milagre?
4. O financiamento externo durante o milagre brasileiro era realmente imprescindível? Por quê?
5. Como evoluíram os indicadores sociais durante o milagre econômico?
6. Como se comportaram os salários reais ao longo do milagre?
7. Quais eram os limites estruturais do crescimento dependente?

CAPÍTULO 10

O II PND: o fim de um ciclo

Usina nuclear de Angra dos Reis — Fernando P. Correa/AE

O II Plano Nacional de Desenvolvimento (PND), embora fosse a resposta do governo militar à crise conjuntural da economia brasileira, também tinha o objetivo de superar o próprio subdesenvolvimento do país, eliminando os estrangulamentos estruturais de nossa economia. O governo Geisel assumiu uma postura de afirmação de um projeto nacional, ainda que contraditório e dissociado dos anseios e necessidades da grande maioria da população do país. Uma síntese dessa postura era o programa nuclear brasileiro, desenvolvido com apoio tecnológico e financeiro da Alemanha Ocidental, contra a vontade dos Estados Unidos, a potência política e econômica hegemônica.

No II PND a maioria dos investimentos para crescimento industrial estava direcionada ao departamento I, produtor de bens de capital e bens intermediários. Seria uma nova tentativa de articular a ação e os investimentos das empresas estatais com os investimentos da grande empresa privada nacional. Nesse momento de inflexão no crescimento econômico mundial, as EMN, especialmente as japonesas, estavam pouco interessadas no envolvimento em um grandioso programa de investimentos.

O financiamento do II PND foi feito em boa parte com empréstimos externos, fundamentais para o fechamento do balanço de pagamentos do país, desequilibrado por grandes déficits em transações correntes. Entretanto, a amplitude da crise mundial e suas repercussões internas provocaram a desaceleração do plano, e seus resultados concretos só vieram a se fazer sentir em 1983 e 1984.

10.1. O II PND (1975-1979): A "FUGA PARA A FRENTE"

O governo do general Geisel, empossado em 1974, tinha pela frente o desafio de dar continuidade ao crescimento econômico, grande fator de legitimação do regime militar que dirigia o país desde 1964. Isso diferenciava o caso brasileiro dos outros regimes militares latino-americanos, que administravam economias estagnadas, como a argentina e a uruguaia. Ao mesmo tempo, a fração militar que assumira a presidência tinha um projeto geopolítico de afirmação do país enquanto potência, ainda que regional, e de abertura política, com a paulatina transformação do autoritarismo militar. A abertura política "lenta, gradual e segura", deveria conduzir o país, futuramente, a algum tipo ainda não claramente definido de governo civil.

A continuidade do crescimento econômico, no entanto, só seria possível com a superação dos estrangulamentos estruturais presentes historicamente em nossa economia. Era fundamental desenvolver o departamento I, superando a forte dependência externa do país com relação a bens de capital, petróleo, produtos químicos, fertilizantes etc. Além disso, os aspectos mais dramáticos da questão social também teriam de ser enfrentados, principalmente com o incentivo da agricultura voltada para a produção de alimentos.

TABELA 10.1. BRASIL: IMPORTAÇÕES (US$ MILHÕES)

Importação	1972	1973	1974
Bens de consumo	463	720	973
Matérias-primas	1565	2560	5588
Combustíveis e lubrificantes	469	769	2962
Bens de capital	1734	2142	3119
Importações total	4232	6192	12641
Exportações total	3991	6199	7591
Déficit comercial	241	−7	5050

Fonte: Banco Central. *Apud*: Barros de Castro & Souza (1985).

O II PND, elaborado sob a orientação de João Paulo dos Reis Velloso, Ministro do Planejamento, foi a mais ampla e articulada experiência brasileira de planejamento após o Plano de Metas. Partindo da avaliação de que a crise e os transtornos da economia mundial eram passageiros e de que as condições de financiamento eram favoráveis (taxas de juros *ex-ante* reduzidas e longo prazo para a amortização), o II PND propunha uma "fuga para a frente", assumindo os riscos de aumentar provisoriamente os déficits comerciais e a dívida externa, mas construindo uma estrutura industrial avançada que permitiria superar conjuntamente a crise e o subdesenvolvimento. Ao invés de um ajuste econômico recessivo, conforme aconselharia a sabedoria econômica convencional, o II PND propunha uma transformação estrutural[52]. As prioridades recairiam sobre o setor energético, por meio do aumento da prospecção de petróleo e da produção de energia elétrica e nuclear; sobre os setores siderúrgico e petroquímico; e sobre a indústria de bens de capital. Para a consecução destes objetivos, o governo contaria com o auxílio de empresas estatais como produtoras e como gran-

52. Barros de Castro & Souza (1985).

de mercado para as indústrias do setor privado. O governo federal procuraria transferir boa parte dos fundos públicos, via BNDE, para o financiamento de grandes empresas de bens de capital do setor privado nacional. As EMNs participariam do processo agora como coadjuvantes das empresas nacionais, pois não estavam interessadas em realizar grandes investimentos em uma conjuntura de grandes incertezas no mundo todo. Para as empresas nacionais de bens de capital, o II PND era extremamente interessante: tratava-se de completar o PSI, capacitando a indústria a produzir bens mais sofisticados tecnologicamente, com financiamentos subsidiados e um mercado garantido pela própria abrangência do Plano.

10.2. O FINANCIAMENTO EXTERNO: A RECICLAGEM DOS PETRODÓLARES

Além do grande esforço na tentativa de redirecionamento da poupança interna para os projetos do II PND, houve uma grande participação de empréstimos externos no financiamento dos programas de investimento. Segundo Lessa, quem ocupava o centro do palco da industrialização brasileira nesse momento era a grande empresa estatal. Os gigantescos investimentos a cargo de Eletrobrás, Petrobrás, Siderbrás, Embratel e outras empresas públicas eram o sustentáculo do programa.

As empresas estatais, conforme determinação governamental, só podiam ter acesso ao sistema financeiro externo, estando impedidas de recorrer ao crédito interno. As estatais, com seus imensos ativos, eram o mercado ideal para o sistema financeiro internacional, que já estava reciclando os petrodólares, isto é, os imensos excedentes que os países árabes exportadores de petróleo começavam a acumular com o aumento dos preços do produto. Nesse quadro de grande liquidez internacional, a conjuntura econômica mundial adversa reduzia os demandantes de crédito. O governo brasileiro e suas grandes empresas passaram a ser praticamente os únicos grandes tomadores de recursos do sistema financeiro internacional. Dessa maneira, entraram no país recursos que financiariam nossos déficits em transações correntes, causados pelo aumento dos déficits das balanças comercial e de serviços. A deficiência deste esquema de financiamento reside no fato de que os empréstimos eram concedidos a taxas de juros flutuantes, em uma conjuntura econômica mundial em que já não se praticavam as taxas de juros reais praticamente negativas dos anos 60.

TABELA 10.2. BALANÇO DE PAGAMENTOS EM TRANSAÇÕES CORRENTES E DÍVIDA EXTERNA LÍQUIDA (US$ MILHÕES)

Ano	Balança comercial (I)	Serviços não fatores* (II)	Mercadorias e serviços não fatores (III = I + II)	Lucros e dividendos (IV)	Juros líquidos (V)	Transações correntes** (VI)	Dívida líquida externa (VII)
1974	−4.690	−1.532	−6.222	−248	−652	−7.122	11.896
1975	−3.540	−1.429	−4.970	−235	−1.498	−6.700	17.131
1976	−2.255	−1.574	−3.829	−380	−1.819	−6.017	19.441
1977	97	−1.576	−1.479	−455	−2.103	−4.037	24.781
1978	−1.024	−1.815	−2.829	−560	−2.696	−6.015	31.616
Acumulado	−11.413	−7.916	−19.329	−1.878	−8.760	−29.892	—

*Serviços, exceto juros, lucros e dividendos.
**III+IV+V — transferências unilaterais. Exclui lucros reinvestidos.
Fonte: Banco Central, *Boletim Mensal*, separata de agosto de 1994. *Apud*: Barros de Castro & Souza (1985).

10.3. OS LIMITES DO II PND

Os limites do II PND foram dados pela própria ambição de suas propostas. Cumprir um conjunto extremamente amplo de objetivos em um prazo bastante curto revelou-se uma tarefa superior às possibilidades econômicas e políticas do país, em uma conjuntura externa adversa. Segundo Lessa, o II PND era impossível de ser implantado, em função de seu gigantismo e da crise econômica mundial, uma vez que se tratava de um verdadeiro projeto de Nação-Potência, não apoiado pelas bases sociais de sustentação do regime militar. Por isso, para este autor, o II PND teria se transformado, a partir de 1976, em letra morta, continuando a existir apenas na retórica oficial.

A clássica análise de Antonio Barros de Castro, desenvolvida já na metade dos anos 80, apresentava conclusões opostas às de Lessa. Os grandes projetos do II PND, pela sua complexidade e longo prazo de maturação, teriam começado a produzir resultados visíveis somente a partir de 1983 e 1984. As dificuldades econômicas e políticas apontadas por Lessa teriam levado à diminuição do ritmo dos investimentos a partir de 1976, mas não à sua paralisação total, nem mesmo durante a forte recessão de 1981/1983.

Politicamente, o II PND sofreu fortes ataques da imprensa conservadora, liderada pela revista *Visão* e pelo jornal *O Estado de S. Paulo*, que desencadearam uma ampla campanha contra o que chamavam de estatização da economia. Mesmo os grandes empresários nacionais do setor de bens de capital, considerados os sócios estratégicos das grandes estatais para a implantação do II PND, passaram paulatinamente à oposição ao governo militar. Após a conclusão da instalação das grandes plantas industriais, com financiamentos subsidiados pelo governo federal, refreou-se o ritmo de implementação do Plano e transferiu-se parte das prometidas encomendas de bens de capital para o mercado externo, aproveitando os financiamentos dos fornecedores, os *supplier's credit*.

Essa nova posição política do setor de bens de capital engrossou o coro da oposição empresarial ao regime militar, descontentes com a direção da política econômica e saudosos dos tempos de intenso crescimento da época do milagre econômico. Destaque-se aí o aparecimento no cenário político nacional de figuras como Cláudio Bardella, que presidia a então atuante Associação Brasileira para o Desenvolvimento das Indústrias de Base (ABDIB), entidade que reunia as grandes empresas nacionais do setor de bens de capital, e que constituíam a principal base de sustentação econômica do II PND. Empresários como Paulo Villares, Antônio Ermírio de Moraes, José Mindlin e Laerte Setúbal Filho foram eleitos, em 1978, as dez lideranças empresariais mais importantes pelos assinantes do jornal *Gazeta Mercantil*. Essas lideranças divulgaram, em 26 de junho de 1978, o I Documento dos Empresários, com críticas à política econômica do governo, defendendo abertamente a redemocratização do país.

Para José Luís Fiori, a tentativa de implantar o II PND, articulando o Estado e a burguesia industrial do setor de bens de capital, constituiu-se em mais uma tentativa prussiana rejeitada de afirmação de um projeto nacional.

Segundo Castro, os objetivos centrais do II PND, buscando a superação dos estrangulamentos estruturais do setor de bens de produção, seriam assumidos mesmo por um regime democrático, uma vez que eram uma decorrência lógica do próprio sucesso do processo de substituição de importações. Apesar do autoritarismo do regime militar e do gigantismo de alguns de seus projetos, como a política nuclear, o II PND era uma clara proposta desenvolvimentista, dentro da tradição histórica de superação de obstáculos estruturais para o avanço da industrialização no país. Assim, após o II PND, o parque industrial brasileiro não caberia mais, sequer como caso-limite, dentro do perímetro do subdesenvolvimento.

O crescimento veloz, horizontal e tecnologicamente passivo dos anos 1968/73 teve abrupto fim em 1974. Dali por diante, em marcha força-

da, a economia subiria a rampa das indústrias capital-intensivas e tecnológico-intensivas. A nova arremetida e, em particular, os investimentos integrantes da safra de 74 garantiram cinco anos de crescimento a uma taxa média elevada, pouco inferior, de fato, à taxa alcançada quando da implantação da indústria automobilística. A malfadada experiência que marca o retorno de Delfim Netto ao poder (setembro de 1979) garantiu-lhe mais um ano de rápido crescimento. Tomados em conjunto estes anos, verifica-se que de 1974 a 80 a indústria de transformação cresceu 7,1% ao ano, enquanto a indústria de bens de capital cresceu 8,5% ao ano[53].

10.4. A DESACELERAÇÃO E O ALONGAMENTO DO II PND: A COLHEITA NOS ANOS 1980

A política econômica do governo Geisel manteve o crescimento da economia, embora a taxas bem inferiores às do milagre econômico. A onda de investimentos do II PND, porém, refletiu-se em déficit em transações correntes e em crescimento da inflação, o que levou as autoridades econômicas a optar pela diminuição das taxas de crescimento industrial. A taxa de crescimento do PIB caiu de 9,8% em 1976 para 4,6% em 1977, e 4,8% em 1978.

TABELA 10.3. PIB: TAXAS DE CRESCIMENTO TOTAL E SETORIAL (1973/1979)

Ano	PIB	Indústria	Agricultura	Serviços
1973	14,0	16,6	0,0	13,4
1974	9,0	7,8	1,0	9,7
1975	5,2	3,8	7,2	2,9
1976	9,8	12,1	2,4	8,9
1977	4,6	2,3	12,1	2,6
1978	4,8	6,1	–3,0	4,3
1979	7,2	6,9	4,9	6,7

Fonte: FIBGE.

A desaceleração da implantação do II PND adiou o início das atividades dos grandes projetos nas áreas de energia, química pesada, siderurgia etc. A partir de 1983, contudo, seus resultados apareceram na forma de um superávit comercial de US$ 6,5 bilhões, que atingiria US$ 13 bilhões em 1984. Estes resultados provocaram uma das maiores

53. Barros de Castro & Souza (1985).

polêmicas teóricas sobre a economia brasileira. O ministro Delfim Netto, que voltaria ao comando da política econômica do país em 1979, no governo Figueiredo, e outros economistas creditavam estes resultados ao ajuste recessivo por ele promovido no período 1981/83, conseqüência inevitável da grave crise econômica mundial.

TABELA 10.4. FORMAÇÃO BRUTA DE CAPITAL FIXO E TAXA DE INFLAÇÃO (1973/1979)

Ano	FBCF/PIB	IGP-DI*
1973	21,4	15,5
1974	22,8	34,5
1975	24,4	29,4
1976	22,5	46,3
1977	21,4	38,6
1978	22,2	40,5
1979	23,0	77,2

* Índice geral de preços — conceito de disponibilidade interna (FGV).
Fontes: *Conjuntura Econômica* e FIBGE.

TABELA 10.5. GANHOS DE DIVISAS DERIVADOS DOS PROGRAMAS SETORIAIS (US$ MILHÕES)

Ano	Petróleo	Metais não ferrosos	Papel e celulose	Produtos siderúrgicos	Fertilizantes	Produtos químicos	Total
1981	1.052	22	90	149	354	1.029	2.696
1982	1.903	139	170	79	218	1.210	3.719
1983	2.351	366	188	363	308	1.308	4.884
1984	4.404	353	378	636	325	1.307	7.403

Fonte: Barros de Castro & Souza (1985).

Já Barros de Castro e outros analistas interpretam esses superávits expressivos como resultado das transformações estruturais ocorridas na economia brasileira com o II PND. Embora a recessão 1981/1983 implicasse um estímulo conjuntural ao aumento das exportações e à diminuição das importações, tais superávits comerciais seriam decorrentes de uma diminuição estrutural da pauta de importações do país, com destaque para bens de capital, petróleo, produtos químicos e fertilizantes. O aumento da produção nacional de petróleo, por exemplo, deveu-se aos pesados investimentos feitos na Bacia de Campos desde os anos 1970, não podendo ser considerado, de forma alguma, um resultado da recessão. Castro calculou que os ganhos de divisas decorrentes dos programas setoriais do II PND alcançaram US$ 2,7 bilhões em 1981, e US$ 7,4 bilhões em 1984. Com relação aos bens de capital, os ganhos de divisas resultantes de menores importações e maiores exportações chegariam a US$ 1,7 bilhão em 1983, e US$ 2,2 bilhões em 1984.

Questões de Revisão

1. Quais eram os principais objetivos do II PND?
2. Os financiamentos externos tiveram grande importância durante o II PND?
3. Quais foram os limites e as contradições do II PND?
4. Qual foi a interpretação desenvolvida por Antônio Barros de Castro sobre o II PND?

PARTE 4

Anos 1980: Crise e Inflação

Nos anos 1980, a economia brasileira foi marcada por graves desequilíbrios externos e internos. Logo no início da década, o país enfrentou sua mais grave recessão desde a Grande Depressão. Em 1982, as autoridades econômicas recorreram formalmente ao FMI, em um momento de grande turbulência internacional causada pela moratória da dívida externa mexicana. Ao mesmo tempo em que caía o PIB brasileiro, a inflação começava a alçar um vôo que a transformaria, no final de 1989, em uma hiperinflação.

A chamada *década perdida* caracterizou-se pela queda nos investimentos e no crescimento do PIB, pelo aumento do déficit público, pelo crescimento das dívidas externa e interna e pela ascensão inflacionária. O PIB apresentara um crescimento médio de 7% entre 1947 e 1980, caindo para 2% entre 1981 e 1990. Em função deste desempenho medíocre do PIB, a renda per capita manteve-se praticamente constante ao longo da década de 1980.

Com o agravamento da crise econômica, as pressões políticas contra o regime militar se tornaram insuportáveis e, em 1985, começava a Nova República, um governo civil, eleito indiretamente pelo Congresso Nacional. Este governo é marcado, desde o início, por uma tragédia: Tancredo Neves, candidato do PMDB, eleito por um amplo arco de alianças políticas conservadoras, não chegou a tomar posse. Quem assumiu foi o vice-presidente José Sarney, que governaria perseguido pela sombra política de Tancredo Neves. A escalada inflacionária seria enfrentada por Sarney com os chamados choques heterodoxos, baseados na teoria da inflação inercial[1]. O objetivo era desindexar a economia por meio do uso de políticas de rendas apoiadas no congelamento de preços. Os vários choques implantados a partir de 1986 não conseguiriam controlar a inflação e, no final do governo Sarney, em 1989, o país encontrava-se no limiar da hiperinflação aberta.

1. Ver Capítulo 13 para explicação detalhada da teoria da inflação inercial.

CAPÍTULO 11

Choques externos e desestruturação interna: a recessão 1981-1983

Linha de produção parada — Gladstone Campos/Abril Imagens

11.1. O RETORNO DE DELFIM NETTO: UM BREVE CRESCIMENTO

Em março de 1979, inciara-se o governo do general Figueiredo, último presidente do regime militar. A equipe econômica de Figueiredo era constituída inicialmente por Karlos Rischbiter, no Ministério da Fazenda, e Mário Henrique Simonsen, deslocado da Fazenda para o Planejamento. Delfim Netto, após ocupar a Embaixada brasileira em Paris, durante o governo Geisel, voltou ao país para assumir o Ministério da Agricultura.

Logo no início do governo travou-se uma luta política para a definição dos rumos da economia. O ministro Simonsen propunha um rigoroso ajuste fiscal, bem como cortes nos investimentos não-prioritários, buscando a melhoria da conta em transações correntes e o controle do processo de endividamento externo. Os ministros considerados desenvolvimentistas, como Delfim Netto, da Agricultura, e Mário Andreazza, do Interior, se opunham a essa política, reproduzindo uma situação de conflito quase sempre presente na condução da economia brasileira. Historicamente, dentro do Estado brasileiro coexistem as correntes denominadas desenvolvimentistas ou heterodoxas, preocupadas com o crescimento econômico a qualquer custo, e as correntes ortodoxas ou pragmáticas, preocupadas tão-somente com o equilíbrio dos chamados fundamentos macroeconômicos, que, uma vez alcançado, abriria caminho para o crescimento econômico. As correntes desenvolvimentistas quase sempre se impuseram, conseqüência do grande dinamismo e potencial de crescimento de nossa economia, bem como do amplo apoio da sociedade a esse tipo de política econômica.

Em pouco tempo, Delfim Netto substituiu Simonsen no Ministério do Planejamento e, entre agosto de 1979 e outubro de 1980, tentaria reeditar o milagre econômico, apesar da situação externa adversa. Contudo, o advento de mais um choque do petróleo, somado ao choque dos juros externos e à recessão mundial, transformou o gestor do milagre em gestor de uma política econômica profundamente recessiva.

A política econômica inicial foi de orientação heterodoxa, baseada no controle dos juros, na maior indexação dos salários, que passaram a ser reajustados semestralmente e por faixas, e na desvalorização cambial de 30% em dezembro de 1979. Além disso, foram prefixadas as correções monetária e cambial para 1980, a taxas bastante inferiores à inflação de 1979. A pré-fixação seria uma tentativa de atuar sobre as expectativas inflacionárias para 1980, levando os agentes econômicos a reajustarem seus preços a taxas próximas daquela pré-fixada.

A retomada desenvolvimentista foi impulsionada pela manutenção dos investimentos nos setores de energia, de substituição de importações de insumos básicos e nas atividades voltadas para a exportação, especialmente a agricultura. O crescimento do PIB atingiu 9,1% em 1980, gerando fortes pressões sobre o balanço de pagamentos, que levaram à rápida reversão da política macroeconômica no final daquele ano. Este expressivo resultado com relação ao crescimento econômico não se repetiu com relação ao controle da inflação: o crescimento dos preços atingiu 110,2% no ano de 1980, contra 77,2% no ano anterior[2].

Essa tentativa de reedição do milagre econômico seria criticada pela sua falta de sustentação a médio e longo prazos. Ao invés deste comportamento errático da economia — com um crescimento de 9% em um ano, sucedido por uma recessão de 3% logo em seguida, configurando uma variação de 12% no PIB —, teria sido menos traumático um crescimento mais moderado, tanto em 1979 como em 1980, anos em que ainda havia uma relativa liquidez no sistema financeiro internacional. A política econômica mais adequada teria sido uma tentativa de recessão administrada, coerente com o II PND. A conjuntura adversa requeria medidas como o racionamento de combustíveis, o controle seletivo das importações e um programa de emergência de substituição de importações, além de apoio redobrado às exportações. Eram necessárias, por um lado, a radicalização do II PND e, por outro, uma política de sintonia fina com relação à era da energia cara, com intervenções nos vários setores industriais, buscando a melhor utilização das várias formas de energia e a diminuição das perdas. Essas ações deveriam ser mais intensas e mais rápidas nos setores com alto consumo de derivados de petróleo, especialmente o óleo combustível. Prioridade deveria ter sido dada ao aperfeiçoamento de processos e produtos na estrutura industrial já instalada[3]. Esta era, em maior ou menor grau, a posição defendida por Mário Henrique Simonsen, que sintetizou com precisão a problemática das restrições externas sobre a economia brasileira: "a inflação é péssima, mas o impasse externo é mortal". Na verdade, algumas dessas medidas, como o racionamento de combustíveis, chegaram a ser propostas, mas não foram implementadas por falta de sustentação política do governo militar. Outras medidas, como a substituição do óleo combustível por energia elétrica para a produção de cimento, só seriam implantadas posteriormente.

---

2. Carneiro (1990).

3. Barros de Castro & Souza (1985).

Em 1980, houve grandes dificuldades para financiar o déficit em transações correntes de US$ 12,8 bilhões, resultando em uma queda de US$ 3 bilhões no nível das reservas. A grave deterioração das contas externas provocou uma guinada radical: a política macroeconômica a partir daí se voltaria para o controle da absorção interna, reduzindo as necessidades de divisas estrangeiras[4].

O efeito da recessão foi uma queda de três pontos percentuais do PIB em 1981. O PIB de 1982, apesar do agravamento do quadro externo, cresceu 1,1%, o que não evitou, porém, a queda do PIB per capita. Sem dúvida, a realização de eleições em 1982 diminuiu um pouco o ardor recessivo da política econômica. Passadas as eleições de novembro de 1982, no entanto, o país teve de recorrer formalmente ao FMI.

As negociações entre o país e o FMI foram bastante complexas, resultando na assinatura de sete cartas de intenções em 24 meses. A questão que causava maiores divergências era a medida do déficit público: em uma economia indexada como a brasileira, o déficit era afetado diretamente pela taxa de inflação. Na quarta carta de intenções, assinada em novembro de 1983, criou-se um novo critério de aferição do desempenho fiscal — o conceito de déficit operacional, obtido pela dedução das correções monetária e cambial incidentes sobre a dívida pública. A partir de então, as contas públicas passaram a ser aferidas utilizando-se três conceitos de déficit (ou superávit):

(i) Primário: considera-se apenas a diferença entre as receitas e despesas, excluindo-se os custos da dívida pública (constituía a forma de se medir o esforço do governo na busca do equilíbrio das contas públicas).

(ii) Operacional: obtido pela adição do resultado primário aos juros das dívidas interna e externa.

(iii) Nominal, também denominado Necessidades de Financiamento do Setor Público (NFSP): obtido adicionando-se, ao operacional, as despesas com as correções monetária e cambial do estoque da dívida[5].

As metas básicas acordadas não sofreram grandes alterações, pois a preocupação central do FMI era com o equilíbrio do balanço de pagamentos, ou seja, garantir que o país pagaria os seus compromissos externos. Para isso, em 1983, o teto do déficit em transações corren-

---

4. Carneiro & Modiano (1990).

5. Munhoz (1987).

tes foi fixado em US$ 6,9 bilhões, o que implicaria um superávit comercial de US$ 6 bilhões e exportações líquidas de bens e serviços de US$ 4 bilhões. Para aumentar o volume de exportações, previa-se uma desvalorização do cruzeiro a uma taxa mensal superior à taxa de inflação, em 1%. A meta de inflação fixada para 1983 era de 78% e deveria ser alcançada com o controle das contas públicas, incluindo os gastos das empresas estatais, além da contenção da demanda agregada via desindexação parcial do salários.

11.2. A RECESSÃO BRASILEIRA E A MORATÓRIA MEXICANA

A política econômica adotada no final de 1980 e ao longo de 1981 seguiu os manuais da ortodoxia: controle das despesas públicas e dos gastos das empresas estatais; aumento da arrecadação do Imposto de Renda (IR) e do Imposto sobre Operações Financeiras (IOF) nas operações de câmbio para importação; e uma violenta contração da liquidez real e do crédito, com exceção da agricultura, cujo volume de crédito seria expandido. Em razão dessas medidas, registrou-se uma queda de 3,1% no PIB em 1981. Entretanto, a inflação não sofreu grandes reduções — o IGP caiu levemente, de 110% em 1980, para 95% em 1981. Na verdade, tal diminuição deveu-se a um choque agrícola favorável: enquanto os preços industriais subiram 99,7%, os preços agrícolas cresceram 70,7% em 1981.

Em 1981, a balança comercial apresentou um superávit de US$ 1,2 bilhão, contra um déficit de US$ 2,8 bilhões em 1980. As exportações alcançaram 8,5% do PIB, com um aumento de 0,5% em relação a 1980. Já as importações caíram 1,2%, passando de 9,2% do PIB em 1980 para 8,0% em 1981. As taxas de juros internacionais aumentaram, porém, em quase quatro pontos percentuais em 1981, aumentando em US$ 3 bilhões as despesas com juros da dívida externa, que absorviam, então, 40% das receitas com exportações[6].

A queda do PIB — a primeira no pós-guerra — foi da ordem de 3,1% em 1981. A produção industrial caiu 10%, com uma retração de 26,3% e 19% nos segmentos de bens de consumo duráveis e de bens de capital, respectivamente. Enfim, foi uma política econômica recessiva muito rigorosa, talvez mais até do que a que seria praticada em 1983, sob a supervisão do FMI.

6. Carneiro & Modiano (1990).

A moratória mexicana de 1982 tornou ainda mais dramáticas as pressões sobre o balanço de pagamentos. O superávit comercial foi reduzido para US$ 780 milhões, em função de uma queda de US$ 3,1 bilhões nas exportações, que alcançaram US$ 20,2 bilhões em 1982, contra US$ 23,3 bilhões no ano anterior. Mas as importações caíram de US$ 22,1 bilhões em 1981, para US$ 19,4 bilhões em 1982, diminuindo o impacto da queda das exportações sobre o déficit comercial. As despesas com os juros da dívida externa atingiram US$ 11,4 bilhões nesse ano e o déficit em conta corrente, US$ 14,8 bilhões. A moratória mexicana e a deterioração das contas externas brasileiras dificultaram o financiamento desse déficit e as reservas líquidas do país se tornaram negativas em mais de US$ 2 bilhões. Os pagamentos dos juros da dívida externa representaram 70% dos déficits em conta corrente no período 1980/1982[7].

Em 1983, prosseguiu a política de contração da demanda. A maxidesvalorização cambial de 30% efetuada em fevereiro de 1983, associada a um choque agrícola, acelerou a inflação, que atingiu a marca anual de 211%. A aceleração da inflação, aliada à desindexação parcial dos salários, provocou uma perda de 15% no poder de compra dos assalariados. A queda do PIB foi de 2,8%, enquanto o produto industrial caiu 5,2%, provocando uma taxa de desemprego de 7,5% entre o pessoal ligado à produção. O setor de bens de capital sofreu uma queda de 19%, acumulando uma retração na produção de 55% no período 1981/1983. A ampliação da capacidade produtiva desse setor, ocorrida com o II PND, foi praticamente pulverizada. A queda na produção de bens intermediários foi de somente 2,5%, contra 5% na de bens não-duráveis e 1% na de bens duráveis. A recessão 1981/1983 provocou uma perda de 11% na renda per capita, situação somente enfrentada pelo país na Grande Depressão.

O forte declínio da produção de bens de capital, fortaleceu os críticos do PSI, que não associavam as dificuldades econômicas do país a uma brutal sangria de recursos causada pelos choques do petróleo e dos juros externos. Para esses críticos, as dificuldades enfrentadas pela indústria decorriam de seu artificialismo e de sua pouca competitividade, situação provocada pelo próprio PSI. Diante disso, o país estaria atravessando uma "crise purificadora" que deveria levar ao sucateamento de uma indústria ineficiente, assim como já ocorrera em outros países latino-americanos. A retomada do crescimento em 1984, impulsionado pelas exportações crescentes, com importações bastante limitadas, di-

7. Batista Jr. (1988).

minuiu a credibilidade desses argumentos e de seus defensores. No final dos anos 80, essas questões voltariam novamente ao centro dos debates sobre as soluções para a retomada do processo de desenvolvimento brasileiro.

Em 1983, enquanto o país enfrentava essa terrível recessão, as contas externas atingiram as metas acordadas com o FMI. O superávit comercial chegou a US$ 6,5 bilhões, devido à redução das importações para 6,8% do PIB. Esses resultados só foram possíveis em razão do início das operações de vários projetos implantados com o II PND, que permitiram o aprofundamento da substituição de importações. Uma pequena queda nos preços do petróleo, bem como a contração da demanda causada pela recessão também contribuíram para causar esses resultados. Mesmo com a retomada do crescimento em 1984, no entanto, as importações não voltariam a crescer: o superávit comercial atingiria US$ 13 bilhões, e permaneceria neste patamar por uma década.

11.3. A RETOMADA DO CRESCIMENTO EM 1984

A recuperação da economia americana a partir de 1984 foi de fundamental importância para a retomada do crescimento da economia brasileira, apoiada no aumento das exportações e no crescimento da renda agrícola, em função de uma forte alta nos preços dos produtos primários, que repercutiram em compras de insumos e maquinários.

A produção industrial cresceu 7% em 1984. A indústria de transformação teve uma expansão de 6,1%, enquanto a indústria extrativa mineral cresceu 27,3%, em decorrência da contínua expansão da produção de petróleo. A participação do petróleo nacional no consumo aparente passou de 21% em 1981, para 42% em 1984, resultando em uma redução de US$ 4 bilhões nas despesas com importações no período[8].

A indústria de bens de consumo duráveis sofreu nova queda de 7,5% em relação a 1983. A produção de bens não-duráveis cresceu 2,5%, em função de uma pequena recuperação salarial. O setor de bens de capital cresceu 14,8%, em função da demanda proveniente dos setores agrícolas, dos produtos de exportação e do crescimento da indústria extrativa mineral.

Enquanto o PIB cresceu 5,7% em 1984, a produção agrícola, após o biênio anterior desfavorável, cresceu 7,9%, com um grande aumento

8. Carneiro & Modiano (1990).

na produção de alimentos para o mercado interno. Apesar do choque agrícola positivo, a taxa de inflação manteve-se no mesmo patamar, atingindo 235% em 1984, contra 224% em 1983. A relativa estabilidade da taxa de inflação era reflexo da crescente indexação da economia, que resultava na elevação dos patamares inflacionários a cada novo choque de oferta, choque cambial ou tentativa de mudança na estrutura de apropriação da renda. A partir dessas constatações, foram sendo desenvolvidas as análises teóricas que resultaram no conceito de inflação inercial. A grande recessão no período 1981/1983, com seus altíssimos custos sociais, levou à proposta de *choque heterodoxo*, uma política antiinflacionária que se contrapunha ao choque ortodoxo, baseado unicamente na contração da demanda. Essa proposta seria implementada no país em 1986, com o Plano Cruzado.

TABELA 11.1. BRASIL: VARIÁVEIS MACROECONÔMICAS INTERNAS 1978-1985 (%)

Ano	PIB	Investimento/PIB	IGP-DI	Déficit público
1978	4,8	22,2	40,5	5,7
1979	7,2	23,0	77,2	8,3
1980	9,1	22,5	110,2	6,7
1981	−3,1	21,0	95,2	6,0
1982	1,1	20,4	99,7	7,3
1983	−2,8	16,1	211,0	4,4
1984	5,7	15,5	223,8	2,7
1985	8,4	16,7	235,1	4,3

Fontes: Banco Central e *Conjuntura Econômica*.

Questões de Revisão

1. Que razões provocaram a saída de Simonsen e a volta de Delfim Netto ao comando da economia?
2. Como se deu a tentativa de retomada do crescimento conduzida por Delfim Netto em 1979/1980?
3. Comente as principais características da recessão delfiniana do período 1981-1983.
4. O que caracteriza um período de estagflação?
5. Comente os principais fatores que explicam a retomada do crescimento a partir de 1984.

CAPÍTULO 12

A crise da dívida externa e a crise fiscal do Estado

Bolsa de Valores de São Paulo: o sistema financeiro brasileiro tornou-se incapaz de financiar o setor produtivo — Cacalo Kfhouri/Abril Imagens

A crise da dívida externa brasileira nos anos 1980 foi decorrência direta do processo de inserção internacional do país. Embora tenha se destacado pela sua magnitude e duração, essa crise foi tão-somente mais uma crise cambial que atingiu a economia brasileira. Como já apontaram vários autores, os problemas da nossa economia estão sempre associados, direta ou indiretamente, às crises cambiais.

O aumento do endividamento foi acelerado a partir do milagre econômico, supostamente financiado pela entrada de recursos externos. A partir do primeiro choque do petróleo e durante o período de implantação do II PND, o endividamento aumentou devido ao financiamento dos déficits em transações correntes do país. Após o segundo choque do petróleo e do choque dos juros externos, o crescimento do endividamento passou a se alimentar do aumento dos custos da própria dívida e da deterioração dos termos de troca.

Os dados sobre a evolução da dívida externa do Brasil não deixam dúvidas quanto à importância dos fatores externos na explicação para a escalada do endividamento. O crescente aumento das despesas com o serviço da dívida estava na origem da deterioração das contas internas do país — a chamada crise fiscal do Estado —, no estancamento de seu crescimento, na queda do nível de investimentos e na disparada da inflação. A crise da dívida externa desestruturou profundamente a economia brasileira e conduziu o país à hiperinflação.

12.1. DÍVIDA EXTERNA: ORIGEM E CRESCIMENTO

O aumento do endividamento externo do país, aproveitando a grande liquidez internacional de capitais, ocorreu no final da década de 1960, após o início do milagre econômico. Em 1969, a dívida ultrapassou os US$ 4 bilhões, após permanecer pouco acima dos US$ 3 bilhões durante toda a década. A dívida subiu de US$ 3,3 bilhões em 1967 para US$ 12,6 bilhões, crescendo a uma taxa média de 25,1% ao ano. Além disso, a estrutura da dívida alterou-se profundamente. Nesse período, a participação na dívida pública sobre a total cresceu de 26,9% para 64,1%[9].

Procurou-se associar este rápido crescimento da dívida ao grande crescimento do PIB durante o milagre econômico, mas, na verdade,

9. Batista Jr. (1988).

esse crescimento foi financiado quase que totalmente por recursos internos. De 1968 a 1973, o crescimento das reservas correspondeu a 2/3 do aumento do endividamento de médio e longo prazos. A dívida externa líquida, diferença entre a dívida bruta e as reservas internacionais, passou de US$ 3,1 bilhões em 1968 para US$ 6,2 bilhões em 1973, com um crescimento médio de apenas 12,2% ao ano. O aumento no endividamento, portanto, não foi usado para financiar déficits em transações correntes, pois este era financiado por investimentos diretos e empréstimos externos. Normalmente, o capital externo entrava no país sob a forma de empréstimos, que representavam 86%, em média, do ingresso total no pós-guerra. Os investimentos diretos, na forma de capital de risco, representavam apenas 14% do ingresso total. Batista Jr. mostra que, entre 1970 e 1973, por exemplo, a contribuição dos recursos externos representou, em média, tão-somente 5,3% do financiamento da formação bruta de capital[10].

Qual era a motivação das autoridades econômicas para manter montantes tão elevados de reservas? Considera-se seguro um nível de reservas que possa garantir pelo menos três meses de importações. Em 1967/1968, as reservas brutas brasileiras não eram suficientes nem para cobrir um mês de importações, enquanto as reservas líquidas eram negativas. Diante dessa situação, o aumento da dívida e a constituição de grandes volumes de reservas podem ser atribuídos a uma preocupação em assegurar um bom volume de reservas internacionais. Entretanto, a relação entre reservas líquidas e importações cresceria rapidamente, atingindo quase 100% em 1973, isto é, as reservas seriam suficientes para garantir o pagamento de um ano de importações. A manutenção de um nível tão elevado de reservas tem um custo equivalente à diferença entre o custo do endividamento e a receita auferida com as aplicações das reservas. Mesmo com as taxas reais quase negativas dessa primeira fase de endividamento, estes custos tenderiam a crescer à medida que aumentava o próprio montante total da dívida.

No período 1974/1977, a dívida cresceu aceleradamente com o financiamento via endividamento dos altos déficits em transações correntes, causados pelos choques externos. A dívida líquida saltou de US$ 6,2 bilhões em 1973 para US$ 31,6 em 1978, crescendo à taxa de 38,7% ao ano. Nessa época, o aumento do endividamento decorreu também da decisão de implantar o II PND, financiando os déficits da balança comercial e de serviços com recursos externos. O peso da participação estatal no endividamento subiu de 51,7% em 1973 para

10. Batista Jr. (1988).

63,3% em 1978. Além disso, os empréstimos passaram a ser feitos a taxas de juros variáveis, que se tornariam cada vez maiores. O aumento da dívida bruta, a taxas de juros cada vez mais altas, tornou o endividamento externo um processo auto-alimentado e, em 1977/1978, o pagamento de juros já representava quase 50% do déficit em conta corrente.

Dívidas bruta e líquida, e transações correntes

O aumento da dívida bruta total de um país pode ser decomposta da seguinte forma:

$$\Delta DB = TC + E - ID + \Delta R$$

Onde:

ΔDB = variação da dívida externa bruta;

TC = déficit em transações correntes;

E = empréstimos líquidos a não-residentes;

ID = investimentos diretos líquidos; e

ΔR = variação das reservas internacionais.

O aumento da dívida líquida corresponde à diferença entre o déficit em conta corrente e os investimentos diretos líquidos:

$$\Delta DL = TC - ID$$

Onde:

ΔDL = variação da dívida externa líquida;

TC = déficit em transações correntes ou em conta corrente;

ID = investimentos diretos líquidos.

A partir de 1979, a situação das contas externas tornou-se extremamente grave, devido ao novo choque do petróleo e ao choque dos juros externos. Além das perdas nas relações de troca, ocorreu o aumento do protecionismo e a retração dos fluxos comerciais, o que implicou a redução nas exportações brasileiras em 1982 e 1983. As taxas de juros internacionais dispararam: a *LIBOR* chegou a 16,4% ao ano em 1980, enquanto a *Prime Rate* atingiu 21,5%[11].

11. A *LIBOR* (*London Interbank Offered Rate* ou Taxa Interbancária do Mercado de Londres) é a taxa preferencial de juros para os grandes empréstimos entre os bancos internacionais que operam com eurodólares. A *Prime Rate* ou taxa preferencial de juros é cobrada pelos bancos norte-americanos dos clientes com melhores avaliações de créditos. Essas taxas

Como resultado, os pagamentos líquidos de juros aumentaram de US$ 2,7 bilhões em 1978 para US$ 11,4 bilhões em 1982, fato que reflete não apenas a acentuada elevação das taxas de juros internacionais, mas também o rápido crescimento da dívida líquida e os spreads *mais altos pagos pelos tomadores de empréstimos depois de 1980. O custo médio da dívida subiu, em termos nominais, de 10,9% em 1978 para 21,1% em 1983 e de 3,3% para 14,2% em termos reais*[12].

Conseqüentemente, a transferência de recursos para o exterior, medida como a diferença entre exportações e importações de bens e serviços, aumentou de 0,4% do PIB em 1980 para cerca de 3% do PIB em 1981/1982 e atingiu 5% do PIB em 1983.

No final de 1982, após a moratória mexicana, o Brasil buscou, junto ao FMI, recursos e apoio para renegociar suas dívidas. O objetivo do país era reescalonar as amortizações, enquanto os esforços do FMI, dos outros organismos financeiros multilaterais e do governo norte-americano, visava diminuir a exposição dos grandes bancos americanos e europeus nos seus empréstimos com o Brasil e o resto da América Latina, o que só seria alcançado com o aumento das transferências líquidas de recursos para o exterior. Foi este o destino dos elevados superávits comerciais que o país passou a apresentar a partir de 1983.

12.2. DESEQUILÍBRIO EXTERNO E A CRISE FISCAL

A partir da deterioração das contas externas do país, avançou também a deterioração das contas internas, configurando o que James O'Connor denominou de *crise fiscal do Estado*. A dívida externa foi quase toda estatizada e os seus pesados encargos provocaram um profundo desequilíbrio estrutural no setor público brasileiro. No período 1970/1973, auge do milagre econômico, a poupança do governo atingira uma taxa média de 6,6% do PIB, o que equivale a dizer que os três níveis de governo, após todas as suas despesas, haviam poupado pouco mais de um quarto da arrecadação total, que alcançara uma média de 25,9% do PIB no período. A poupança pública foi declinando con-

básicas são referências usadas para a maior parte dos empréstimos internacionais. Nos empréstimos para os países pobres e com altas dívidas, são cobrados juros bem acima dessas taxas básicas, conforme a avaliação do risco da operação. Esta taxa adicional cobrada pelo mercado financeiro denomina-se *spread*.

12. Batista Jr. (1988).

tinuamente, conforme aumentava a instabilidade externa, até tornar-se negativa em 1985, alcançando –2% do PIB em 1988[13].

Mais uma vez, as explicações para esta questão dependem dos pressupostos de cada análise. Para os ortodoxos, o problema era decorrente da excessiva estatização da economia brasileira, dos pesados encargos com pessoal e previdência e do excesso de despesas correntes, os quais, sendo típicos de uma situação de descontrole fiscal, resultavam em grande déficit público que era financiado pelo aumento do endividamento interno. Além disso, acreditavam que, como a dívida pública foi crescentemente indexada, os seus títulos transformaram-se em uma quase-moeda: a dívida seria rolada em prazos cada vez mais curtos, até o limite da rolagem diária, no mecanismo conhecido como *over-night*. A partir de então, os títulos públicos praticamente passariam a exercer algumas das funções clássicas da moeda: unidade de conta e reserva de valor, além de apresentar grande segurança e alta liquidez. Essa corrente de pensamento localizava, portanto, na questão fiscal a fonte do descontrole inflacionário no país.

Outra linha interpretativa, abrangendo diversos autores keynesianos e estruturalistas, associava diretamente o aumento do endividamento interno ao endividamento externo. O Estado brasileiro desempenhara durante meio século um papel fundamental no avanço e na consolidação do PSI. A deterioração qualitativa dessa ação estatal ocorria simultaneamente à deterioração das nossas contas externas. Não se trataria de nenhuma coincidência estatística o fato de que a poupança pública e os investimentos declinavam na mesma medida em que aumentavam os pagamentos de juros das dívidas externa e interna. Na verdade, o crescimento da dívida interna estaria associado diretamente ao da dívida externa: as autoridades monetárias teriam provocado o primeiro ao esterilizar o excesso de moeda proveniente do ingresso de capitais externos no país, uma vez que os expressivos superávits comerciais eram obtidos pelo setor privado da economia, enquanto o responsável pelo pagamento da dívida externa era o setor público.

Essa associação entre um quadro de forte desequilíbrio externo com desequilíbrios internos tornou-se clássica na literatura econômica a partir da análise da hiperinflação alemã dos anos 1920. Os autores alinhados teoricamente com a Teoria Quantitativa da Moeda enxerga-

---

13. Simonsen (1992).

vam no desequilíbrio fiscal alemão a origem da expansão excessiva de oferta nominal de moeda, que resultaria em inflação e em desvalorização cambial. Esta era a explicação monetarista clássica para a hiperinflação alemã[14].

Os alemães desenvolveram uma interpretação alternativa, que ficou conhecida como Teoria do Balanço de Pagamentos, e cujo ponto de partida era o pagamento das reparações de guerra pela Alemanha, que resultou em um grande desequilíbrio no balanço de pagamentos do país. Esse desequilíbrio externo provocava a desvalorização da moeda alemã, causava inflação e resultava em desequilíbrio fiscal. Nesse quadro de análise, a emissão monetária era endógena e, portanto, conseqüência, e não causa, do desequilíbrio fiscal e da própria inflação. As experiências históricas de hiperinflações dão evidência empírica para esta teoria: em todos os casos estudados de colapso da moeda de um país, ocorre transferência de enormes recursos para o exterior. Esta seria também a situação presente quando da eclosão de hiperinflações na América Latina a partir dos anos 1980.

Os economistas keynesianos tendiam a concordar com a Teoria do Balanço de Pagamentos, seguindo a própria posição de Keynes. Mas vários desses autores desenvolveram um modelo interpretativo eclético, associando ao desequilíbrio externo fatores ligados à política econômica seguida internamente pelo país. Assim, os componentes internos de política fiscal também teriam importância no desencadeamento da inflação e sua transformação em um processo hiperinflacionário. Tais autores procuravam considerar as políticas econômicas com que os países reagem às restrições externas[15]. Na verdade, a análise das variáveis macroeconômicas dos 15 principais devedores mostra uma deterioração conjunta desses indicadores, apesar dos fortes ajustes externos por que passaram suas economias. Segundo o próprio FMI, esse grupo de países implementou um importante ajuste externo entre 1981/1982 e 1984/1985, pois o déficit em conta corrente desses países passou de 33% das exportações para praticamente o equilíbrio[16].

---

14. Bresciani-Turroni (1989).

15. Dornbusch & Fischer (1986).

16. Bresser Pereira (1989).

12.3. A ESPECULAÇÃO FINANCEIRA

O aumento da inflação a partir dos choques externos teve a estrutura oligopolizada do sistema financeiro como mecanismo de sustentação e aprofundamento, exacerbado pela especulação financeira que foi articulando os interesses do chamado capital produtivo com o capital especulativo. Quanto mais a inflação subia, maior era a realimentação financeira provocada pela rede de endividamento das empresas privadas e públicas e dos consumidores. O resultado foi uma carga financeira crescente sobre a renda líquida disponível dos agentes econômicos com pouco poder de barganha, especialmente os assalariados, os locadores de imóveis, como também as pequenas e médias empresas, além de empresas públicas cujos preços e tarifas eram controlados.

As grandes empresas, inclusive as públicas, em função de seu poder de mercado, acumulavam lucros excessivos, acima de suas expectativas. Esse capital excedente era destinado à especulação financeira, articulando e soldando os interesses do capital produtivo com o capital especulativo[17]. Por conseqüência, em momentos de queda no crescimento econômico ou em situações de dificuldades em setores específicos, essas empresas apresentavam resultados financeiros maiores que os resultados operacionais.

A face perversa da correção monetária apareceu claramente quando os agentes econômicos se tornaram "sócios da inflação": os títulos públicos, originalmente criados para permitir ao governo o gerenciamento da liquidez da economia, tornavam-se ativos de primeira linha, determinando a taxa mínima de rentabilidade do mercado, pois apresentavam risco nulo e eram protegidos contra a inflação. A partir dessa constatação, Octávio Gouveia de Bulhões, um dos criadores do mecanismo da correção monetária, começou a criticar a indexação da economia. Se a correção monetária permitira a convivência com altas taxas de inflação e um combate a elas de forma gradual, transformou-se pouco a pouco em um mecanismo auto-alimentador da inflação. Os agentes econômicos, ao calcularem a rentabilidade pretendida para os títulos públicos, incorporavam taxas futuras superestimadas de inflação, transformando a correção monetária em correia de transmissão e impulsionadora da inflação.

---

17. Beluzzo & Tavares (1982).

Esta questão ia além do descontrole de um mecanismo criado para a convivência com a inflação. Como bem assinalam Tavares e Beluzzo, os capitais dirigidos à especulação eram capitais excedentes em relação às próprias oportunidades de investimentos produtivos. Este era, segundo eles, o nó górdio do sistema financeiro brasileiro: uma incapacidade visceral de atuar como capital bancário e de constituir, junto com o capital industrial, um capital financeiro que possibilitasse a consolidação de formas capitalistas mais desenvolvidas no país. Em outras palavras, o sistema financeiro era incapaz de financiar o setor produtivo. Ao mesmo tempo, a participação do setor financeiro no PIB do país era muito superior àquela verificada nos países desenvolvidos, independentemente da metodologia empregada para medição. Em função da aceleração inflacionária e da especulação financeira que a acompanhava, o oligopolizado sistema financeiro brasileiro tornou-se hiperdesenvolvido, concentrador de renda e de poder político, com claros prejuízos sociais.

Questões de Revisão

1. Que motivos podem ser apontados para explicar o surgimento e o crescimento da dívida externa brasileira a partir dos anos 1960?
2. Comente a explicação do desequilíbrio externo como determinante da crise fiscal do Estado e da escalada inflacionária no país.
3. Como se deu o processo de estatização da dívida externa brasileira?
4. Quais foram as principais características do processo de especulação financeira na economia brasileira a partir do final dos anos 1970?
5. Quais as implicações da existência de grande especulação financeira sobre a economia?

Apêndice: alguns indicadores econômicos

TABELA 12.1. DÍVIDA EXTERNA DO BRASIL: 1960/1997 (US$ BILHÕES)

Ano	Dívida externa bruta	Reservas	Dívida externa líquida
1960	3,1	0,3	2,8
1961	3,1	0,5	2,6
1962	3,2	0,3	2,9
1963	3,2	0,2	3,0

Ano	Dívida externa bruta	Reservas	Dívida externa líquida
1964	3,1	0,2	2,9
1965	3,5	0,5	3,0
1966	3,7	0,4	3,3
1967	3,4	0,2	3,2
1968	3,8	0,3	3,5
1969	4,4	0,7	3,7
1970	5,3	1,2	4,1
1971	6,6	1,7	4,9
1972	9,5	4,2	5,3
1973	12,6	6,4	6,2
1974	17,2	5,3	11,9
1975	21,2	4,0	17,2
1976	26,0	6,6	19,4
1977	32,0	7,3	24,7
1978	43,5	11,9	31,4
1979	49,9	9,7	40,2
1980	53,9	5,9	48,0
1981	61,4	6,7	54,7
1982	69,7	4,0	65,7
1983	81,3	4,0	77,3
1984	91,0	12,0	79,0
1985	95,8	11,6	84,2
1986	101,8	6,8	95,0
1987	107,5	7,5	100,0
1988	102,6	9,1	93,5
1989	99,3	9,7	89,6
1990	96,5	10,0	86,5
1991	93,0	9,4	83,6
1992	110,8	23,8	87,0
1993	114,3	32,2	82,1
1994	119,7	38,8	80,9
1995	129,3	51,8	77,5
1996	144,1	60,1	84,0
1997	167,8	52,2	115,6

Dívida externa líquida = Dívida externa bruta – Reservas.

Fontes: Banco Central e *Conjuntura Econômica*, janeiro de 1999.

TABELA 12.2. BALANÇO DE PAGAMENTOS: BRASIL 1965/1997 (US$ BILHÕES)

Ano	Exportações	Importações	Saldo da balança comercial	Saldo da balança de serviços	Saldo de transações correntes	Movimento de capitais	Saldo do balanço de pagamentos
1965	1,6	0,9	0,7	−0,4	0,4	−0,006	0,3
1966	1,7	1,3	0,4	−0,5	0,05	0,1	0,2
1967	1,7	1,4	0,3	−0,5	−0,2	0,003	−0,2
1968	1,9	1,9	0	−0,6	−0,5	0,5	0,003
1969	2,3	2,0	0,3	−0,6	−0,3	0,9	0,5
1970	2,7	2,5	0,2	−0,8	−0,6	1,0	0,5
1971	2,9	3,2	−0,3	−1,0	−1,3	1,8	0,5
1972	4,0	4,2	−0,2	−1,3	−1,5	3,5	2,4
1973	6,2	6,2	0	−1,7	−1,7	3,5	2,2
1974	8,0	12,7	−4,7	−2,4	−7,1	6,3	−0,9
1975	8,7	12,2	−3,5	−3,2	−6,7	6,2	−1,0
1976	10,1	12,4	−2,3	−3,8	−6,0	6,6	−1,2
1977	12,1	12,0	0,1	−4,1	−4,0	5,3	0,6
1978	12,7	13,7	−1,0	−5,1	−6,0	10,9	4,3
1979	15,2	18,1	−2,9	−7,9	−10,7	7,7	−3,2
1980	20,1	23,0	−2,9	−10,2	−12,8	9,7	−3,5
1981	23,3	22,1	1,2	−13,1	−11,7	12,8	0,6
1982	20,2	19,4	0,8	−17,1	−16,3	7,8	−8,8
1983	21,9	15,4	6,5	−13,4	−6,8	2,1	−5,4
1984	27,0	13,9	13,1	−13,2	0,04	0,2	0,7
1985	25,6	13,2	12,4	−12,9	−0,2	−2,5	−3,2
1986	22,3	14,0	8,3	−13,7	−5,3	−7,1	−12,4
1987	26,2	15,1	11,1	−12,7	−1,4	−0,7	−3,0
1988	33,8	14,6	19,2	−15,1	4,2	3,6	7,0
1989	34,4	18,3	16,1	−15,3	1,0	−3,6	−3,4
1990	31,4	20,7	10,7	−15,4	−3,8	−4,7	−8,8
1991	31,6	21,0	10,6	−13,5	−1,4	−4,1	−4,7
1992	35,8	20,6	15,2	−11,3	6,1	25,3	30,0
1993	38,6	25,3	13,3	−15,6	−0,6	10,1	8,4
1994	43,5	33,1	10,4	−14,7	−1,7	14,3	12,9
1995	46,5	49,9	−3,4	−18,6	−18,0	29,4	13,5
1996	47,7	53,3	−5,6	−21,7	−24,3	33,0	8,7
1997	53,0	61,4	−8,4	−27,3	−33,4	25,6	−7,9

Fontes: Banco Central e *Conjuntura Econômica*.

TABELA 12.3. VARIÁVEIS MACROECONÔMICAS DOS 15 PRINCIPAIS DEVEDORES (1970/1988)

Ano	Crescimento do PIB	Investimento/ PIB	Inflação	Déficit Público	Conta corrente/ exportações
1970/1979	5,9	24,0	31,7	−2,6	−17,0
1980	5,4	24,6	47,2	−0,8	−18,0
1981	0,1	24,0	53,7	−4,3	−30,7
1982	−0,5	21,5	55,9	−5,9	−35,8
1983	−2,7	17,4	91,6	−5,0	−11,2
1984	2,3	16,6	118,4	−3,6	−1,0
1985	3,8	17,1	121,8	−3,4	−0,2
1986	3,8	17,8	77,2	−4,8	−11,9
1987	2,5	17,1	116,2	−6,5	−6,1
1988	1,5	18,1	222,9	−5,1	−6,4

Fonte: FMI, *World Economic Outlook*, outubro 1988. *Apud*: Bresser Pereira (1989).

TABELA 12.4. JUROS PAGOS PELO SETOR PÚBLICO NO BRASIL 1983/1988 (% DO PIB)

Ano	Juros sobre a dívida externa	Juros sobre a dívida interna	Total
1983	3,70	3,01	6,71
1984	3,89	3,30	7,19
1985	4,47	3,44	6,91
1986	2,89	2,23	5,12
1987	2,62	2,17	4,79
1988	2,85	2,88	5,73

Fonte: Banco Central, DEPEC. *Apud*: Bresser Pereira (1989).

TABELA 12.5. DÍVIDA LÍQUIDA DO SETOR PÚBLICO (EM US$ BILHÕES)

Ano	Dívida Interna	% do PIB	Dívida Externa	% do PIB	Total	% do PIB
1982	38,5	14,4	48,1	17,9	86,6	32,3
1983	34,8	17,0	62,0	30,3	96,8	47,3
1984	42,4	20,0	63,1	29,8	105,5	49,8
1985	49,1	21,6	69,9	30,8	119,0	52,4
1986	58,4	21,5	81,8	30,1	140,2	51,6
1987	71,1	22,7	90,7	29,0	161,8	51,7

Fonte: Banco Central.

TABELA 12.6. PARTICIPAÇÃO DO SISTEMA FINANCEIRO NO PIB (%)

Ano	Participação no PIB
1970	6,0
1975	6,5
1980	7,8
1981	9,8
1982	9,7
1983	11,3
1984	10,5
1985	11,0
1986	7,4
1987	13,5
1988	13,4
1989	19,5

Fontes: IBRE/FGV; IBGE. *Apud*: Quadros da Silva (1991).

CAPÍTULO 13

Teoria da inflação inercial e políticas de estabilização

Plano Cruzado: "fiscais do Sarney" em ação — Jorge Rosenberg/Abril Imagens

A economia brasileira atravessou, durante os anos 1980, uma profunda crise caracterizada por estagnação econômica e altas taxas de inflação. A renda per capita, em 1994, encontrava-se no mesmo nível de 1980. A inflação alcançou níveis elevadíssimos nesses quinze anos. Na verdade, foi a pior crise por que passou a economia brasileira desde que o país se tornou independente, sendo muito mais grave que a crise dos anos 1930.

Em um primeiro momento — entre 1981 e 1983 —, a diminuição no ritmo de crescimento foi atribuída ao esforço de ajustamento imposto pela crise da dívida. Numa segunda etapa — 1984 a 1986 —, a balança comercial foi reequilibrada devido à desvalorização cambial, e o país voltou a crescer, embora baseado no aumento do consumo. A crise parecia, então, superada; porém, a partir de 1987, com o fracasso do Plano Cruzado e a moratória da dívida externa, ela voltou a se manifestar. Nos anos de 1987 e 1988, houve ajustes moderados. Em 1989, houve um crescimento tipicamente populista, que perduraria até o início de 1990.

A inflação já se vinha acelerando desde meados da década anterior, mas essa tendência realmente se acentuou a partir do início dos anos 1980. No período da grande crise, a inflação, de caráter essencialmente inercial, aumentou por patamares, ameaçando tornar-se explosiva em determinados momentos. As maxidesvalorizações de 1982 e 1983 foram responsáveis pela elevação do patamar inflacionário de mais ou menos 100% para 200% ao ano. Depois do fracasso do Plano Cruzado, a inflação passou a ser medida em termos mensais, não mais anuais. Na segunda metade da década, girou em torno de 20% ao mês (640% ao ano), interrompida por sucessivos e malogrados planos de estabilização. No final da década, entra em rota explosiva, culminando num processo hiperinflacionário ao final de 1989 e início de 1990, quando a inflação chega a ultrapassar a marca de 70% ao mês. Depois do fracasso do Plano Collor, em 1990, a inflação regressaria ao patamar de 20% ao ano até meados de 1993, quando voltaria a crescer. Às vésperas do Plano Real, a taxa de inflação mensal estava próxima dos 50%. O Quadro 13.1 apresenta a dramática evolução anual da inflação brasileira entre 1970 e 1996.

TABELA 13.1. TAXA DE INFLAÇÃO ANUAL (1977-1996)

Anos	%
1977	38,8
1978	40,8
1979	77,2
1980	110,2
1981	95,2
1982	99,7
1983	211,0
1984	223,8
1985	235,1
1986	65,0
1987	415,8
1988	1.037,6
1989	1.782,9
1990	2.596,0
1991	421,0
1992	988,0
1993	2.087,0
1994	2.312,0
1995	75,0
1996	9,0

Fonte: *Conjuntura Econômica*, Índice Geral de Preços — IGP-FGV.

13.1. A TENTATIVA DE DECIFRAR A INFLAÇÃO BRASILEIRA: DIAGNÓSTICO DA INFLAÇÃO INERCIAL

Quando, no início de 1985, se completou a transição democrática, o Brasil estava imerso em uma crise econômica de grandes proporções, mas não se dava conta de sua gravidade. Sabia-se de sua existência desde o início da década, mas o diagnóstico de causas era impreciso e parcial. Só se percebia seu aspecto mais aparente: a crise da dívida externa. Mesmo esta foi considerada por muitos como superada quando o Brasil, a partir de 1983, ajustou seu balanço de pagamentos e começou a apresentar substanciais superávits comerciais.

A crise, na verdade, começara em 1979, com o segundo choque do petróleo, a elevação da taxa de juros nominal e real nos Estados Unidos, e a recessão naquele país. Uma política econômica equivocada elevou então o patamar da inflação de 40% para 100% ao ano. No final de 1980, os bancos internacionais suspenderam a rolagem dos seus empréstimos para o Brasil, obrigando o governo a adotar medidas de ajuste fiscal para estabilizar o balanço de pagamentos. Após dois ajustamentos (1981 e 1983) com efeitos recessivos — o último envolvendo uma maxidesvalorização do cruzeiro —, o ajuste de fluxo das contas externas foi finalmente alcançado. A inflação, porém, ao invés de cair como esperavam os dirigentes da economia, dadas as políticas ortodoxas que estavam sendo postas em prática em 1983 sob a orientação formal do FMI, subiu do patamar de 100% ao ano para 200% naquele ano, não obstante a forte recessão então verificada, estabilizando-se, em seguida, inercialmente nesse novo nível até o final de 1985.

O desenvolvimento econômico, entretanto, pareceu ter sido retomado em 1984, quando as exportações brasileiras, favorecidas pela expansão da economia mundial e pela desvalorização do cruzeiro no ano anterior, aumentaram substancialmente e as taxas de crescimento do PIB voltaram a ser positivas. O grande superávit comercial sugeria enganosamente que o problema da dívida externa havia sido contornado. Bastaria, portanto, controlar a inflação, e a retomada do desenvolvimento estaria consolidada. O Brasil voltaria a crescer a taxas de 6 a 7% ao ano, como sempre fizera.

O problema fundamental a partir de 1984 passara a ser, portanto, como controlar a inflação. O forte ajuste fiscal de 1983 havia levado o déficit público para perto de zero, mas não havia logrado estabilizar os preços. Os economistas monetaristas que haviam aplicado a terapia convencional, ou ortodoxa, de controle da inflação — ajuste fiscal e política monetária rígida — estavam perplexos.

Já os economistas neo-estruturalistas tinham uma nova teoria para explicar a inflação no Brasil. Essa teoria, que surgira na América Latina no início dos anos 1980 — *a teoria da inflação autônoma ou inercial* —, não apenas decifrava um quebra-cabeça importante, mas, adicionalmente, sugeria que a solução do problema, embora difícil, não era tão custosa quanto a teoria econômica ortodoxa pretendia[18].

As idéias de Bresser Pereira sobre a inflação tinham origem no livro *A Inflação Brasileira*, de Ignácio Rangel, que representava claramente um avanço em relação às teorias estruturalistas. Rangel aceitava a idéia de que a inflação tivesse origem em pontos de estrangulamento na oferta de certos bens, como queriam os estruturalistas, mas sua

18. Tiveram participação direta no desenvolvimento dessas novas idéias, Bresser Pereira, Yoshiaki Nakano, André Lara Resende, Pérsio Arida, Edmar Bacha, Francisco Lopes e Adroaldo Moura da Silva, entre outros economistas brasileiros.

ênfase era claramente distinta. Rangel via a inflação como um mecanismo de defesa da economia, como uma forma por meio da qual os ciclos econômicos eram moderados e a taxa de investimento se mantinha elevada. Enquanto a teoria convencional da inflação, monetarista ou keynesiana, supõe que a inflação seja em princípio de demanda, acelerando-se nos momentos de expansão da economia, Rangel dava ênfase ao lado da oferta e considerava a inflação brasileira não como uma conseqüência da demanda em ascensão, mas como resultado dos desequilíbrios da economia, que se manifestavam por meio da recessão, e da própria inflação. Além disso, Rangel acreditava que o poder de monopólio das grandes empresas, e particularmente dos grandes intermediários de bens agrícolas, representava um papel fundamental na explicação do problema. A inflação se acelerava na recessão para acomodar as demandas dos agentes econômicos, principalmente daqueles com poder monopolista, que relutavam em aceitar uma diminuição de sua renda. Dessa forma, e ao contrário do que propõe a teoria econômica convencional, a inflação para Rangel acelerava-se nos momentos de crise e reduzia seu ritmo quando a economia voltava a crescer.

Essas idéias eram revolucionárias. Explicavam como era possível coexistirem, como já acontecera em 1963, ano de publicação do livro, recessão e inflação. Rangel descobrira uma especificidade das situações de alta inflação que a teoria econômica convencional, fosse ela monetarista ou keynesiana, não explicava.

Além disso, Rangel dera um passo decisivo na compreensão das relações entre a inflação e a moeda, ao aprofundar a idéia estruturalista de que a oferta de moeda é endógena, passiva. Não era o aumento da quantidade de moeda que explicava a inflação, mas era o aumento desta, provocada pelo poder de monopólio e pela necessidade de reduzir as crises cíclicas, que induzia o aumento da oferta monetária. Nenhum economista dos países centrais escrevera com tanta firmeza e clareza sobre o assunto antes de Rangel, embora vários deles, como Wicksel, Keynes, Schumpeter e Joan Robinson houvessem insinuado a idéia[19].

Durante os anos 1960 e 1970, Bresser Pereira adota basicamente essa visão da inflação. Acrescenta apenas a idéia, já então conhecida, de que o conflito distributivo tinha papel essencial na explicação do processo inflacionário. Entretanto, durante os anos 1970, após a crise do petróleo, surge um fato histórico novo nas economias desenvolvi-

---

19. Uma boa resenha das idéias sobre moeda endógena encontra-se em trabalhos de Gerald Merkin.

das: a estagflação. As economias centrais viam suas taxas de inflação aumentarem enquanto entravam ou permaneciam em recessão. O mesmo fenômeno que Rangel estudara e explicara dez anos antes, examinando a economia brasileira, repetia-se agora em âmbito mundial. A estagflação teve nos países centrais a conseqüência perversa de minar as teorias keynesianas de inflação, substituídas por teorias monetaristas baseadas nas expectativas dos agentes econômicos — expectativas que então se transformaram em instrumento mágico que fornecia respostas a todos os problemas mal resolvidos pelos economistas.

Havia, entretanto, um fato que nem as teorias convencionais, nem a teoria de Rangel explicavam: a estabilidade da inflação em determinados patamares. Esse fenômeno era universal, embora fosse particularmente visível na economia brasileira. Durante quase todos os anos 1970, por exemplo, a inflação permaneceu relativamente estável, girando em torno de 40% ao ano. Em 1979, mudou de patamar e permaneceu constante, ao redor dos 100% ao ano. Por quê? As teorias monetaristas eram claramente insatisfatórias, e as keynesianas haviam perdido poder explicativo com a estagflação. O estruturalismo era uma explicação limitada, já que os pontos de estrangulamento na oferta de bens agrícolas revelavam-se muito menos importantes do que pareciam. As idéias de Rangel, embora esclarecedoras, explicavam uma dinâmica de aceleração e desaceleração da inflação, mas não as razões pelas quais a inflação mantinha-se estável por vários anos em um mesmo patamar, independentemente da demanda e da oferta, e, portanto, do mercado.

Inercialistas como Bresser Pereira, em 1980, depois de terem visto a inflação dar um salto, passando de 50% para 100% ao ano, e em seguida estabilizar-se nesse nível, em um processo claramente independente da demanda, tiveram uma intuição. O fato de que a inflação administrada ou de custos tendia a generalizar-se nas economias modernas, caracterizadas por um capitalismo oligopolista ou tecnoburocrático, em que o Estado desempenhava um papel econômico fundamental, não era explicação suficiente para o fenômeno. Havia um problema adicional e básico: a defasagem nos aumentos de preços das empresas, que levava ao repasse automático dos aumentos de custos para preços, independentemente da demanda:

As elevações de custos e preços não ocorrem todas ao mesmo tempo em todas as empresas. Elas ocorrem alternadamente, em uma e outra empresa. Este fato é decisivo. Suponhamos três empresas, A, B e C, no sistema. Se estas três empresas aplicam rigorosa e alternadamente a política de margem fixa sobre o custo, a taxa de inflação, uma vez iniciada, torna-se permanente. A combinação de margem fixa sobre o custo com reajustamentos alternados de preços não leva necessariamente a um aumento da taxa de inflação, mas à manutenção dos níveis de inflação em um determinado patamar[20].

Havia antecedentes para a teoria que se estava então delineando. Na teoria estruturalista da inflação de Noyola (1956) e Sunkel (1957), já havia a idéia do processo de propagação de um aumento inicial de preços. Por outro lado, Mário Henrique Simonsen (1970), em estudo pioneiro sobre inflação, havia-se referido a uma *realimentação inflacionária.* Nem os estruturalistas, nem Simonsen, contudo, usaram a idéia de aumentos defasados de preços baseados no conflito distributivo, ou seja, na luta dos agentes econômicos para manter sua participação na renda, para explicar a estagnação das economias centrais e da economia brasileira. No modelo eclético de Simonsen, a realimentação era apenas um fator a ser combinado com os fatores monetários e de demanda[21].

Um artigo de Bresser e Nakano, de 1983[22], foi um dos pilares da teoria da inflação inercial. Nele, pela primeira vez, desenvolve-se de forma sistemática o conceito de inflação autônoma ou inercial. Naquela época, os economistas da PUC do Rio de Janeiro, particularmente Pérsio Arida, André Lara Resende, Francisco Lopes, Edmar Bacha e Eduardo Modiano, estavam também desenvolvendo suas idéias sobre o assunto. Depois de refutarem a aplicabilidade à economia brasileira da curva de Phillips — que relaciona inversamente desemprego e inflação, e atribui implicitamente a inflação ao excesso de demanda —, esses economistas estavam então escrevendo trabalhos sobre a indexação dos salários, que serviriam de base para suas próprias visões da inércia inflacionária. Não haviam, entretanto, até então, produzido uma visão clara e sistemática da própria inflação inercial.

---

20. Bresser Pereira (1981:17).

21. É claro que nenhuma idéia é na verdade inteiramente nova. Felipe Pazos havia, em 1972, publicado um livro nos Estados Unidos, *Chronic Inflation in Latin America*, no qual já estavam presentes muitas das idéias sobre a inflação autônoma ou inercial. Nos Estados Unidos, John Taylor deu um passo importante na direção da teoria de inflação inercial com seus "contratos justapostos". E Otto Eckstein escreveu sobre *core inflation*, aproximando-se também do conceito de inércia inflacionária.

22. "Fatores aceleradores, mantenedores e sancionadores da inflação", apresentado no Encontro Anual da ANPEC em Belém do Pará, em dezembro de 1983.

O objetivo de Bresser e Nakano era explicar uma inflação que permanecia estável por vários anos em patamares elevados, independentemente da existência de excesso de demanda. Para isso, a primeira coisa que fizeram foi distinguir os fatores *aceleradores*, *mantenedores* e *sancionadores* da inflação. Essa era uma distinção nova, que não estava presente na literatura internacional sobre a inflação.

Todas as teorias sobre a inflação centravam-se nos *fatores aceleradores*. Quando buscava descobrir a causa da inflação, uma teoria atinha-se a tentar determinar o que acelerava ou desacelerava a taxa de aumento dos preços. Os monetaristas afirmavam que a inflação era causada (acelerada) pelo aumento da quantidade nominal de moeda acima do aumento da renda; os keynesianos atribuíam-na ao excesso de demanda em relação à oferta agregada; os estruturalistas, a estrangulamentos na oferta e aos efeitos propagadores dos aumentos setoriais de preços; os administrativistas, ao poder monopolista de empresas, sindicatos e do próprio governo, que eram capazes de impor choques constantes de preços, os quais, em seguida, se propagavam para o resto da economia. Todos os modelos partiam do pressuposto de que a inflação era zero. A partir desse pressuposto, as teorias procuravam explicar por que, quando deixava de ser zero, a inflação acelerava-se.

Não há dúvida de que determinar as causas da aceleração da inflação é importante. O fundamental e inovador, entretanto, era saber por que a inflação se mantinha estável em determinado patamar. Em outras palavras, quais eram os *fatores mantenedores* da inflação. A manutenção do patamar de inflação decorre do fato de que os agentes econômicos, em seu esforço para manter sua participação na renda, e dado que os aumentos de preços são realizados defasadamente, não têm outra alternativa senão repassar aumentos de custos para preços, repetir no presente a inflação passada, indexando informalmente seus preços. A inflação inercial torna-se assim o resultado do conflito distributivo entre empresas, capitalistas, burocratas e trabalhadores para manter sua participação na renda. Com a indexação informal, realizada por reajustes defasados ou assincrônicos, os preços relativos vão sendo continuamente equilibrados e desequilibrados. Não há nenhum ponto de equilíbrio dos preços relativos, apenas um vetor de equilíbrio. Ao redor desse vetor, os preços nominais fixos temporariamente caem em termos reais durante o período entre reajustes e sobem no momento do reajuste. Um importante pressuposto da teoria, na sua forma pura, é o de que os agentes econômicos estariam satisfeitos com seus preços e, portanto, com sua participação na renda.

Se já houver uma indexação formal — como, aliás, era o caso da economia brasileira na época —, a inercialização da inflação será naturalmente facilitada. E se as empresas forem principalmente oligopolistas, usando uma política de preços baseada em margens (*mark-ups*) relativamente fixas, esse processo será ainda mais vigoroso. Mas não é necessário que haja monopólios para que a inflação se torne independente da demanda e "inercialize-se" em determinado patamar. Basta que os agentes econômicos já estejam acostumados com uma inflação alta. Basta que saibam que podem aumentar seus preços sem prévio acordo, mesmo que a demanda não esteja aquecida, porque os seus concorrentes não terão outra alternativa senão proceder da mesma forma. Além do papel dos *mark-ups*, um elemento fundamental é a indexação informal da economia, decorrente da expectativa dos agentes econômicos de que os preços continuariam a ser aumentados de acordo com a inflação passada mesmo em uma situação de recessão, já que esperavam que seus concorrentes também o fizessem.

Quanto aos *fatores sancionadores* da inflação, Bresser Pereira e Nakano definem dois no artigo de 1983: moeda e déficit público. Quanto à moeda, apenas repetiam as idéias de Ignácio Rangel e, mais amplamente, dos estruturalistas latino-americanos. Se, em inflações moderadas, a moeda já é em parte endógena, em inflações altas torna-se estritamente endógena. Nesses casos, a política monetária é, por definição, inócua. O máximo que o governo pode fazer é política de juros. Não pode, porém, determinar a oferta nominal de moeda, que tem de crescer com a inflação, "acomodando-se à inflação", como dizem os monetaristas, para que a quantidade real de moeda seja minimamente mantida e a recessão não se aprofunde grave e inutilmente. Na verdade, em uma alta inflação inercial ou em uma hiperinflação, a oferta nominal de moeda cresce menos do que a inflação, já que há um inevitável processo de desmonetização, uma vez que os agentes econômicos procuram reter o mínimo de moeda possível.

Uma novidade relativa em relação aos fatores sancionadores da inflação era a inclusão do déficit público nessa categoria. De acordo com o efeito Olivera-Tanzi, já se sabia que a elevação da inflação provocava a redução da receita tributária real. Bresser e Nakano acrescentam a este fator técnico um fator político. Já que a inflação elevada exige que a quantidade de moeda seja aumentada, os governantes se apercebem disto e se perguntam: por que não aumentá-la incorrendo em déficit e financiando-o com emissões? É claro que seria possível aumentar a oferta nominal de moeda por meio da realização de superávits públicos e do resgate de títulos do Tesouro, mas a existência da inflação inercial é um incentivo ao déficit público e ao financiamento inflacionário de despesas públicas. Afinal, os governantes não "são de ferro"...

13.2. UMA NOVA ESTRATÉGIA DE COMBATE À INFLAÇÃO: AS PROPOSTAS DE CHOQUE HETERODOXO E DE MOEDA INDEXADA

Descoberta uma nova teoria da inflação, uma nova política para controlá-la se impunha. Bresser e Nakano, por exemplo, discutiam uma nova política já no primeiro semestre de 1983, quando começaram a escrever "Política administrativa de controle da inflação". Estava claro para eles que as políticas convencionais de estabilização não se aplicavam ao caso brasileiro, ou seja, que não fazia sentido restringir a demanda quando a economia já estava em recessão. Menos sentido fazia ainda pretender controlar a oferta de moeda, já que esta era endógena. A tentativa de controlar administrativamente os preços dos oligopólios, embora aparentemente mais razoável, na verdade não era recomendável, não apenas devido às dificuldades inerentes ao controle de preços, mas principalmente porque, quando a inflação é alta e inercial, as empresas devem aumentar seus preços regularmente, pelo menos todos os meses. Não seria possível tentar controlar os ajustes de preço de cada empresa oligopolista. Por outro lado, conviver com a inflação, como queriam os estruturalistas nos anos 1950 — quando a inflação girava em torno de 20% ao ano —, revelava-se impossível, uma vez que a inflação passava a ser de 5, 10, 20, 30% ao mês, ou seja, inercial.

Não se configurava, por outro lado, uma hiperinflação, situação na qual a economia torna-se inteiramente dolarizada e os preços passam a ser aumentados diariamente, quando não de hora em hora. Quando isso acontece, uma reforma monetária com o uso de uma âncora nominal — em princípio a taxa de câmbio, que é fixada e torna-se conversível em dólar — garante a estabilização desde que seja acompanhada de um ajuste fiscal e de outras reformas institucionais visando tornar a política monetária independente. Basta que o governo tenha reservas internacionais em moeda forte ou o apoio de uma potência estrangeira que lhe assegure essas reservas e consiga, logo após o choque, zerar o déficit público. O ajuste fiscal é essencial, já que a hiperinflação é sempre conseqüência de profunda crise fiscal, situação em que o Estado deixa de ter crédito, perdendo, assim, capacidade de financiar não inflacionariamente qualquer déficit.

Em 1983, o Brasil encontrava-se diante de uma situação intermediária entre uma inflação moderada, típica dos países desenvolvidos, e uma hiperinflação. Tratava-se de uma inflação crônica ou inercial, para a qual não havia outra alternativa senão controlá-la administrativamente, ou seja, mediante política de rendas, de controle direto dos preços. Para controlá-la indiretamente, por meio de política fiscal e monetária, não poderia haver autonomia da inflação em relação à demanda. Para controlá-la com âncoras, era preciso primeiro deixar que a hiperinflação dolarizasse a economia. Esse risco, entretanto, ninguém estava disposto a correr. Afinal, como controlar administrativamente a inflação sem realizar um controle caso a caso, como é próprio dos sistemas de controle de preços de empresas oligopolistas? Além da proposta *Larida*, que veremos mais adiante, havia duas outras: a montagem de um sistema de prefixação gradual, baseado na previsão de inflação futura declinante, em que se estabelecessem orientações (*guidelines*) para os agentes econômicos aumentarem seus preços a taxas decrescentes, ou a imposição de um congelamento geral e rápido de todos os preços e salários, acompanhado de tabelas de conversão que neutralizassem a inércia.

Em agosto de 1984, publicou-se no boletim do Conselho Regional de Economia um pequeno artigo de Francisco Lopes (1984) com uma proposta firme e corajosa de congelamento, denominada *choque heterodoxo*. O artigo chamou a atenção e o nome “pegou”, passando a ser usado universalmente, embora muitas vezes de forma totalmente equivocada por economistas ortodoxos. Os economistas ortodoxos adotaram a estratégia retórica de identificar heterodoxia com populismo econômico. Não há dúvida de que principalmente os dois primeiros choques heterodoxos latino-americanos — o Plano Austral, na Argentina, e o Plano Cruzado — fracassaram em grande parte porque foram posteriormente vítimas de políticas populistas. O essencial na idéia de plano heterodoxo era chamar a atenção para o fato de que as estratégias convencionais ou ortodoxas para combater a inércia inflacionária eram ineficientes, exigindo uma solução inovadora, que neutralizasse essa inércia.

Em 1984, a teoria da inflação inercial amadureceu finalmente. Bresser e Nakano haviam escrito dois artigos que deixavam o diagnóstico e a terapêutica da inflação brasileira muito claros. André Lara Resende, que vinha trabalhando no problema da inflação desde sua tese de doutoramento no MIT, publicou em setembro, na *Gazeta Mercantil*, um artigo brilhante, “A moeda indexada: uma proposta para eliminar a inflação inercial”, no qual propunha uma reforma monetária que permitisse, por algum tempo, a convivência entre duas moedas. Dessa forma, seria possível aos agentes econômicos redefinir seus contratos na nova moeda. Na medida em que isso fosse feito, a estabilização viria sem maiores traumas, quando a reforma monetária eliminasse a moeda antiga.

Essa idéia vinha sendo por ele discutida com seu amigo Pérsio Arida que, no ano anterior, publicara na mesma *Economia e Perspectiva*[23] um pequeno artigo que, em conjunto com o de Lara Resende, constituiu a base do que seria muitos anos depois a estratégia do Plano Real para neutralizar a inércia inflacionária. Em novembro daquele ano, ambos foram convidados por John Williamson para participar de um seminário sobre inflação em Washington. Escreveram, então, juntos, um artigo mais bem estruturado e fundamentado sobre a mesma idéia do artigo da *Gazeta Mercantil*, "Inertial inflation and monetary reform"[24]. Seja pela qualidade do artigo, seja pelo fato de ter sido publicado originalmente em inglês, esse trabalho ficou conhecido como o artigo fundador da teoria da inflação inercial. Na verdade, a inovação que continha era a proposta alternativa, e muito mais elegante, ao congelamento, com tabelas de conversão para neutralizar as defasagens de preços existentes na inflação inercial.

Segundo a proposta *Larida*, para os agentes econômicos que adotassem a nova moeda, os ajustes de preços na moeda antiga passariam a ser diários, sincronizados portanto. Dessa forma, em um segundo momento, quando a reforma monetária eliminasse a moeda antiga, a âncora nominal representada pela nova moeda teria a capacidade de eliminar a inflação, já que não haveria preços atrasados ou adiantados: os preços relativos estariam razoavelmente equilibrados. Seria possível realizar um ajuste neutro em termos distributivos. Essa seria a base teórica do Plano Real, com a diferença de que, em vez de se criar uma nova moeda, criou-se um índice-moeda, como Arida já propunha em 1983. Francisco Lopes, por sua vez, que entrara em conflito teórico com seus colegas da PUC, André e Pérsio, ao optar por um congelamento[25], no final do ano chegou a um consenso com eles[26].

---

23. Arida, P. "Neutralizar a Inflação, uma Idéia Promissora". *In*: Rego (1986).

24. Arida & Lara Resende (1984).

25. Para uma excelente análise das diferenças teóricas entre a proposta *Larida* e a proposta Lopes, ver Bier, Paulani & Messenberg (1987).

26. Em dezembro de 1984, no congresso da ANPEC, Lopes apresentou seu melhor artigo sobre a inflação inercial: "Inflação Inercial, Hiperinflação e Desinflação: Notas e Conjecturas".

Ainda em 1984, Bresser Pereira e Nakano publicaram *Inflação e recessão*, no qual reuniam todos os artigos que haviam escrito até então sobre o tema, inclusive dois novos, redigidos no primeiro semestre de 1984: um sobre a curva de Phillips e a inércia, outro sobre as causas da aceleração da inflação em 1983. Comparando-se a visão de Bresser e de Nakano com a de Pérsio e André sobre a inflação inercial, verifica-se uma proximidade evidente, embora aqueles adotassem uma ênfase mais estruturalista, dando maior importância ao conflito distributivo, enquanto estes ressaltavam o aspecto monetário, ainda que endógeno[27]. Quando Bresser Pereira e Nakano estiveram no Ministério da Fazenda, porém, consideraram seriamente a alternativa *Larida*. Era a solução da "otenização", que examinaram exaustivamente, mas que, por fim, abandonaram[28]. Essa alternativa, que afinal serviria de base para o Plano Real, continuou, no início dos anos 1990, a ser desenvolvida por André Lara Resende (1992), mediante sua proposta da criação de um *currency board*, e da convivência de uma moeda conversível em dólar (que substituísse a moeda indexada) com o velho cruzeiro por algum tempo. O que Lara Resende e Arida pretendiam era criar uma situação de dolarização de fato ou de hiperinflação artificial, em que os preços eram modificados diariamente, sem incorrer em hiperinflação real.

Em relação a Francisco Lopes, as posições de Bresser e de Nakano eram ainda mais próximas. Davam uma enorme importância à mecânica defasada dos reajustes de preço e ao conflito distributivo subjacente. Por isso, também criticavam a posição monetarista, expressa especialmente por Thomas Sargent[29] em seu artigo sobre o fim das hiperinflações em quatro países após a Primeira Guerra Mundial. Segundo o economista das expectativas racionais, bastara aos governos de Alemanha, Áustria, Hungria e Polônia mudar o "regime de política econômica" e as correspondentes expectativas quanto ao aumento da oferta de moeda para que a hiperinflação fosse rapidamente controlada.

Essa visão segue a perspectiva monetarista — correta, aliás — segundo a qual é possível pensar em um equilíbrio macroeconômico com alta inflação, desde que as expectativas sejam condizentes com o aumento de preços e da oferta de moeda, mas recai em um erro básico

---

27. Sobre as proximidades e diferenças entre as duas propostas, ver entrevistas de Bresser Pereira e de André Lara Resende no livro *Conversas com Economistas Brasileiros*, de Biderman, Cozac e Rego (1996).

28. A respeito, ver capítulo sobre o Plano Bresser no livro de Francisco Lopes, *O desafio da hiperinflação: em busca da moeda real* (1989).

29. Ver Rego (1986).

ao imaginar que os desequilíbrios recorrentes de preços relativos presentes na inércia inflacionária possam ser corrigidos com uma simples mudança de expectativas. O modelo de Friedman de inflação é perfeitamente compatível com a idéia de inércia. Não é por outra razão que na última edição do livro introdutório de economia de Samuelson, agora co-assinado por Nordhauss, existe uma seção sobre inflação inercial.

13.3. O FRACASSO DAS TENTATIVAS ORTODOXAS DE ESTABILIZAÇÃO

Do final da década de 1970 até o início da Nova República, em 1985, a inflação brasileira apresentou dois grandes saltos. O primeiro deles ocorreu em fins de 1979. O segundo choque do petróleo, a política interna de fixação de "preços realistas" e o simultâneo aumento da freqüência dos reajustes salariais de anual para semestral dobraram a taxa de inflação, que passou de 50 para 100% ao ano. O segundo grande salto aconteceu em 1983, impulsionado por uma maxidesvalorização de 30% do cruzeiro em fevereiro. Foi alcançado, então, o patamar de 200% ao ano.

A Nova República iniciou-se em março de 1985, após 21 anos de regime militar. Embora tivesse sido muito enfatizada durante a campanha eleitoral de Tancredo Neves a necessidade de um *pacto social*, para conciliar os pleitos por aumentos do salário real com a meta de reduzir as taxas de inflação, o novo governo deu início à gestão da política econômica anunciando apenas medidas de austeridade fiscal e monetária. A restrição das operações ativas dos bancos oficiais, um corte adicional de 10% no orçamento fiscal para 1985 e a proibição de contratações de novos funcionários para a administração pública constituíram o cerne das medidas adotadas. Além de facilitar as negociações em curso com o FMI, o corte nos gastos públicos e o aperto na política monetária deveriam ser percebidos como o primeiro passo na direção de um pacto social, que, contudo, não se materializou. A heterogeneidade da equipe econômica do governo — concebida pelo falecido Tancredo Neves, mas conduzida pelo seu sucessor, José Sarney —, integrada por economistas ortodoxos e heterodoxos, não permitia vislumbrar claramente o alcance da política econômica ortodoxa anunciada a princípio.

Como as políticas monetária e fiscal restritivas poderiam levar algum tempo para provocar um declínio na taxa de inflação, que, em março de 1985, alcançava 12,7%, um congelamento de preços foi determinado pelo ministro da Fazenda Francisco Dornelles para o mês de abril. Além disso, com o objetivo de amortecer a aceleração da inflação, as fórmulas de cálculo da correção monetária e das desvalorizações cambiais foram modificadas, estendendo a "memória" do processo inflacionário de um para três meses. Até março, as correções monetária e cambial eram determinadas pela inflação do próprio mês em curso, cuja imprevisibilidade aumentava a incerteza nos mercados aberto e cambial. A partir de abril, as taxas mensais de correção resultariam de uma média geométrica da inflação dos três meses anteriores. Além disso, minidesvalorizações diárias do cruzeiro, que distribuiriam uniformemente a taxa de correção cambial prefixada para o mês, eliminariam a especulação em torno da data e do percentual do reajuste subseqüente.

Após o anúncio da nova política econômica, a inflação caiu significativamente, passando para 7,2% em abril. O bom desempenho da inflação em abril pode, no entanto, ser quase inteiramente explicado pela suspensão dos reajustes de preços dos produtos siderúrgicos e derivados de petróleo, que correspondiam, respectivamente, a 7,4% e 11% do índice de preços por atacado (IPA-DI) que, por sua vez, representava 60% do índice geral de preços (IGP-DI) da Fundação Getúlio Vargas. A contribuição dos preços privados, que não se encontravam sob estrito controle e, portanto, não seguiam o congelamento, estava superdimensionada. Apesar do ônus para o setor público, o governo decidiu estender a duração do congelamento de preços. Como os custos de produção cresceram em termos reais durante esses primeiros meses, já que as longas defasagens embutidas nos reajustes salariais semestrais e, agora, também nas fórmulas das correções cambial e monetária, captavam as taxas mais elevadas da inflação passada, o congelamento de preços foi gradativamente colocado sob pressão.

O mês de junho marcou o início do processo de descompressão dos controles sobre os preços privados e de descongelamento dos preços públicos. O Conselho Interministerial de Preços (CIP) concedeu, entre outros, aumentos de preços às indústrias automobilística e cimenteira, de 9,5% e 15%, respectivamente, para vigorarem a partir do dia 20. No que tange ao setor público, foram reajustados ainda em junho os preços dos aços planos (15,6%), da energia elétrica (22,8%), e as tarifas portuárias (77,2%) e de transporte urbano (60%). Para evitar um repique inflacionário no final do congelamento, menores percentuais de reajuste de preço foram concedidos aos produtos industriais num primeiro instante. Um aumento posterior na freqüência dos reajustes de preços, que passariam a ser mensais, deveria compensar as perdas nas margens de lucro incorridas na vigência do congelamento. Sacrificava-se, assim, a estabilidade do processo inflacionário a médio prazo em troca de menores taxas mensais de inflação a curto prazo. O IGP-DI registrou variações mensais de apenas 7,8% e 8,9% em junho e julho respectivamente.

Durante os cinco primeiros meses da Nova República, acirraram-se consideravelmente as tensões dentro da equipe econômica do governo. O ministro da Fazenda Francisco Dornelles liderava a corrente ortodoxa, enquanto o ministro do Planejamento João Sayad era identificado com uma linha heterodoxa. Tornaram-se públicas as divergências quanto aos moldes da renegociação da dívida externa, ao prolongamento do controle de preços, à prática de taxas de juros reais elevadas, aos ingredientes do ajuste fiscal, à correção do salário mínimo, à mudança de fórmula das correções cambial e monetária, entre outras.

O Ministério do Planejamento havia sido esvaziado de diversos órgãos, como o CIP, a SEAP e a SUNAB, que foram transferidos para o Ministério da Fazenda, num processo contrário ao do período em que Geisel fora presidente, quando esvaziaram a Fazenda trazendo estes órgãos para o Planejamento. Estava claro que as rédeas da política econômica ficariam com Francisco Dornelles, sobrinho de Tancredo, e Antônio Carlos Lengruber, presidente do Banco Central.

A recomposição dos preços estava apenas começando quando a economia sofreu um violento choque de oferta agrícola, com os preços dos gêneros alimentícios no atacado aumentando 19% em agosto de 1985. A coincidência do período da entressafra, quando a carne apresentou alta de 50%, com a recomposição dos preços dos produtos agropecuários controlados, tal como o leite que foi reajustado em 30% em meados de julho, levou a inflação a 14% em agosto. O fracasso do pacote antiinflacionário de março de 1985 marcou, com a substituição do ministro da Fazenda, o final da primeira fase da política econômica da Nova República.

O novo ministro da Fazenda, Dílson Funaro, anunciou uma meta antiinflacionária mais modesta: estabilização à taxa de 10% ao mês. As regras de indexação foram, mais uma vez, alteradas, visando evitar a propagação da taxa de inflação de 14% registrada em agosto. A partir de setembro de 1985, as correções monetária e cambial voltavam a ser norteadas pela inflação do próprio mês em curso. A maioria das tarifas públicas e dos preços administrados passou a ser corrigida em bases mensais e, portanto, em menores percentuais, ratificando a tese de que a estabilização da taxa de inflação seria obtida à custa de um aumento do grau de indexação da economia. A nova política antiinflacionária dava menor ênfase ao controle da base monetária, que havia sido objeto permanente de preocupação da equipe anterior. Assim, a taxa de juros real, que subira vertiginosamente durante o período de abril a julho de 1985, declinou, como resultado de uma política monetária menos restritiva, tornando-se mais compatível com a recuperação econômica.

A mudança da fórmula de correção e a conseqüente redução da memória inflacionária sugeriam que a economia estivesse caminhando na direção da indexação plena, mesmo porque os autores da proposta original de adoção de uma moeda indexada na economia brasileira integravam a nova equipe econômica do governo (André Lara Resende, no Banco Central, veio fazer companhia a Pérsio Arida, que já fazia parte da equipe de Sayad).

No caminho da moeda indexada, preços, taxa de câmbio e ativos financeiros tornavam-se crescentemente atrelados às variações mensais da ORTN. Não havia, no entanto, uma regra clara e amplamente aceita para a indexação dos salários, que permanecia oficialmente baseada na política de reajustes semestrais estabelecida em 1979. A perspectiva de retorno a taxas mensais de inflação de 10 a 12% ao mês, depois do fracasso do congelamento de preços, dava novo impulso à demanda de reajustes salariais mais freqüentes.

As propostas para uma nova política salarial reclamavam: reajustes trimestrais; reajustes mensais, de acordo com a variação de um índice de preços ao consumidor; uma escala móvel com *gatilho* de 30%; e reajustes mensais prefixados, a cada três meses. Enquanto as discussões públicas prosseguiam, o governo permitiu a livre negociação de abonos, adiantamentos e esquemas alternativos de indexação, desde que os aumentos não fossem repassados aos preços. Os órgãos de controle de preços não considerariam, no cômputo de variações de custos, qualquer aumento salarial que não estivesse de acordo com a regra oficial de reajustes, baseada ainda nas variações semestrais do custo de vida. Em conseqüência, o poder de compra dos salários cresceu durante esse período, dando continuidade ao movimento de reposição salarial que se iniciara nos setores exportadores ainda em fins de 1984. A recuperação da renda interna em 1985, pelos efeitos induzidos sobre o consumo, em especial sobre as vendas de bens duráveis, foi suficiente para compensar a queda das vendas ao exterior, que haviam sido a origem da recuperação da atividade econômica no ano anterior.

Se por um lado os reajustes de preços administrados mantiveram a inflação em 9% ao mês durante o bimestre setembro/outubro, por outro não abriram espaço para aumentos compensatórios das perdas incorridas, principalmente pelas tarifas públicas, durante o congelamento de abril a julho. A inflação reprimida, aliada a um novo choque de oferta agrícola, originário da seca que atingiu as lavouras, levou o IGP-DI a registrar elevação de 15% em novembro de 1985. A desindexação seguiu, então, um caminho alternativo: o índice que media oficialmente a inflação deixou de ser o índice geral de preços (IGP-DI) da FGV e passou a ser o índice de preços ao consumidor amplo (IPCA) do IBGE, que registrou uma taxa de inflação de apenas 11,1% em novembro.

As diversas políticas de combate à inflação adotadas no período 1985-1989 variaram de acordo com a orientação econômica — desde as mais ortodoxas até as mais heterodoxas — e segundo o ritmo — do gradualismo ao choque. Durante a segunda metade da década de 1980, a política econômica brasileira concentrou-se no combate à inflação. Os planos de estabilização de inspiração ortodoxa, adotados no período de 1981-1984, promoveram o ajustamento externo da economia, mas não conseguiram evitar a escalada da inflação.

Durante todo o ano de 1985, o governo da Nova República conseguiu manter afastadas do país as missões do FMI. As negociações para um novo acordo, interrompidas em janeiro de 1985, em conseqüência da divulgação dos dados relativos ao desempenho da política monetária no final de 1984, foram proteladas. Assim, o governo brasileiro pôde manter sua independência em matéria econômica em relação às recomendações do Fundo, adotando políticas monetária e fiscal mais acomodatícias, que privilegiavam o crescimento da economia. Esta atitude se tornara possível graças aos superávits mensais da balança comercial da ordem de US$ 1 bilhão, que permitiam que o país não dependesse de novos recursos externos, e às sucessivas prorrogações do acordo com os bancos privados internacionais que, dada a favorável situação externa da economia brasileira, podiam mostrar compreensão em relação às dificuldades políticas envolvidas no restabelecimento de negociações com o FMI pelo novo governo democrático. O inflamado *slogan* de campanha de Tancredo Neves de que a dívida externa não seria "paga com a fome e a miséria do povo" recomendava cautela aos bancos credores.

A inflação oficial alcançou 13,41% em dezembro de 1985 e 16,2% em janeiro de 1986. O choque de oferta agrícola finalmente se manifestava para o consumidor, tendo os preços dos gêneros alimentícios crescido aproximadamente 17% ao mês durante o bimestre dezembro/janeiro. No atacado, o aumento desses preços alcançou 26% somente em janeiro de 1986. Não havia dúvidas de que, com a indexação generalizada da economia, a taxa de inflação tenderia rapidamente para o novo patamar de 400% a 500% ao ano. Nessas condições, o governo não seria capaz de manter os reajustes salariais na freqüência semestral, o que poderia resultar em outra pressão, de custos, colocando a economia na rota da hiperinflação.

O fracasso do gradualismo em produzir sequer a estabilidade das taxas mensais de inflação encerra a segunda fase da política econômica da Nova República. As elevadas taxas de inflação não ameaçavam apenas os ministros da área econômica, mas também a coalizão política que sustentava o governo. A legitimidade dos processos de votação indireta, que elegera Tancredo Neves, e de sucessão presidencial após a sua morte foi novamente posta em questão. Assim, em 28 de fevereiro de 1986 foi decretado o Plano Cruzado, um programa de estabilização de características heterodoxas.

13.4. PLANOS DE ESTABILIZAÇÃO HETERODOXOS

13.4.1. Plano Cruzado

O programa brasileiro de estabilização de 28 de fevereiro de 1986, mais conhecido como Plano Cruzado, promoveu uma reforma monetária que estabeleceu o cruzado (Cz$) como novo padrão monetário nacional. A taxa de conversão foi fixada em mil cruzeiros por cruzado. O maior objetivo do Plano Cruzado era criar uma nova moeda, estável, que eliminasse a memória inflacionária. Não foram estabelecidas com clareza, no entanto, metas fiscais ou monetárias de médio prazo, cujas políticas ficariam a cargo dos condutores do plano.

A dessincronização e as diferentes periodicidades dos reajustes de salários (semestral) e preços (de diário a semestral) requereram o desenvolvimento de regras específicas para a conversão, de forma a evitar redistribuições de renda e riqueza. Essas regras pretendiam produzir um *choque neutro*, o qual iria restaurar, sob o cruzado, os mesmos padrões de renda e riqueza verificados com o cruzeiro.

Os salários foram convertidos em cruzados, tomando como base o poder de compra médio dos seis meses anteriores. A fórmula de conversão dos salários computava o poder de compra médio entre setembro de 1985 e fevereiro de 1986 em valores correntes, ou seja, a preços de fevereiro. Admitia-se que os salários eram pagos no último dia do mês e gastos integralmente por ocasião de seu recebimento. Um abono de 8% foi concedido a todos os assalariados, de acordo com a decisão de cunho político de promover uma redistribuição da renda em favor dos assalariados, o que deveria facilitar a aceitação por parte dos trabalhadores da "conversão pela média". Favorecendo ainda mais as classes de renda mais baixa, o salário mínimo foi fixado em Cz$ 804,00, o que significava um abono de 16% em relação ao poder de compra médio dos seis meses anteriores.

Os salários não foram congelados com o Plano Cruzado. Ao contrário, as datas anuais dos dissídios coletivos, que haviam prevalecido até novembro de 1979, foram restauradas. Por ocasião dos dissídios anuais, os salários seriam automaticamente corrigidos com base em 60% da variação acumulada do custo de vida. Além dos reajustes anuais, os salários seriam automaticamente corrigidos de acordo com uma escala móvel — o *gatilho* — sempre que a taxa de inflação acumulasse 20%.

Com exceção das tarifas industriais de energia elétrica, que foram reajustadas em 20%, os preços ao consumidor foram congelados por tempo indeterminado nos níveis prevalecentes em 27 de fevereiro de 1986. Não houve qualquer compensação pela inflação anterior (desde o último reajustamento), nem tampouco pela perda futura, durante a vigência do congelamento. Os preços públicos e administrados, congelados, encontravam-se defasados em relação aos custos de produção, devido à sua freqüente utilização como parte da política antiinflacionária dos anos 1980. Não existia nenhum plano para determinar de que maneira se procederia o descongelamento de preços posteriormente.

O Plano Cruzado deslocou a base do índice de preços ao consumidor (IPCA) para 28 de fevereiro de 1986. O novo índice, denominado índice de preços ao consumidor (IPC), manteria as mesmas ponderações do IPCA. O deslocamento da base, com a construção de um vetor de preços para o dia 28 de fevereiro de 1986, era justificável, uma vez que, com preços medidos como médias diárias ou semanais, o IPCA registraria uma inflação positiva no primeiro mês do congelamento (março de 1986).

A princípio, o plano foi considerado um sucesso, pois as taxas de inflação efetivamente caíram no curto prazo. O plano obteve, então, grande apoio popular, o que se podia constatar pelo trabalho de fiscalização, pela população — os chamados *fiscais do Sarney* —, dos preços congelados. O congelamento transformou-se assim no elemento do Plano Cruzado de maior apelo popular, o que levaria o governo a sustentá-lo, a qualquer custo, o mais longamente que pôde, sobretudo por se tratar de ano eleitoral.

O aumento do poder de compra dos salários aliado ao consumo reprimido durante os anos anteriores levou à despoupança e à explosão de consumo, algo que não fora contemplado pelos idealizadores do plano. A tarefa de sustentar o congelamento revelava-se difícil, pois havia uma pressão de demanda muito forte. Ademais, alguns preços, sobretudo de tarifas públicas, encontravam-se efetivamente defasados devido ao fato de não terem sido alinhados antes do congelamento. O setor privado, por sua vez, alegava que os preços congelados de seus produtos também não cobriam os custos de produção. Aos poucos, os empresários foram aprendendo técnicas para burlar a fiscalização e escapar ao congelamento, por meio da *maquiagem de produtos.* Em julho, menos de 6 meses após a decretação do plano, havia mercados paralelos para diversos produtos, tais como leite, carne e remédios. O governo viu-se compelido a remonetizar abruptamente a economia para aumentar a liquidez.

Para manter o congelamento, o governo havia sacrificado as empresas estatais, as contas externas e as finanças públicas. A taxa de câmbio havia sido congelada também, o que provocou grande sangria de reservas internacionais e dificultou o pagamento dos serviços da dívida externa.

Nessa conjuntura, o governo tinha que tomar uma decisão: ou desacelerava a economia ou desistia do congelamento. A proximidade do pleito eleitoral de novembro, no entanto, impedia que fossem tomadas providências de racionalidade estritamente econômica. Em 24 de julho, um conjunto de medidas conhecido como *Cruzadinho* foi anunciado, visando uma contração da demanda agregada, por meio de aumento de impostos indiretos e cobrança de impostos compulsórios sobre automóveis, gasolina e compras de moedas estrangeiras e passagens aéreas. O efeito das medidas não foi suficiente para corrigir as graves distorções conjunturais.

Após as eleições (na verdade, apenas uma semana depois!), que deram vitória esmagadora aos partidos do governo — PMDB e PFL —, seria anunciado um pacote mais contundente no combate aos desequilíbrios, conhecido como *Cruzado II.* Tratava-se de uma tentativa de atacar o problema fiscal do governo, que se mostrava o mais preocupante. Houve aumento de impostos diretos sobre produtos como cigarros, bebidas e automóveis e reajuste de preços públicos. Em decorrência dessas medidas — que constituíram um choque inflacionário — os salários perderam poder de compra.

Com o Cruzado II, o governo alcançou o objetivo de retrair a demanda agregada em razão de fatores como a elevação das taxas de juros, a incerteza em um ambiente econômico novamente inflacionário e a queda no salário real. Rapidamente, porém, os antigos conflitos distributivos voltaram a ganhar importância — a memória inflacionária ainda não havia sido eliminada —, e a indexação via correção monetária mensal voltou a ser praticada. Além disso, as dificuldades na balança de pagamentos eram crescentes, em decorrência das políticas monetária e fiscal praticadas durante o Plano Cruzado. A meta de inflação zero e a inflexibilidade cambial levaram o país a ter de declarar moratória aos credores internacionais em fevereiro de 1987. Em abril de 1987, Dílson Funaro foi substituído por Bresser Pereira no comando do ministério da Fazenda.

13.4.2. Plano Bresser

Em seus primeiros dois meses como ministro, Bresser tomou algumas medidas isoladas procurando dar mostras de que o país estava disposto a rever a moratória decretada meses antes, contrair a demanda agregada e aumentar as exportações, mediante uma desvalorização de 8,5% do cruzado.

Já no mês de junho, o novo ministro lançou o Plano de Estabilização Econômica, mais conhecido como Plano Bresser, um pacote híbrido, com elementos ortodoxos e heterodoxos, assemelhando-se ao Cruzado em alguns aspectos, mas procurando evitar os erros cometidos anteriormente. O plano não visava atingir inflação zero nem eliminar a indexação, mas apenas controlar os índices para evitar que se estabelecesse uma hiperinflação. Para isso, o gatilho foi extinto e procurou-se reduzir os gastos do governo. As taxas de juros reais foram mantidas elevadas para inibir o consumo de bens duráveis.

Os salários e os aluguéis foram congelados no patamar em que se encontravam no dia 12 de junho. Criou-se a URP (Unidade de Referência de Preço) que, a partir de setembro, seria o indexador utilizado para os ajustes salariais. Os preços foram congelados por um prazo de 3 meses, mas sofreram alinhamentos prévios defensivos para evitar pressões inflacionárias futuras. Contratos financeiros pós-fixados foram respeitados e, para conversão dos prefixados, criou-se uma *tablita*. Alterou-se a base do IPC para evitar que o índice do mês de julho fosse sobrecarregado por uma inflação anterior ao plano.

Além da desvalorização inicial de 9,5%, o câmbio passou a ser desvalorizado diariamente, evitando os desequilíbrios externos observados durante os meses de congelamento de preços do Plano Cruzado. O governo comprometeu-se ainda a praticar políticas fiscal e monetária rigorosas, reduzindo o déficit público e assegurando a independência do Banco Central.

A princípio, o plano, que era mais consistente e flexível que o Cruzado, atingiu alguns de seus objetivos, fazendo cair a inflação, o déficit público e expandindo os saldos comerciais, possibilitando ao governo renegociar com credores internacionais e suspender a moratória.

No entanto, com o passar do tempo, outros problemas começaram a ameaçar o sucesso do Plano Bresser. Em primeiro lugar, havia uma falta de credibilidade do plano junto à opinião pública, especialmente pelo fato de se ter lançado mão de um congelamento, tal como fora feito no Cruzado, expediente que havia trazido, como se sabe, grandes benefícios no curto prazo, mas produziu efeitos desastrosos a médio prazo. Em segundo lugar, os desequilíbrios de alguns preços relativos, apesar do cuidado que se tomara na implantação do plano, aliados aos grandes superávits na balança comercial, causavam consideráveis pressões inflacionárias. Em terceiro lugar, a manutenção do regime de taxas de juros reais positivas, ao mesmo tempo em que inibia a explosão de consumo — algo, de fato, almejado —, também estimulava o direcionamento do investimento para o setor financeiro em detrimento do produtivo, o que constituiria um grande problema, sobretudo no médio prazo. Por fim, embora fizesse parte da estratégia do ministério da Fazenda, para que o plano fosse bem-sucedido, a realização de uma reforma tributária, esta não foi levada adiante pelo governo devido às mais diversas restrições, sobretudo de ordem política.

Apesar do congelamento de preços, as taxas de inflação permaneciam elevadas. Por essa razão, autorizou-se um aumento emergencial de preços, ainda no mês de agosto, antes que terminasse o prazo previsto inicialmente — 3 meses — para que se iniciasse a liberalização dos preços. Em dezembro de 1987, a taxa de inflação mensal atingiu 14,14%, precipitando o pedido de demissão de Bresser Pereira.

13.4.3. Maílson da Nóbrega: da *política do feijão-com-arroz* ao Plano Verão

Maílson da Nóbrega sucedeu Bresser Pereira no comando do Ministério da Fazenda e empreendeu, ao longo de 1988, uma política econômica tímida, gradual e pouco intervencionista, de orientação eminentemente ortodoxa, denominada *política do feijão-com-arroz*. Seu objetivo era cortar o déficit operacional de 8% para 4% e reter a inflação ao redor dos 15% a.m. Dentre as medidas tomadas para estabilizar a taxa de inflação e desaquecer a economia, destacam-se a suspensão temporária dos reajustes do funcionalismo público e o adiamento dos aumentos de preços administrados.

A *política do feijão-com-arroz* não teve sucesso e, em julho de 1988, quando a inflação já ultrapassava a marca de 24%, os preços públicos foram reajustados. Emitia-se moeda para cobrir os superávits da balança comercial. A nova Constituição, promulgada naquele ano, amarrou ainda mais os gastos orçamentários da União, dificultando a pretendida redução dos gastos públicos.

Em novembro de 1988, celebrou-se, entre governo, empresários e trabalhadores, um alardeado *pacto social*, que estabelecia limites para aumentos de preços e propunha uma revisão da metodologia de reajustes salariais e um plano para equilibrar as contas públicas. Apesar de toda a discussão anterior ao pacto, este não trouxe os resultados esperados e causou descontentamento a todas as partes envolvidas. No entender dos trabalhadores, o poder de compra dos salários crescia menos que os preços. Os empresários justificavam os aumentos de preços em razão de uma suposta subestimação dos custos de produção. O governo era prejudicado pelo reajuste defasado das tarifas públicas em relação aos preços dos produtos do setor privado. Não restava alternativa ao governo senão decretar um novo plano econômico que procurasse solucionar os impasses distributivos.

Em 15 de janeiro de 1989, foi anunciado o Plano Verão. Tratava-se, mais uma vez, de um plano misto, com características heterodoxas e ortodoxas. Foi o terceiro choque econômico e a segunda reforma monetária do governo Sarney, cuja credibilidade já se encontrava bastante arranhada nesse momento. Criou-se uma nova unidade monetária, o cruzado novo (NCz$), equivalente a mil cruzados. O dólar foi cotado a NCz$ 1,00, após uma desvalorização da moeda nacional.

O Plano procuraria, no curto prazo, contrair a demanda agregada e, no médio prazo, promover queda das taxas de inflação. Os mecanismos utilizados foram a manutenção de taxas reais de juros elevadas, restrição do crédito ao setor privado, desindexação e promessa de ajuste fiscal. As maiores dúvidas pairavam sobre este último item, sobretudo por ser um ano eleitoral.

Mais uma vez, os preços foram congelados por tempo indeterminado, nos níveis em que se encontravam no dia do anúncio do plano. Alguns preços foram realinhados antes do congelamento para evitar os problemas de defasagem de preços ocorridos no Plano Cruzado. Os salários, por sua vez, foram convertidos pelo poder de compra médio dos doze meses anteriores e reajustados em 26,1%. A URP, indexador dos salários, foi extinta. Caberia ao Congresso Nacional determinar como seria conduzida, a partir de então, a política salarial.

O IPC continuaria a aferir a inflação oficial, mas a OTN foi extinta. Os contratos pós-fixados foram congelados nos valores de 13 de janeiro, enquanto os prefixados seriam calculados com base em uma *tablita* de conversão diária. A extinção simultânea da OTN e da URP, os índices mais utilizados para a indexação da economia, traziam à tona a possibilidade de o país ter de enfrentar uma hiperinflação caso o plano não desse resultado.

Desde o início, vários fatores colaboraram para determinar o fracasso do plano. A inflação que caíra para pouco mais de 3% em fevereiro, elevar-se-ia, já em abril, para mais de 7%. Como contrapartida, o governo viu-se obrigado a elevar as taxas de juros, o que fazia cair por terra a promessa de reduzir o déficit público naquele ano. Em pouco tempo, alguns aumentos foram autorizados, o cruzado novo foi desvalorizado e o congelamento começou a ser desfeito. A indexação voltou a ser praticada com a criação dos Bônus do Tesouro Nacional (BTN). Em setembro de 1989, o governo suspendeu o pagamento dos juros da dívida externa, em razão da deterioração do saldo comercial.

Os últimos meses do governo Sarney foram marcados por um verdadeiro caos político e econômico. Não havia mais credibilidade, nem sustentação política ao governo, após as diversas tentativas — todas fracassadas — de estabilização econômica. Embora os três planos — Cruzado, Bresser e Verão — tenham procurado eliminar ou reduzir a inflação, esta atingia níveis ainda mais preocupantes do que antes, no limiar da hiperinflação. A taxa de inflação anual em 1989 foi de 1.764,86%, enquanto as taxas mensais nos primeiros meses de 1990 foram de 64,17% em janeiro, 73,21% em fevereiro e 85,12% na primeira quinzena de março.

Fernando Collor de Mello assumiria a presidência da República em 15 de março, anunciando um novo plano de estabilização econômica — o Plano Collor —, além de uma série de medidas de grande impacto sobre a economia brasileira. O governo Collor será objeto de análise do próximo capítulo.

Questões de Revisão

1. A partir de que momento a inflação tornou-se um problema crônico no Brasil?

2. Quais são as diferenças fundamentais entre o diagnóstico de inflação feito pelos inercialistas e os diagnósticos dos economistas monetarista e keynesiano?

3. Que economistas brasileiros contribuíram para a formulação da teoria da inflação inercial?

4. Quais eram os fatores *aceleradores, mantenedores* e *sancionadores* da inflação, segundo a análise de Bresser e Nakano?

5. Quais eram as controvérsias em relação às políticas antiinflacionárias que deveriam ser seguidas, uma vez que se tomasse como correto o diagnóstico da inflação inercial?

6. Caracterize as estratégias antiinflacionárias da Nova República anteriores ao Plano Cruzado.

7. Aponte os principais motivos que explicam o fracasso do Plano Cruzado.

8. Por que os outros planos heterodoxos de estabilização — Bresser e Verão — também falharam na tentativa de debelar o processo inflacionário?

PARTE 5

Anos 1990: a modernização conservadora

Nos anos 1990, a economia brasileira foi marcada não só pela recessão do início da década, fruto dos efeitos dos Planos Collor I e II, mas também por uma profunda reestruturação produtiva. Essa reestruturação, designada por alguns autores *modernização conservadora*, ocorreu como desdobramento do esgotamento do modelo de substituição de importações e foi influenciada pelos pressupostos do *Consenso de Washington*, a exemplo do que ocorria em toda a América Latina. Provocou aceleração no processo de privatização de empresas estatais, abertura da economia e desregulamentação dos mercados.

Em 1994, o Brasil adotaria o Plano Real, considerado um dos mais bem-sucedidos planos de estabilização da economia brasileira. De fato, obteve sucesso com relação à desindexação da economia, reduzindo substancialmente os níveis inflacionários. Os juros altos e o câmbio sobrevalorizado, no entanto, aumentaram a vulnerabilidade externa, restringiram o crescimento econômico e agravaram o problema da deterioração das contas públicas.

Consenso de Washington: expressão cunhada pelo economista norte-americano John Williamson, que lecionou na PUC/RJ. Trata-se de um decálogo de medidas liberalizantes e de ajustes sugerido para reformas nos países em desenvolvimento, concebido no âmbito de organizações sediadas ou vinculadas a Washington, como o FMI (Fundo Monetário Internacional) e o Banco Mundial[1].

Modernização Conservadora: trata-se de uma expressão cunhada pelo historiador Barrington Moore para qualificar o modelo autoritário de desenvolvimento do capitalismo retardatário do século XIX, especialmente da Alemanha e do Japão[2].

1. Ver Fiori (1995) e Bresser Pereira (1996).
2. Ver Tavares & Fiori (1993).

CAPÍTULO 14

Abertura comercial e o governo Collor

Fernando Collor de Mello renunciou em 1992 — André Dusek/AE

14.1. ABERTURA COMERCIAL NOS PAÍSES EM DESENVOLVIMENTO

As discussões a respeito da abertura da economia dos países em desenvolvimento vão além dos argumentos favoráveis e contrários, mas também englobam questões sobre a maneira como deve ser empreendida. Destacam-se indagações relativas ao ritmo do processo de abertura, ao contexto macroeconômico propício e à seqüência da liberalização — ou seja, a discussão sobre o que deve ser liberalizado primeiro, o mercado de bens ou o de capitais?

No que se refere ao *timing* da abertura, existe um razoável consenso de que o processo não deve ser nem muito rápido, para não agravar o impacto do ajuste especialmente sobre o nível de emprego, nem lento demais a ponto de se tornar vulnerável a pressões políticas[3].

Em relação ao ambiente macroeconômico propício, há consenso de que o processo de liberalização deve ocorrer em um contexto de economia estável advindo de políticas econômicas bem-sucedidas, possibilitando uma melhor alocação de recursos. Destaca-se ainda a necessidade de que a taxa de câmbio seja desvalorizada no início do processo de abertura.

A questão relativa à seqüência da liberalização, envolvendo os mercados de bens e de capitais, é a que apresenta mais polêmica. A grande maioria dos analistas, porém, pautando-se nas experiências de Chile e Argentina na década de 1970, recomenda, em primeiro lugar, a liberalização do mercado de bens, para, apenas posteriormente, liberalizar o mercado de capitais, especialmente no que se refere às restrições sobre o fluxo de capitais externos.

Para sustentação dessa tese, há tanto argumentos de ordem micro quanto macroeconômica. Os aspectos de ordem microeconômica baseiam-se no princípio de que o mercado de capitais é mais ágil e se adapta mais rapidamente a mudanças profundas do que o mercado de bens.

---

3. Segundo Moreira & Corrêa (1996), esse argumento aparece em Rodrik (1993), Choksi, Michaely & Papageorgiu (1991) e World Bank (1991), sendo que este último é mais específico, afirmando que "a experiência dá suporte para uma liberalização substancial e abrangente no prazo de cinco anos, com medidas importantes e decisivas sendo tomadas no primeiro ano".

Do ponto de vista macroeconômico, argumenta-se que a possibilidade de existência de diferenciais de juros e rentabilidade de investimentos incentivariam a entrada de recursos externos em larga escala, cuja conseqüência mais provável seria uma apreciação da taxa de câmbio real[4]. Embora se reconheça o potencial auto-regulatório desse movimento, existe uma preocupação no que se refere a sua duração, uma vez que, em sendo longa, pode gerar um excesso de endividamento externo, que é, ao mesmo tempo, causa e conseqüência da apreciação cambial. Esse processo tende a ser compensado com desvalorizações cambiais de efeito deletério sobre a economia, como ilustram os casos do Chile e da Argentina (anos 1970). Outra conseqüência é a deterioração do balanço de pagamentos decorrente do crescente déficit em conta corrente, pressionado por um progressivo movimento de preços relativos desfavoráveis aos bens comercializáveis pela combinação de valorização cambial e eliminação de barreiras comerciais. Ambos os processos tendem a provocar atrasos no processo de liberalização comercial.

No início dos anos 1980, acreditava-se que a abertura era inevitável, apesar das controvérsias a respeito de sua condução, uma vez que o processo de substituição de importações se esgotava e começava a ser questionado. Desde então, a liberalização vem-se constituindo no grande condutor das políticas econômicas dos países em desenvolvimento. O pano de fundo desse processo é a crença em que o livre-comércio possa proporcionar desenvolvimento econômico com melhoria da qualidade de vida da população, proporcionados pelo crescimento econômico advindo da melhor eficiência alocativa dos fatores de produção.

O Chile havia sido o primeiro país da América Latina a promover uma tentativa de abertura de sua economia ao mercado externo já em 1956, processo que teve que ser revertido em 1961, em função dos desequilíbrios provocados na balança comercial. O Brasil ensaiou um primeiro projeto de abertura em 1964, que, no entanto, falhou também, em função de dificuldades no balanço de pagamentos.

Na década de 1970, vários países da América Latina promoveram liberalização econômica: o Chile em 1973, a Argentina em 1976, o México em 1977 e a Venezuela em 1979. A crise da dívida externa, em

---

4. A apreciação da taxa de câmbio real se daria em função da valorização da taxa de câmbio nominal, em regime de taxas flexíveis, ou através da expansão da base monetária, em um regime de taxas cambiais fixas.

1982, encarregou-se de abortar todas essas experiências liberalizantes, com exceção da chilena.

A partir da segunda metade dos anos 1980, ocorreu uma generalizada abertura comercial nos países latino-americanos. Em 1988, o Brasil iniciava sua reforma comercial com a eliminação dos controles quantitativos e administrativos sobre as suas importações e uma proposta de redução tarifária.

A abertura da economia brasileira intensificou-se a partir de 1990. O esgotamento do modelo de substituição de importações e a crescente desregulamentação dos mercados internacionais contribuíram para uma reestruturação da economia brasileira, influenciada pela redução das tarifas de importação e eliminação de várias barreiras não-tarifárias. A tarifa nominal média de importação, que era de cerca de 40%, em 1990, foi reduzida gradualmente até atingir seu nível mais baixo em 1995, 13%, como se observa na figura 14.1.

FIGURA 14.1. ALÍQUOTAS NOMINAIS MÉDIAS DE IMPORTAÇÃO

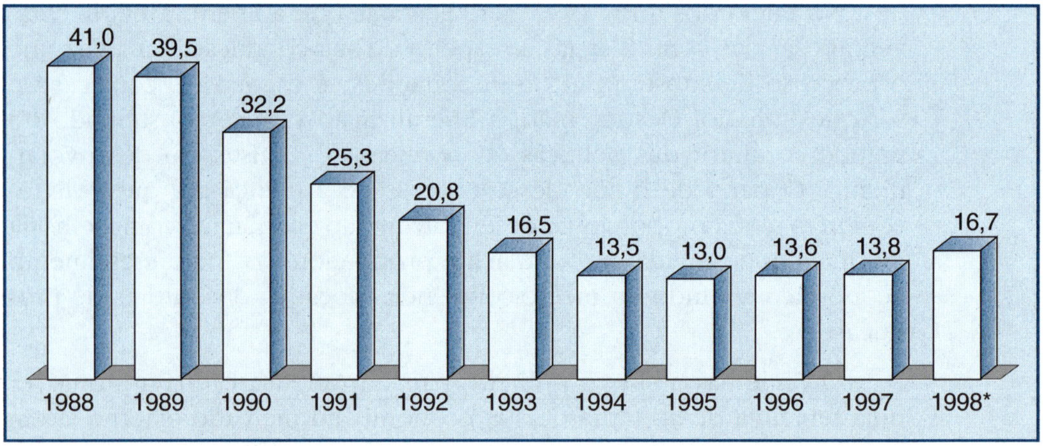

* 1º semestre.

Fonte: Ministério da Indústria, do Comércio e do Turismo.

Embora recentemente tenha havido uma pequena reversão no processo de diminuição de tarifas de importação, a economia brasileira permanece relativamente aberta. A alíquota nominal média de importações cresceu, de 13,8% em 1997, para 16,7% no primeiro semestre de 1998. A elevação mais substancial ocorreu no segmento de bens de capital, de 11,2% em 1997 para 16,3% no primeiro semestre de 1998, devido à mudança no sistema de ex-tarifários (lista de produtos excluídos da cobrança de imposto de importação) ocorrida no início do ano. Também as matérias-primas e produtos intermediários tiveram sua alíquota nominal elevada de 9,4% para 12,3% no mesmo período, assim como as de materiais de construção, de 13% para 17,7%.

Em paralelo à questão conjuntural, a liberalização e a abertura econômica, que se iniciavam na política econômica do governo Collor, implicaram uma forte necessidade de ajuste, por parte das empresas, para sobreviver à nova realidade.

14.2. ABERTURA COMERCIAL BRASILEIRA: O GOVERNO COLLOR

Nos anos 1980, a política econômica brasileira caracterizara-se pelo ajuste determinado pela crise de endividamento externo, intensificada no começo da década. Assim, a política de comércio exterior estivera fortemente voltada para a obtenção de superávits comerciais, por meio de contenção de importações e incentivos às exportações.

O principal instrumento de contenção das importações durante os anos 1980 foram medidas não-tarifárias, dentre as quais se destacava a *Lei do Similar Nacional*, que listava alguns produtos cuja importação era proibida. Além disso, havia Programas Especiais de Importação e licenças de importação. Todo o processo de importação era conduzido pela Carteira de Comércio Exterior (CACEX), do Banco do Brasil, no que se referia aos aspectos regulatórios e operacionais.

Paralelamente ao controle das importações, o governo implementara um projeto de promoção de exportações. Apesar das distorções decorrentes da concessão de incentivos que acabavam privilegiando alguns setores, houve um avanço na qualidade das exportações brasileiras no período. Ou seja, aumentou a participação de setores da indústria pesada em relação ao total das exportações, ao mesmo tempo em que se reduziu a participação dos setores intensivos em recursos naturais e mão-de-obra.

Entre 1980 e 1990, as exportações brasileiras cresceram à média anual de 4%, um pouco abaixo da média mundial. Esse resultado, explicável em parte devido aos vários ajustes macroeconômicos do período, representaram uma desaceleração em relação à média de crescimento anual de 9,3%, obtida entre 1965 e 1980, bem superior, inclusive, à media mundial de 6,6% ao ano.

No final dos anos 1980, havia uma certa percepção por parte dos agentes produtores e dos *policy makers* de que o modelo deveria ser revisto, o que já vinha ocorrendo na maioria dos demais países da

América Latina. O quadro de instabilidade e recessão, indefinição de política econômica e descontrole inflacionário, ao sabor da *política do feijão-com-arroz*, do ministro Maílson da Nóbrega, no governo Sarney, caracterizou o fim da década de 1980 e início da de 1990[5].

Em função do quadro de instabilidade, reinante praticamente durante toda a década de 1980, grande parte dos setores da economia brasileira encontrava-se em atraso tecnológico em comparação com os padrões internacionais. Esse atraso se manifestava tanto na obsolescência das máquinas e equipamentos quanto nos métodos administrativo-gerenciais e nas relações capital-trabalho.

A abertura provocou uma profunda reestruturação industrial no Brasil, trazendo benefícios para os consumidores pela maior disponibilidade de bens e serviços, com melhores preços e tecnologia, embora com impactos negativos sobre o nível de emprego. A abertura brasileira se deu em condições particulares, sem que os fatores de competitividade sistêmica fossem adaptados, o que provocou um desafio exemplar para os produtores locais. Estes, ao contrário dos concorrentes internacionais, foram prejudicados com tributação e juros elevados, carência de infra-estrutura e excessiva burocracia.

Internacionalmente, o cenário se alterava rapidamente. Nos anos 1970, o padrão de industrialização era liderado pelos complexos metal-mecânico e químico. Na década de 1980, passou a ser condicionado pelas novas tecnologias da microeletrônica, informática, telecomunicações, pela automação, pela busca de novos materiais e de energias renováveis e pela biotecnologia. Surgia a necessidade de articulação e definição de uma política industrial efetiva que buscasse uma adaptação do país às transformações em curso na economia mundial e fomentasse internamente a recuperação do atraso tecnológico.

A carência de investimentos na década de 1980 refletia-se na precariedade dos serviços de infra-estrutura econômica, principalmente nas áreas de energia, telecomunicações, transportes e portos. A crise fiscal do Estado também repercutia na qualidade insuficiente do sistema educacional básico e na ausência de desenvolvimento de programas de treinamento profissional especializado. Essa carência, além de

5. A chamada *política do feijão-com-arroz* prevaleceu no período em que o Ministro Maílson da Nóbrega conduzia a política econômica (1988-1989). Foi pejorativamente assim denominada pela ausência de estratégias mais definidas no conjunto das medidas adotadas, que se restringiam a não intervir no mercado. A respeito deste assunto, ver Tópico 13.4.3.

gerar ineficiências e custos elevados, dificultava a adaptação da força de trabalho a padrões tecnológicos mais avançados, concorrendo para a estagnação dos ganhos de produtividade. Tomando-se os indicadores de produção, emprego e horas trabalhadas, da Federação das Indústrias do Estado de São Paulo (FIESP), entre 1980 e 1990, a produtividade cresceu apenas 3,6% ao ano — um ganho muito baixo em comparação com os níveis internacionais.

Do ponto de vista dos níveis de utilização da capacidade instalada, os dados mostram que a ocupação se dava em nível satisfatório somente em alguns segmentos industriais exportadores e produtores de bens intermediários básicos. Os demais setores operavam com ociosidade elevada, em especial o segmento de bens de capital, o que implicava pressões de custo na estrutura produtiva e atraso tecnológico.

14.2.1. Os Planos Collor I e II

Fernando Collor de Mello assumiu o governo nesse contexto econômico em 1990, adotando, na seqüência, dois planos de estabilização, Planos Collor I e Collor II. Ambos implicaram retração da atividade econômica como resultado direto das medidas fiscais e monetárias adotadas.

O Plano Collor I, de março de 1990, combinava confisco dos depósitos a vista e aplicações financeiras com prefixação da correção dos preços e salários, câmbio flutuante, tributação ampliada sobre as aplicações financeiras e a chamada "reforma administrativa" que implicou o fechamento de inúmeros órgãos públicos e demissão de uma grande quantidade de funcionários.

O quadro fiscal era de tal gravidade que o presidente adotou um programa de drástica redução da dívida interna, de corte nos gastos públicos e de aumento da receita fiscal. Isso permitiu que se atingisse superávit operacional de 1,2% do PIB em 1990, para o que foi necessário gerar um superávit primário de 4,5% do PIB. No entanto, dada a precariedade do ajuste, cujos efeitos foram passageiros e não duradouros, o superávit primário reduziu-se à metade já em 1991.

Outro plano de estabilização, o Plano Collor II, foi adotado em janeiro de 1991, em situação de desespero devido à reaceleração da inflação. Mais uma vez lançava-se mão de congelamento de preços e salários e da unificação das datas-base de reajustes salariais, além de novas medidas de contração monetária e fiscal.

A conjugação dessas tentativas de combate à inflação com a reestruturação que se vislumbrava fez com que o período 1990-1992 fosse marcado por forte recessão — com queda de quase 10% no PIB —, pelo aumento do desemprego e pela queda dos salários reais e da massa salarial. A precariedade do Plano Collor II, aliada ao desgaste do governo com os efeitos do confisco ocorrido no plano anterior, assim como às crescentes denúncias de corrupção, acabaram por determinar o *impeachment* de Collor em outubro de 1992.

Com a deposição de Collor, assumiu seu vice, Itamar Franco, que mais tarde convidaria Fernando Henrique Cardoso para ser, inicialmente, seu Ministro das Relações Exteriores e, posteriormente, Ministro da Fazenda. O curto e controvertido governo Itamar abriu espaço para uma nova concepção de estabilização, desta vez favorecida pela reestruturação em curso na economia brasileira.

Questões de Revisão

1. Que fatores estimularam o início da discussão sobre abertura comercial na América Latina? Em que época isso ocorreu?
2. Quais foram as peculiaridades da abertura da economia brasileira? Em que diferiu da de outros países em desenvolvimento?
3. Quais foram os efeitos positivos e negativos da abertura comercial brasileira?
4. Aponte as principais características dos planos de estabilização Collor I e II.

CAPÍTULO 15

Novo modelo de inserção da economia brasileira

Protesto contra a privatização da CSN — Paulo Jares/Abril Imagens

15.1. A NOVA POLÍTICA INDUSTRIAL

A liberalização passou a ganhar contornos mais definitivos em 1990, como já registrado. As primeiras indicações dos objetivos e diretrizes da nova política industrial foram explicitadas na Exposição de Motivos da Medida Provisória 158, publicada em 15 de março de 1990. As bases da nova política estavam fortemente enfocadas na questão da competitividade, em contraponto às políticas adotadas anteriormente, que objetivavam a expansão da capacidade produtiva mediante o incentivo à substituição das importações.

Essa proposta inicial foi detalhada posteriormente no documento Diretrizes Gerais para a Política Industrial e de Comércio Exterior (PICE), divulgado em meados de 1990. O objetivo central da nova política industrial, apontado no documento, era o aumento da eficiência na produção e comercialização de bens e serviços, com base na modernização e reestruturação da indústria[6].

Essa nova Política Industrial e de Comércio Exterior contemplava as seguintes estratégias, segundo Guimarães:

a) Redução progressiva dos níveis de proteção tarifária; eliminação da distribuição indiscriminada e não-transparente de incentivos e subsídios; e fortalecimento dos mecanismos de defesa da concorrência.

b) Reestruturação competitiva da indústria mediante adoção de mecanismos de coordenação, de instrumentos de apoio creditício e de fortalecimento da infra-estrutura tecnológica.

c) Fortalecimento de segmentos potencialmente competitivos e desenvolvimento de novos setores, por meio de maior especialização da produção.

d) Exposição da indústria à competição internacional, visando maior inserção no mercado externo, melhora de qualidade e preço no mercado interno, e aumento da competição em setores oligopolizados.

e) Capacitação tecnológica da empresa nacional, através de proteção tarifária seletiva às indústrias de tecnologia de ponta e do apoio à difusão das inovações nos demais setores[7].

---

6. Ministério da Economia, Fazenda e Planejamento (1991).

7. Guimarães (1995).

Para atingir esses objetivos e cumprir as estratégias delineadas foram criados dois mecanismos principais: o Programa de Competitividade Industrial (PCI) e o Programa Brasileiro de Qualidade e Produtividade (PBQP).

O BNDES também teve papel fundamental nesse processo. No final dos anos 1980 e início dos 1990, definiu um modelo de desenvolvimento denominado *integração competitiva*, baseado nos conceitos de competitividade e produtividade desvinculado de políticas setoriais. As novas linhas de financiamento eram direcionadas às indústrias que apresentassem resultados em termos de competitividade, como programas de qualidade total e aprimoramento de tecnologia e de mão-de-obra.

Para as pequenas empresas foi instituída uma carteira de investimentos de risco, o Contec, visando suprir carências de capital. O financiamento do comércio exterior ficou a cargo do Finamex, enquanto o Finame agrícola destinava-se à agroindústria. Na intenção de fomentar fusões e incorporações de empresas, foi lançado o Programa de Reestruturação e Racionalização Empresarial no segundo semestre de 1992. O BNDES foi ainda indicado gestor do Programa Nacional de Desestatização (PND)[8].

O Plano Estratégico do Sistema BNDES priorizava três focos de investimentos:

a) Modernização da estrutura produtiva existente, incluindo melhorias tecnológicas em unidades instaladas, substituição de processos e mesmo de unidades produtivas obsoletas, aplicação de sistemas de automação industrial e de controle de processo, introdução de novos produtos, reestruturação de modelos de comercialização, de administração técnica e financeira, e estímulo a associações entre empresas.

b) Ampliação da capacidade produtiva por meio de expansões e novas instalações em setores de bens de consumo e de insumos básicos; os investimentos visavam atender à demanda interna e externa paralelamente à modernização dos processos produtivos.

c) Investimentos nos setores de infra-estrutura, particularmente nos setores de energia elétrica, transportes e portos; previa-se a ampliação da participação de capitais privados em atividades anteriormente sob a responsabilidade estatal[9].

---

8. Ver Capítulo 16.

9. Nardini (1990).

As prioridades na destinação dos recursos objetivavam incremento de competitividade e produtividade industrial, ampliação e modernização dos investimentos em infra-estrutura, redefinição do papel do Estado, parceria com a iniciativa privada e tentativa de diminuição de desequilíbrios regionais e sociais. A combinação da nova política industrial com a recessão provocada pela política de estabilização em vigor implicou, por parte das empresas, um severo ajuste que se estenderia ao longo dos anos subseqüentes.

Uma face desse ajuste foi o número significativo de demissões. Dados da FIESP revelam que a indústria paulista desfez 278.467 postos de trabalho em 1991 e 277.529 postos em 1992. Em 1993, com a retomada do crescimento da economia, registrou-se uma tímida recuperação, sendo criados 4.908 novos postos de trabalho[10].

Vale destacar que as demissões não se restringiram aos operários, mas também atingiram áreas administrativas e cargos de direção, denotando não somente um movimento de ajuste da produção, mas uma reestruturação dos processos administrativos. As mudanças ocorreram em função de técnicas administrativo-gerenciais mais modernas, como os processos de reengenharia e qualidade total, além da sistemática *kanban*[11], na disposição de materiais e produção.

As indústrias adotaram estratégias diferentes nos dois períodos de depressão verificados nas últimas duas décadas: 1980-1983 e 1989-1992. No primeiro, o ajuste se dera essencialmente no âmbito financeiro-patrimonial, observando-se uma significativa redução dos níveis de endividamento. As empresas compensaram a redução da produção e demanda com o aumento crescente dos ganhos não-operacionais. Já no segundo período, num cenário de abertura comercial, o ajuste provocou uma reestruturação da produção propriamente dita. Este ajuste envolveu as seguintes medidas:

- concentração em linhas de produtos competitivos;
- redução da diversificação da produção;

---

10. Essa questão apresenta ainda alguns pontos não suficientemente esclarecidos, tendo em vista que o movimento de terceirização que se observava no período transferiu atividades para pequenas e médias empresas que nem sempre fazem parte da amostra da FIESP. No entanto, mesmo com essa ressalva, a diminuição dos postos de trabalho na indústria se revelava uma tendência inexorável para os anos 1990.

11. Trata-se de método japonês de suprimento, que visa agilizar os processos de produção pela reposição rápida e adequada dos componentes na linha de produção, mediante o uso de cartões de sinalização.

- terceirização de atividades; e
- implantação de programas de qualidade e produtividade.

Não se observaram investimentos em ampliação da capacidade produtiva, mas sim nos processos de produção, que tiveram de se adaptar ao novo cenário de abertura que se delineava. Bielschowsky identificou, numa amostra de 55 empresas transnacionais das 100 maiores indústrias de transformação, que aproximadamente 80% demitiram mais de 10% dos seus empregados em 1990-1991, sendo que a média esteve em torno de 20%: 29% no setor de equipamentos de transporte; entre 20% e 23% nos de eletrônica/telecomunicações, equipamentos mecânicos e elétricos, química e metalurgia básica; próxima de zero no de alimentos e 15% nos demais ramos. A pesquisa revelou ainda, segundo os entrevistados, que mais da metade dessas demissões era de ordem estrutural[12].

Adicionalmente, as empresas em geral apresentavam outras deficiências não menos importantes:

- lentidão de resposta às alterações da demanda;
- baixa flexibilidade na produção;
- deficiências de qualidade e desempenho dos produtos.

Esse conjunto de deficiências também contribuía para a reduzida capacidade competitiva das indústrias, considerando sua falta de prontidão para atender às demandas por novos lançamentos, sofisticação, qualidade e diversidade dos bens e serviços ofertados.

As principais características deste ajuste foram a *desverticalização* e a *terceirização*. Em outras palavras, as empresas passaram a se especializar e a se concentrar nas suas atividades principais, encerrando atividades de plantas e linhas produtivas secundárias. Além disso, passaram a adquirir de outras firmas alguns serviços anteriormente supridos internamente, sobretudo atividades intensivas em mão-de-obra como limpeza, vigilância, transporte, cozinha, manutenção de equipamentos, entre outras.

15.2. O PROGRAMA DE PRIVATIZAÇÕES

A questão da privatização foi um dos aspectos mais polêmicos da década de 1990. Freqüentemente, discutiu-se o que deveria e o que não deveria ser privatizado, quais eram as implicações do processo e o que as conseqüências poderiam acarretar para o país. Enfim, questionou-se a própria importância do programa de privatizações.

12. Bielschowsky (1992).

Na década de 1980, a privatização caracterizou-se como uma fase de reprivatização de empresas que haviam sido absorvidas pelo Estado, geralmente em função de dificuldades financeiras. Por outro lado, ainda não havia a intenção de se criar um programa definido, em larga escala, pois o principal objetivo não era a geração de receitas para o tesouro, mas sim evitar que o governo ampliasse ainda mais sua presença no setor produtivo. O resultado obtido com a reprivatização de 38 empresas de pequeno porte foi a arrecadação de cerca de US$ 780 milhões.

Com a criação do Programa Nacional de Desestatização (PND), em 1990[13], o processo de privatizações foi intensificado, tornando-se parte integrante das reformas econômicas do governo. Inicialmente, 68 empresas foram incluídas no Programa, quantidade que se foi alterando no decorrer do tempo, com a entrada de novas empresas e a exclusão de outras. Até setembro de 1998, somente no âmbito federal, 60 companhias já haviam passado das mãos do Estado para o setor privado, gerando um resultado de aproximadamente US$ 28,49 bilhões.

O BNDES teve função importante no PND, pois foi designado gestor do Fundo Nacional de Desestatização (FND). Suas principais atribuições estavam relacionadas à licitação e à contratação dos prestadores de serviços que atuariam no PND, ou seja, consultores e auditores encarregados de realizar as avaliações econômico-financeiras, propostas de modelo de venda e auditoria do processo de venda de cada empresa, bem como as empresas encarregadas da divulgação das informações relativas ao programa. A ele também caberia supervisionar, acompanhar e coordenar os trabalhos dos consultores e auditores até as operações finais de venda, assim como recomendar ao Conselho Nacional de Desestatização (CND) as condições gerais de venda e os ajustes prévios à desestatização das empresas, se necessários, executar as decisões do CND, divulgar ao público todas as etapas e os resultados do processo e administrar o FND, onde são depositadas as ações das empresas incluídas no PND.

15.2.1. Resultados das privatizações após a criação do PND: de 1991 a 1998

As desestatizações do Governo Federal tiveram início com a venda da siderúrgica Usiminas por US$ 2,31 bilhões, em leilão realizado na Bolsa de Valores do Rio de Janeiro, em outubro de 1991. No período

13. O PND foi criado em 1990 pela Lei 8.031/90.

imediatamente posterior à criação do PND, em 1991 e 1992, os resultados das privatizações já foram consideráveis. Haviam sido desestatizadas 18 empresas dos setores de siderurgia, fertilizantes e petroquímica, gerando uma receita de US$ 4 bilhões. Dessas privatizações, 4 ocorreram durante o ano de 1991 e 14 em 1992.

De início, o PND concentrou esforços na venda de estatais produtivas, pertencentes a setores anteriormente considerados estratégicos para o desenvolvimento do País e que, por isso, permaneciam nas mãos do Estado. O incentivo à compra, por parte dos interessados, foi realizado mediante a aceitação, em grande escala, das chamadas *moedas de privatização*[14], títulos representativos da dívida pública federal.

Entre 1993 e 1994, concluiu-se a desestatização do setor siderúrgico, tendo-se arrecadado US$ 4,5 bilhões com a venda de 15 empresas — em 1993 e 9 em 1994. Intensificou-se o uso de moeda corrente, o que, porém, não diminuiu a importância das moedas de privatização. Para alavancar o processo foram introduzidas mudanças na legislação, de forma a permitir a ampliação do uso de créditos contra o Tesouro Nacional como meios de pagamento, a venda de participações minoritárias, detidas direta ou indiretamente pelo Estado, e a eliminação da discriminação contra investidores estrangeiros, permitindo sua participação em até 100% do capital votante das empresas a serem alienadas.

---

14. O processo de privatização brasileiro admite, para aquisição das participações acionárias das sociedades a serem desestatizadas, outros meios de pagamento, além da moeda corrente: as chamadas *moedas de privatização*. São dívidas contraídas no passado pelo Governo Federal, que são aceitas como forma de pagamento das ações das empresas estatais que estão sendo privatizadas. Dessa forma o Governo Federal reduz o seu endividamento e acaba com os compromissos financeiros provenientes dessas dívidas. Cabe ao Presidente da República decidir sobre o percentual mínimo de moeda corrente a ser utilizada na privatização de cada empresa. O percentual restante poderá ser complementado com as moedas de privatização. As moedas de privatização utilizadas no PND são as seguintes:
    - Debêntures da Siderbrás (SIBR);
    - Certificados de Privatização (CP);
    - Obrigações do Fundo Nacional de Desenvolvimento (OFND);
    - Créditos Vencidos Renegociados (securitizados) (DISEC);
    - Títulos da Dívida Agrária (TODA);
    - Títulos da Dívida Externa (DIVEX);
    - Letras Hipotecárias da Caixa Econômica Federal (CEF);
    - Notas do Tesouro Nacional, série M-NTN-M.

A partir de 1995, conferiu-se maior prioridade às privatizações. Criou-se o CND, e a privatização das estatais que atuam no segmento industrial foi praticamente concluída. O escopo do PND foi ampliado com as concessões de serviços públicos à iniciativa privada. Essas concessões incluíam os setores de eletricidade e as áreas de transportes e telecomunicações, o que acrescentaria aos objetivos do PND a melhoria da qualidade dos serviços públicos, por meio do aumento dos investimentos a serem realizados pelos novos controladores.

A inclusão da Companhia Vale do Rio Doce no programa de privatizações e o apoio às privatizações estaduais, a cargo dos estados e com o suporte do Governo Federal, também foram muito importantes na ampliação do escopo do PND. De um total de 19 desestatizações realizadas no período em questão — 8 em 1995 e 11 em 1996 — foram arrecadados US$ 5,1 bilhões.

Em 1997, o Programa Nacional de Desestatização alcançou grandes resultados com a privatização da Companhia Vale do Rio Doce, o término da desestatização da RFFSA, o arrendamento do Terminal de Contêineres 1 do Porto de Santos, a aceleração do processo de desestatização de empresas estaduais e o leilão de sobras das ações ordinárias da Escelsa. Além disso, merece destaque especial a primeira venda do PND no setor financeiro, com a privatização do Banco Meridional do Brasil S/A. Realizaram-se 4 privatizações federais, tendo-se alcançado um resultado de US$ 2,416 bilhões.

As privatizações no âmbito estadual ganharam impulso: foram vendidas a Companhia de Eletricidade do Rio de Janeiro (CERJ), a Companhia Estadual de Gás do Rio de Janeiro (CEG) e Riogás S/A, a Companhia de Eletricidade do Estado da Bahia (COELBA) e as Companhias de Distribuição Norte-Nordeste e Centro-Oeste da CEEE. Levando-se em consideração também a venda de participações minoritárias dos estados em empresas como a Companhia Riograndense de Telecomunicações (CRT) e a Companhia de Eletricidade de Minas Gerais (Cemig), o resultado das privatizações estaduais atingiu, até o final de 1997, aproximadamente, US$ 14,9 bilhões.

No âmbito legal, a aprovação da Lei 9.491/91 também foi muito importante para o processo de privatizações brasileiras, uma vez que incluiu vários adendos à Lei 8.031/90, que criara e regulamentara o PND. Com a nova lei, pôde-se passar a utilizar o FGTS no PND, por meio de investimentos em fundos de privatização. O maior impacto, porém, foi causado pela aprovação da Lei 9.472/97, a chamada Lei Geral das Telecomunicações, que autorizou a privatização do Sistema

Telebrás e criou o órgão regulatório do setor, a Anatel. Em decorrência dessa nova lei, iniciou-se o processo de privatização do setor de telecomunicações. Foram licitadas concessões de telefonia móvel celular para três áreas do território nacional, no valor de US$ 4 bilhões.

TABELA 15.1. RESULTADO DAS PRIVATIZAÇÕES NO ÂMBITO FEDERAL — 1991/1998 (US$ BILHÕES)

Período	Nº de privatizações	Resultados de vendas	Transferência de débitos	Total
1991	4	1,61	0,37	1,98
1992	14	2,40	0,98	3,38
1993	6	2,62	1,56	4,18
1994	9	1,96	0,35	2,31
1995	8	1,00	0,63	1,63
1996	11	4,08	0,67	4,75
1997	4	4,26	3,56	7,78
1998	4	1,33	1,08	2,42
Total	60	19,29	9,20	28,49

Fonte: BNDES.

Desde a criação do PND até 1997, 50 empresas haviam sido privatizadas, rendendo ao Governo Federal um total de US$ 26 bilhões. A receita decorrente dessas vendas e do repasse à iniciativa privada de seis concessões da Rede Ferroviária Federal, além do arrendamento para exploração de um terminal de contêineres, no Porto de Santos, chegou a US$ 23,226 bilhões — incluindo a transferência de US$ 8,12 bilhões em dívidas para a iniciativa privada, conforme a Tabela 15.1.

Com a venda das participações minoritárias que o governo detinha em outras 25 empresas, gerou-se uma receita adicional da ordem de US$ 2,799 bilhões — elevando para US$ 26,075 bilhões o montante arrecadado dentro do PND.

O recorde de receita foi estabelecido na venda da Companhia Vale do Rio Doce, leiloada por US$ 6,858 bilhões (incluindo a transferência de US$ 3,559 bilhões em dívidas), praticamente a metade do preço mínimo fixado para a participação do governo no Sistema Telebrás.

Outras 18 empresas chegaram a ser incluídas no Programa de Privatizações, mas acabaram sendo excluídas do processo ou simplesmente tiveram suas atividades encerradas pelo governo, diante da falta de interessados na compra. Na relação de empresas a serem privatizadas, permanecem outras 15 estatais, incluindo o Sistema Eletrobrás e o

Banespa, transferido para a União no processo de renegociação das dívidas do governo paulista.

Entre 1991 e 1997, o setor siderúrgico foi aquele que mais gerou receitas para as privatizações (aproximadamente 32%), seguido pelo setor de mineração (com cerca de 19%, sobretudo devido à venda da Companhia Vale do Rio Doce, o setor de energia (17%) e o petroquímico (15%). Os pagamentos foram realizados, em sua maioria, em dinheiro (51%), seguidos de Títulos de Débito Federais (24%), Debêntures da Siderbrás (8%), Certificados de Privatização (7%), e outras formas de pagamento (10%).

A arrecadação do Governo Federal dentro do PND foi, durante muito tempo, proveniente das moedas de privatização. Cerca de 30% dos US$ 26,8 bilhões arrecadados vieram de títulos de dívidas contraídas pelo Governo Federal no passado. De acordo com dados divulgados pelo BNDES, nas 56 privatizações realizadas desde 1991, incluindo as participações minoritárias em 25 empresas, US$ 8,86 bilhões entraram no caixa da União sob a forma de títulos de dívidas, valor equivalente a 49,4% do total arrecadado em dinheiro. Nos três primeiros anos do programa, essas "moedas" chegaram a representar entre 93% e 99% da receita total auferida pelo governo nos leilões de privatização. Entretanto, nos últimos anos, o percentual tem diminuído bastante.

O ano de 1998 foi marcado por vários processos de desestatização no setor de energia e também pelo início do processo de privatização do setor de Telecomunicações.

15.3. FLUXO DE CAPITAIS: INVESTIMENTOS DIRETOS ESTRANGEIROS

Um aspecto positivo vem sendo registrado nas contas externas: está sendo possível melhorar a qualidade do financiamento devido à maior parcela de investimentos diretos — que atingiram US$ 17 bilhões em 1997 — e ao fato de o Brasil ter conseguido alongar o perfil da sua dívida externa no mercado internacional. Ao mesmo tempo em que o déficit em contas correntes passou a representar parcelas crescentes das exportações, os investimentos diretos estrangeiros também adquiriram maior importância no financiamento do déficit em transações correntes.

Enquanto a relação exportações/déficit em transações correntes cresceu de 1,7% em 1993 para 63,1% em 1997, os investimentos diretos estrangeiros chegaram a financiar 50% do déficit corrente em 1997. De fato, a posição do Brasil no *ranking* dos principais países recebedores de investimento direto estrangeiro evoluiu da décima sexta posição em 1994, para a décima quarta, em 1995, e quinta, em 1996.

O aumento da captação de investimentos diretos estrangeiros tem permitido ao Brasil usufruir de um maior potencial de poupança externa. A participação dos investimentos diretos em relação ao PIB foi de 2,0%, em 1997, a melhor marca desde os anos 1970.

Entretanto, a participação brasileira na absorção dos fluxos de investimento mundial, embora se esteja elevando desde 1993, tendo atingido 2,7% em 1997, ainda encontra-se muito aquém do desempenho obtido nos anos 1970, quando chegou, em alguns anos, a absorver 7% do fluxo mundial.

Observa-se a mesma tendência em relação à participação brasileira no fluxo de investimentos diretos estrangeiros destinados aos países em desenvolvimento, que atingiu 6,7% do total em 1996, igualmente aquém do desempenho dos anos 1970, quando chegou a representar 30% do total.

FIGURA 15.1. PARTICIPAÇÃO DO BRASIL NOS FLUXOS MUNDIAIS DE INVESTIMENTO DIRETO ABSORVIDO — 1970/1996

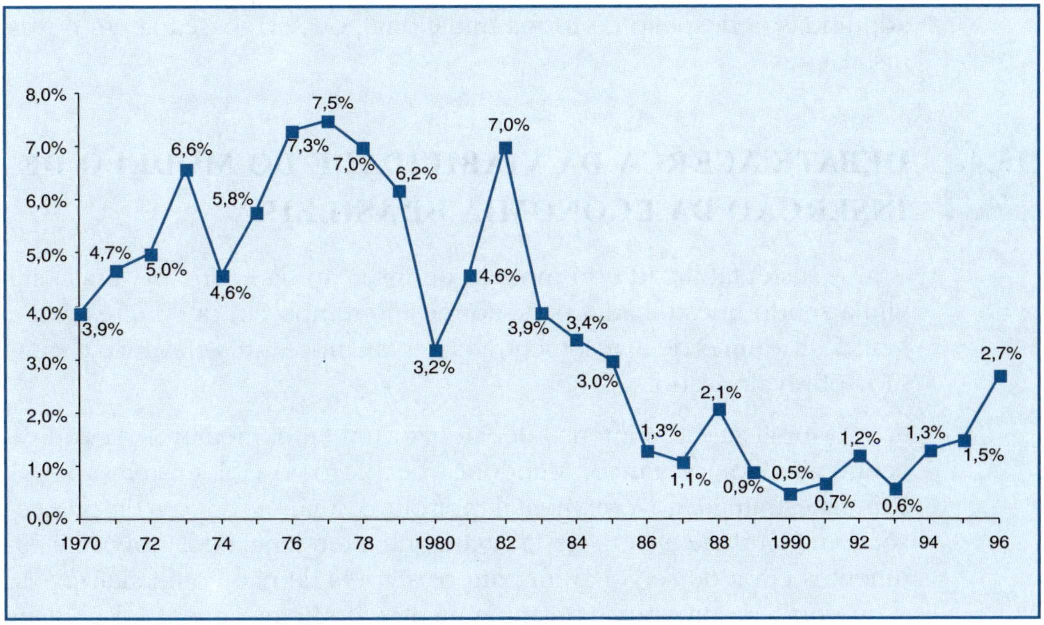

Fonte: UNCTAD — *World Investment Report* — diversos números/*Sobeet*.

FIGURA 15.2. PARTICIPAÇÃO DO BRASIL NOS FLUXOS MUNDIAIS DE INVESTIMENTO DIRETO DESTINADOS AOS PAÍSES EM DESENVOLVIMENTO — 1970/1996

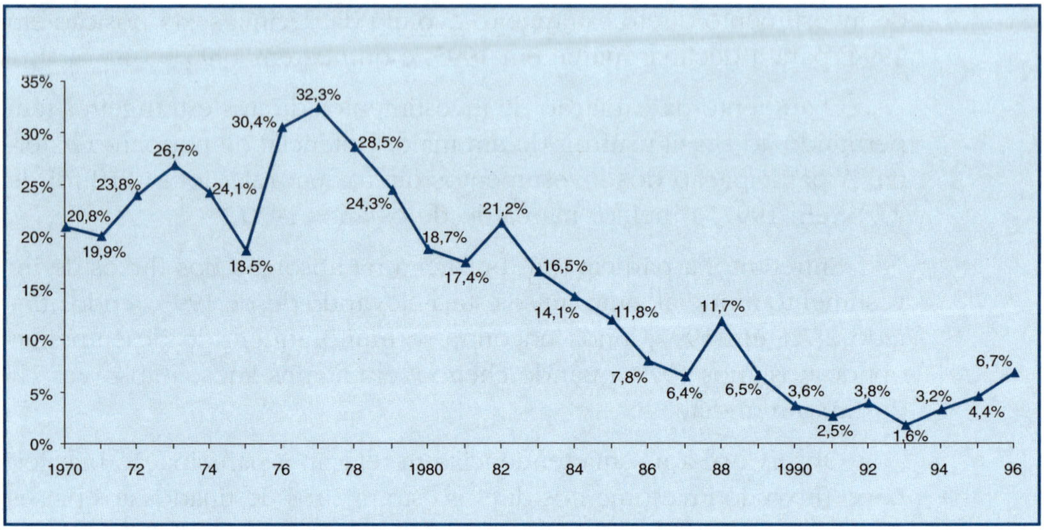

Fonte: UNCTAD — *World Investment Report* — diversos números/*Sobeet*.

Uma tendência mundial, observada também no novo fluxo de investimentos diretos direcionados para a economia brasileira e que a tem influenciado de maneira significativa é o crescimento do processo de fusões e aquisições. Aproveita-se, assim, a inserção local das firmas adquiridas, a despeito da forma tradicional, ou seja, baseada em novas instalações.

15.4. DEBATE ACERCA DA VIABILIDADE DO MODELO DE INSERÇÃO DA ECONOMIA BRASILEIRA

A sustentabilidade do modelo de inserção da economia brasileira vinha sendo questionada, pois, ao mesmo tempo em que ingressavam grandes volumes de investimento, observavam-se juros elevados e câmbio sobrevalorizado.

O tema suscitou intenso debate. Por um lado, membros da equipe econômica como Franco, Mendonça de Barros e Goldenstein apostavam na estratégia governamental; por outro, análises críticas do processo, como Laplane e Sarti, destacavam que a tendência dos novos investimentos era a de se voltarem para os setores de não-comercializáveis, o que poderia provocar constrangimentos no financiamento do Balanço de Pagamentos. Lacerda apontava distorções entre a política de estabilização e a ausência de uma melhor definição de políticas de competitividade[15].

15.4.1. Argumentos favoráveis à posição do governo

Analisemos primeiramente os argumentos favoráveis à política governamental. Mendonça de Barros e Goldenstein destacavam que a economia brasileira passava simultaneamente por quatro processos que interagiam entre si: globalização, abertura da economia, estabilização e privatização. Essas transformações estariam alterando a estrutura básica do capitalismo brasileiro e provocando uma "verdadeira revolução"[16].

Os autores consideravam que as críticas aos processos eram decorrentes da dificuldade de separar os efeitos conjunturais (como a alta taxa de juros, por exemplo) da mudança estrutural, tal como a descentralização produtiva.

O segundo aspecto que destacavam era a excessiva concentração dos novos investimentos nos setores de bens de consumo duráveis, que representam 72,6% do total levantado. Com base na análise dos projetos de investimentos de 79 empresas estrangeiras para o período 1994/1998, detectou-se que mais da metade do total de investimento previsto de US$ 14,8 bilhões concentrava-se na produção de autoveículos (automóveis, ônibus, caminhões, tratores, máquinas agrícolas, equipamentos de terraplanagem e respectivas peças e componentes). Segundo os autores, a explicação para esse fato se encontraria na expansão do mercado doméstico em decorrência da estabilização da economia.

Um dos principais pontos do debate econômico tratava da capacidade de o Brasil financiar o seu déficit em conta corrente no balanço de pagamentos. O argumento central daqueles que apostavam na travessia tranqüila era que o déficit em conta corrente apresentava a sua contrapartida na captação de poupança externa. Assim, o componente externo complementaria a baixa taxa de poupança interna propiciando a sustentabilidade do balanço de pagamentos e dos investimentos, assim como do crescimento econômico. Esse componente externo proviria do aumento da participação do investimento direto estrangeiro, por

15. Franco (1996); Mendonça de Barros & Goldenstein (1997); Laplane & Sarti (1997); e Lacerda (1998).

16. Mendonça de Barros & Goldenstein (1997:13).

meio da instalação de novas fábricas ou através do movimento de fusões e aquisições, incluindo aí o processo de privatização.

A crescente entrada de novos investimentos diretos estrangeiros foi crucial para o financiamento do déficit em transações correntes do balanço de pagamentos. Em 1997, o volume de investimentos diretos estrangeiros alcançou US$ 17 bilhões, praticamente a metade do déficit corrente. Esse foi um fator positivo pois eram de recursos de longo prazo. O Brasil é o segundo país em desenvolvimento no *ranking* dos receptores de investimentos diretos estrangeiros, logo após a China.

O governo apontava a desvalorização gradual do real como amenizador dos problemas dos produtores locais e exportadores, e as privatizações previstas como grande trunfo de que dispunha a economia brasileira para o rompimento de dois grandes gargalos no desenvolvimento: (i) a questão externa, como atrativo para novos investimentos diretos; e (ii) a superação das restrições de recursos estatais para financiar os elevados investimentos em infra-estrutura necessários para suportar o crescimento continuado da economia.

15.4.2. Críticas à posição do governo

O câmbio sobrevalorizado e as elevadas taxas de juros praticadas até janeiro de 1999 devem ter sido o principal fator de restrição dos investimentos. As evidências mostram que o acréscimo potencial que poderia estar sendo representado pela contrapartida proporcionada pela elevação da poupança externa não se tem refletido no aumento da taxa de investimentos.

Constata-se que a vulnerabilidade externa decorrente do crescente déficit em contas correntes no balanço de pagamentos e a sua contrapartida representada pelo aumento da poupança externa têm financiado o consumo e não o investimento, numa combinação de déficits gêmeos (em contas correntes e contas públicas), com destaque para o peso do componente juros do déficit público.

Na área fiscal, todo o esforço arrecadatório, que fez com que a carga tributária bruta crescesse de 26% do PIB em 1993 para 30% do PIB em 1997, vinha sendo consumido pela conta dos juros reais, que representavam, em média, cerca de 4% do PIB ao ano. Isso porque o endividamento público, somente em nível federal, que era de R$ 60 bilhões, no início do Plano Real, já superava, em março de 1998, o montante de R$ 287 bilhões. Com a prática de juros elevados, dificilmente este custo poderia reduzir-se substancialmente no curto prazo.

Questões de Revisão

1. Quais foram as principais estratégias estabelecidas pela nova política industrial e de comércio exterior adotada pelo governo brasileiro?
2. Identifique os principais ajustes microeconômicos que tiveram de ser realizados pelas empresas para se adaptarem ao novo cenário macroeconômico.
3. Que avaliação do Programa Nacional de Desestatização pode ser feita a partir dos dados apresentados neste capítulo?
4. Comente a participação do Brasil no fluxo de investimentos diretos estrangeiros nos anos 1990 tanto em relação ao fluxo mundial como àqueles direcionados aos países em desenvolvimento.
5. Explique, de maneira sucinta, os principais argumentos favoráveis e contrários ao novo modelo de inserção internacional da economia brasileira.

CAPÍTULO 16

Plano Real e seus desdobramentos

Cédulas de Real — L. C. Leite/AE

No início dos anos 1990, o Brasil havia intensificado os processos de abertura ao exterior, de fomento às privatizações, de renegociação da dívida externa e de desregulamentação do mercado. A estabilização permanecia, no entanto, um desafio resistente às várias tentativas de eliminação da inflação.

Em 1993, o ministro da Economia do governo Itamar Franco, Fernando Henrique Cardoso, implementou um plano econômico de estabilização conhecido como Plano Real, apoiado por uma equipe de economistas, em sua maioria oriundos da PUC-RJ, dentre os quais se incluem Gustavo Franco, Winston Fritsch, André Lara Resende, Edmar Bacha e Pérsio Arida.

16.1. O PLANO EM SI

O Programa de Estabilização Econômica, ou Plano Real, foi concebido e implementado em três etapas:

a) Estabelecimento do equilíbrio das contas do governo, objetivando eliminar a principal causa da inflação;

b) Criação de um padrão estável de valor, a Unidade Real de Valor (URV);

c) Emissão de uma nova moeda nacional com poder aquisitivo estável, o Real.

Distinguindo-se de maneira significativa dos planos econômicos que o precederam, o Real não incluiu congelamento de preços. Assim, de início, o governo livrava-se do verdadeiro pesadelo representado pelo recorrente instrumento de ações judiciais pela quebra de contratos como sucedera nas experiências anteriores de estabilização.

16.1.1. Fase 1: o PAI

A primeira etapa do Plano Real foi implantada com o Programa de Ação Imediata (PAI), em 14 de junho de 1993, durante a gestão do presidente Itamar Franco. Para que as finanças públicas pudessem ser equilibradas, o governo reconhecia que seria preciso efetuar uma ampla reorganização do setor público e de suas relações com a economia privada. Para tanto, o governo diagnosticava as seguintes necessidades:

- Redução dos gastos da União e aumento da eficiência no ano de 1993;
- Recuperação da receita tributária;
- Equacionamento das dívidas de estados e municípios com a União;
- Controle mais rígido dos bancos estaduais;
- Saneamento dos bancos federais;
- Aperfeiçoamento do programa de privatização, ou seja, redução da participação do governo na economia através da privatização das estatais.

O governo tomava como correto o diagnóstico de que o desequilíbrio era decorrente de problemas fiscais. Apontava o setor financeiro como beneficiário direto do desajuste, pelo efeito das taxas de juros e inflação sobre suas receitas. A partir dessas constatações, previa-se que, quando a inflação caísse, e, conseqüentemente, houvesse uma redução dos juros, diversas instituições financeiras teriam que recorrer ao Banco Central para sobreviver. Seria necessário promover um processo de saneamento dos bancos públicos e privados, de maneira a garantir a sobrevivência de um sistema bancário saudável.

As medidas iniciais do PAI foram:

- Corte orçamentário de US$ 6 bilhões em 1993, com prioridades definidas pelo Executivo a serem aprovadas pelo Legislativo;
- A proposta orçamentária de 1994 deveria ser baseada em uma estimativa realista da receita, ao invés de ser baseada no desejo de quanto o governo pretendesse gastar;
- Encaminhamento de Projeto de Lei que limitasse as despesas com os servidores civis em 60% da receita corrente da União, assim como dos estados e municípios, o que permitiria exercer maior controle sobre os gastos com funcionalismo;
- Elaboração de Projeto de Lei que definisse claramente as normas de cooperação da União com estados e municípios. Esta lei também estabeleceria a obrigatoriedade dos estados e municípios de se manterem em dia com seus débitos com a União para receberem verbas federais. Esta rigidez legal foi imposta por ser um elemento essencial para outras etapas do Plano Real.

Com essas medidas, o governo pretendia efetuar um ajuste fiscal nas contas públicas. O aprofundamento do ajuste foi viabilizado a partir da criação do Fundo Social de Emergência, cujo objetivo era equilibrar o orçamento e atenuar a excessiva rigidez dos gastos da União, determinada pela Constituição de 1988.

Dentre os problemas com os quais o governo se defrontava, destacava-se a falta de recursos para execução dos serviços básicos sob seu encargo, bem como para realizar os investimentos necessários ao desenvolvimento do país. Ademais, os escassos recursos de que o governo dispunha para investir eram desperdiçados devido à ineficiência. Para auxiliar o governo federal a equilibrar suas contas no biênio 1993/94 foi aprovado o Imposto Provisório sobre Movimentação Financeira (IPMF)[17].

Combate à sonegação

A evasão fiscal inviabilizava o ajuste das contas públicas. Dados da Secretaria da Receita Federal indicavam que, para cada cruzeiro arrecadado, outro cruzeiro era sonegado. Como parte do PAI, o governo federal iniciou uma campanha massiva de conscientização contra a sonegação, aumentou a fiscalização sobre as maiores empresas do País, passou a atuar de maneira mais contundente na cobrança dos impostos das pessoas físicas.

Foram tomadas medidas procurando aumentar a eficiência da administração do patrimônio da União, com potencial de receita estimado em cerca de US$ 1 bilhão/ano. Proibiu-se a inadimplentes do governo federal a participação em concorrências públicas, a tomada de empréstimos de bancos oficiais e a manutenção de qualquer tipo de concessão pública.

O objetivo expresso pelo governo para a realização desse ajuste tributário era o de se fazer justiça, procurando criar condições para uma futura redução das alíquotas e uma simplificação do sistema tributário, de modo a melhorar a eficiência e a competitividade da economia brasileira.

Boa parte dessas medidas, no entanto, não foi levada a cabo por diversas razões, entre as quais a inviabilidade de alguns projetos, a falta de "vontade política" de realizá-los e o fato de a reforma tributária ter sido preterida por sucessivos "pacotes" de medidas emergenciais.

Relacionamento com estados e municípios

O passo seguinte do programa foi restabelecer as relações financeiras entre o governo federal e os outros níveis de governo, buscando

17. Este imposto seria o precursor da CPMF (Contribuição Provisória sobre Movimentação Financeira), implantado posteriormente.

reduzir as transferências de recursos federais, regularizar o pagamento de dívida vencida para com a União e impedir o retorno de estados e municípios à condição de endividamento insolúvel.

Para tanto, foram definidas condições globais para o endividamento público e também restringido o acesso ao crédito e retidos os repasses de recursos federais para os estados e municípios em débito com instituições federais.

Bancos estaduais

Visando incrementar o esforço de ajuste do Governo Federal, no âmbito do PAI, o Banco Central deveria exercer um controle mais rígido sobre os bancos estaduais, com estreito cumprimento das normas relativas ao montante mínimo de capital dessas instituições, bem como limitação na concessão de empréstimos para entidades do setor público. Além disso, o governo procuraria promover uma reestruturação dos bancos estaduais e federais, de modo a racionalizar suas estruturas, tornando-os mais competitivos. O Banco do Brasil teria sua vocação agrícola incentivada.

Privatizações

O governo reconhecia a importância que as empresas públicas tiveram no desenvolvimento industrial do país durante as décadas anteriores, mas considerava que sua atuação deveria ser centralizada apenas nas áreas essenciais, como saúde, educação, justiça, segurança, ciência e tecnologia.

Adicionalmente, a privatização das estatais revelava-se necessária para o atingimento do equilíbrio financeiro, uma vez que consumiam importantes recursos (de 1982 a 1992, o Tesouro Nacional aportou recursos equivalentes a US$ 21 bilhões nas empresas incluídas no programa de privatização).

Com a privatização, o governo também esperava transferir para o setor privado os custos da necessária modernização da infra-estrutura, pré-requisito para o desenvolvimento do país.

Além de procurar atingir o equilíbrio fiscal com o PAI, e para que este se tornasse duradouro, o governo reconhecia que:

(...) eram necessárias mudanças adicionais no arcabouço administrativo e financeiro do Estado (...) envolvendo alterações da Constituição no que respeita a organização federativa, sistema tributário, ela-

boração do orçamento, funcionalismo, previdência social e intervenção no domínio econômico[18].

Para tanto, o governo encaminhou diversas sugestões ao Congresso, uma vez que o equilíbrio fiscal era considerado, pela equipe econômica, uma condição essencial para que a economia se estabilizasse e abrisse caminho para um processo de desenvolvimento sustentado de longo prazo.

Contudo, o PAI não impediu que a inflação se acelerasse fortemente em 1993. Ficou patente a falta de entusiasmo da classe política e demais esferas do governo para com uma agenda ambiciosa de reconstrução gradual da capacidade de financiamento público.

Uma ação adicional do governo foi procurar tornar as ações governamentais, fossem elas federais, estaduais ou municipais, mais transparentes. O objetivo era procurar elevar a confiança da população no setor público, aumentando a credibilidade do governo e permitindo a passagem à segunda fase do Plano Real: a implementação de um índice monetário, ou unidade de conta, a URV.

16.1.2. Fase 2: a URV

A URV foi implementada em 27 de maio de 1994 e serviu como transição para a introdução de uma nova moeda. A equipe econômica considerava que a confiança da opinião pública na administração federal e, em particular, no Ministro da Fazenda, Fernando Henrique Cardoso, era elevada, mas não o suficiente para que uma nova moeda pudesse, mais uma vez, ser subitamente introduzida. Assim, a criação da URV deveria proporcionar "aos agentes econômicos uma fase de transição para a estabilidade de preços"[19].

O Cruzeiro Real, introduzido em 1993 por Collor, estava-se desvalorizando a taxas crescentemente elevadas, o que alimentava aumentos constantes de preços e salários na economia. Essa espiral inflacionária não impedia, no entanto, a deterioração do valor real dos salários, cujo poder de compra era corroído pelo aumento dos preços.

A URV foi utilizada para restaurar a função de unidade de conta da moeda, que havia sido destruída pela inflação, bem como para referenciar preços e salários. O Banco Central emitia, diariamente, relatórios sobre

18. Ministério da Fazenda (1994).

19. Ministério da Fazenda (1994).

a desvalorização do Cruzeiro Real e a cotação da URV. Assim, a URV serviu para o comércio determinar seus preços, efetuar contratos e determinar salários, independentemente das desvalorizações monetárias provocadas pela inflação, ou seja, provocando uma indexação generalizada da economia.

Patrões e empregados utilizavam o fator de conversibilidade entre URV e Cruzeiro Real para determinar preços e salários. Por motivos jurídicos, e também devido à preocupação do governo com o desequilíbrio social, os salários e os benefícios previdenciários foram os primeiros valores a serem convertidos para URV, seguidos pelos contratos e preços. Não se tratou de um processo imediato; pelo contrário, desenvolveu-se durante um período de três meses, de maneira a evitar o surgimento de divergências entre trabalhadores e patrões, indústria e comércio. Apesar das objeções iniciais de alguns empresários e políticos, o processo de conversão foi bem recebido e bem-sucedido.

O pressuposto básico do Plano Real, na fase da URV, foi o da neutralidade distributiva. Para evitar as distorções que haviam comprometido o êxito de outras políticas anti-inflacionárias, notadamente o Plano Cruzado, a equipe econômica considerava essencial que a conversão dos contratos para a URV não interferisse no equilíbrio econômico das relações reguladas por esses contratos. No caso dos salários e benefícios, a aplicação desse critério excluía tanto a conversão "pelo pico", que traria de volta a espiral inflacionária depois de uma efêmera euforia de consumo, como a conversão "pelo piso", que imporia prejuízos aos trabalhadores. A alternativa encontrada foi a conversão pela média de quatro meses, levando em conta a periodicidade da atualização monetária dos salários conforme a política vigente quando da introdução da URV[20].

Dos salários e benefícios previdenciários, a introdução da URV se estendeu aos preços privados, aos contratos prefixados e pós-fixados, aos contratos financeiros, às tarifas e aos preços públicos e, finalmente, aos contratos continuados com cláusulas de reajuste.

A adoção da URV nas transações entre empresas foi conduzida de modo cauteloso, visando evitar maiores tensões entre o comércio e a indústria, entre o atacado e o varejo, ou entre prestadores e demandantes

20. A escolha deste critério não impediu intenso debate, pois a média tomada refletia salários em diferentes situações de valor real, uma vez que não havia plena indexação dos reajustes.

de serviços. Para facilitar essas negociações, o governo baixou uma série de normas permitindo a emissão de faturas e duplicatas em URV.

Ao transformar negócios prefixados em pós-fixados, o novo padrão monetário exerceu um importante papel didático, levando os agentes econômicos a uma análise mais criteriosa de seus custos, iniciando um processo de eliminação da memória inflacionária facilitado pela ampla disseminação da URV.

Nos meses de abril, maio e junho de 1994, o governo procedeu à conversão dos preços públicos e tarifas do setor público em URV. O grau de complexidade das negociações, envolvendo o âmbito federal, estadual e municipal da administração pública e agentes privados, fez com que o governo federal baixasse mais de 100 portarias regulamentando preços e tarifas públicas. O objetivo fundamental desse trabalho foi preservar o equilíbrio econômico-financeiro das empresas públicas, na tentativa de não ferir o princípio da neutralidade da conversão do ponto de vista do usuário final.

16.1.3. Fase 3: A nova moeda

Uma vez que grande parte dos valores havia sido convertida para a URV, a nova moeda — o Real — foi introduzida sem que houvesse um consenso na sociedade de que a transição já estava completada. Em 1º de julho de 1994, o governo decretou a Medida Provisória do Plano Real, acusado de render-se a objetivos eleitorais.

A apresentação da nova moeda foi feita por meio da Exposição de Motivos da Medida Provisória do Real, onde se esclareciam as regras para sua introdução e teciam-se considerações sobre o quadro inflacionário vigente e a importância da estabilização.

Para manter o valor da nova moeda, o governo alterou radicalmente os métodos empregados para definição da política monetária. Anteriormente, o Conselho Monetário Nacional (CMN) autorizava as emissões monetárias, que deveriam ser homologadas, em seguida, pelo Congresso. Obedecendo à Constituição, a nova política, recentemente implementada, implicava que o Congresso deveria estabelecer regulamentos e diretrizes na forma de limites quantitativos rígidos para emissão de moeda, que poderiam ser alterados pelo CMN somente em 20% e em ocasiões extraordinárias.

Adicionalmente, um teto máximo na taxa de câmbio foi introduzido; um real equivalia a um dólar. Nessa época, o Banco Central detinha US$ 40 bilhões de reservas. É importante ressaltar que a taxa de câmbio não era fixa, porém, tanto o CMN quanto o Banco Central tinham instruções bem rígidas com relação à necessidade de manutenção do teto máximo. A valorização ocorrida na fase inicial do Plano foi posteriormente muito criticada, como veremos mais adiante.

O Plano Real tem sido considerado por diversos analistas como sendo um dos mais bem-sucedidos programas de estabilização na história do Brasil.

16.2. NÍVEL DE ATIVIDADE, RENDA E EMPREGO

O PIB cresceu 5,67% em 1994 e o setor industrial apresentou expansão de 7%. A agropecuária acusou crescimento ainda maior, de 7,6%, confirmado pela safra recorde de cerca de 80 milhões de toneladas de grãos. O setor de serviços cresceu 4%, menos que os outros setores, o que se explica, em parte, pelo efeito do desaparecimento do ganho inflacionário que antes contribuía para o grande movimento de dinheiro no sistema financeiro.

A economia manteve-se em expansão nos primeiros três meses de 1995, contrariando aqueles que, de antemão, qualificavam o programa como recessivo. A taxa de crescimento do primeiro trimestre (ajustada sazonalmente), em relação aos três últimos meses de 1994, foi de 3,1%, atingindo o aumento expressivo de 10,4%, sobre o primeiro trimestre de 1994.

Segundo o IBGE, entre junho de 1994 e março de 1995, a produção industrial cresceu 15,5% em termos dessazonalizados. Até março, o setor de bens duráveis liderava o crescimento industrial estimulado pelo Plano Real, acumulando expansão de 29,7%. O setor de bens de capital, no entanto, responsável pela ampliação da capacidade de oferta da economia, também teve expressivo crescimento, alcançando a taxa de 27,2%.

A brusca queda da inflação teve efeitos significativos sobre o poder de compra da população. O consumo foi estimulado também pelos efetivos incrementos na massa salarial e no nível de emprego. Dados do comércio do estado de São Paulo indicam que o impacto do Real sobre o consumo foi significativo. O faturamento cresceu quase 18% em março de 1995, em relação a março de 1994, e registrou-se elevação de 57,6 % nas vendas do setor de duráveis, no mesmo período. De um ano para o outro, portanto, as vendas de eletrodomésticos, automóveis, geladeiras, fogões e outros produtos duráveis cresceram em mais de 50%.

Ao adotar, no final de 1995, medidas de aumento dos compulsórios, restrições de crédito e juros elevados, o governo claramente optou por sacrificar o crescimento a fim de evitar um déficit muito elevado no saldo da balança comercial e de reforçar a prevenção a uma eventual inflação de demanda.

Logo após a introdução da nova moeda, os salários passaram a ser recebidos pelos trabalhadores em uma moeda com poder de compra relativamente constante, o que não acontecia antes da estabilização. Em tempos de inflação elevada, os salários sofriam forte deterioração entre os picos que se seguiam ao reajuste quadrimestral e os vales que antecediam tais reajustes.

Embora as médias fossem iguais, um ganho adicional de renda real adveio da eliminação da incerteza associada à forte oscilação dos salários reais. Esse ganho derivado da estabilização da moeda explicitou-se no mercado pela maior facilidade que os assalariados passaram a ter no acesso ao crédito ao consumidor, que se expandiu de forma considerável no período: entre junho e dezembro de 1994 os empréstimos do sistema financeiro às pessoas físicas se expandiram em 150%.

16.3. AVALIAÇÃO DO PLANO REAL E PERSPECTIVAS

O Plano Real é apontado como a melhor experiência de estabilização da economia brasileira. No entanto, a sua sustentabilidade e, principalmente, a retomada do crescimento econômico dependem de reformas mais profundas, de âmbito estrutural, envolvendo as áreas fiscal-tributária, patrimonial, financeira e administrativa.

Assim, a experiência brasileira corrobora a visão de que os desafios são enormes, já que várias mudanças ocorrem simultaneamente: alteração do perfil do mercado consumidor, reestruturação produtiva com aumento do coeficiente de importação, privatização, entrada de novos concorrentes por meio dos investimentos diretos em novos empreendimentos e/ou fusões e aquisições.

Os impactos dessas grandes transformações não se restringem ao aspecto macroeconômico, em que a vulnerabilidade das contas externas e a incapacidade financeira do Estado fragilizam o arcabouço da política econômica. Também no âmbito microeconômico observaram-se enormes mudanças, sobretudo no ambiente empresarial que teve de se adaptar a uma nova realidade.

Na fase pós-Real, a inflação caiu, o ambiente econômico tornou-se mais estável e previsível, mas a equação básica do crescimento não foi solucionada. Como a capacidade instalada não cresceu o quanto deveria, qualquer movimento de crescimento de consumo foi abortado por medidas de restrição de crédito, elevação dos juros e aumento dos compulsórios, de forma que o crescimento tornou-se um subproduto, não o objetivo principal da política econômica.

Vale ressaltar que a carência de poupança interna é um dos principais fatores de restrição da expansão dos investimentos, pois a poupança externa pode exercer apenas um papel complementar. A preços correntes, a poupança interna reduziu-se de cerca de 25%, quando atingiu um pico em 1989, para cerca de 16% do PIB em 1995/96. Países que puderam sustentar investimentos superiores a 30% do PIB, como foi o caso do Japão e dos Tigres Asiáticos, antes da crise de 1997, apoiaram-se na taxa de poupança interna.

Não há processo de abertura e experiência de estabilização sem custos, mas é importante que haja sintonia fina no *timing* e na dosagem das medidas, de política industrial ou de estabilização, para que não sejam gerados, desnecessariamente, mais prejuízos do que benefícios.

A combinação da redução das alíquotas de importação com a valorização da moeda local e a ineficácia, quando não inexistência, de mecanismos de proteção ao *dumping* e a práticas desleais de comércio internacional tem causado um pesado ônus ao país, provocando a substituição da produção local por importações, mesmo em setores com boa capacidade competitiva.

16.3.1. Setor externo

O fraco desempenho das exportações brasileiras não se restringe aos anos recentes, nem aos setores dinâmicos, como o eletroeletrônico. Nos anos 1980, a queda na taxa de investimento agregado e a crise da dívida externa haviam limitado o desempenho das nossas vendas ao exterior. Entretanto, houve uma mudança estrutural na economia brasileira. A redução das alíquotas tarifárias e o dólar barato estimularam o aumento das importações, ao mesmo tempo em que exportar se tornava um mau negócio.

A restrição externa tornou-se o maior fator de limitação ao crescimento econômico, porque, sempre que a atividade econômica cresce, as importações aumentam. Adicionalmente, quando o mercado interno está aquecido, os produtores tendem a se voltar para o atendimento da demanda interna, geralmente em condições mais rentáveis devido à situação cambial. A combinação desses dois processos — aumento das importações e redução das exportações — provoca o desequilíbrio externo.

As exportações são necessárias não só para equilibrar o balanço de pagamentos, mas também para gerar maior valor agregado local, proporcionando mais renda e emprego. No entanto, o Brasil vem perdendo participação no comércio mundial. Estima-se que o fluxo mundial de exportações tenha atingido US$ 5,3 trilhões em 1996, dos quais a economia brasileira participava com apenas 0,9%.

Após a introdução do Plano Real, em 1994, a sobrevalorização cambial, aliada à abertura da economia, incentivou sobremaneira o aumento das importações. As importações, que representavam US$ 25,8 bilhões em 1993, cresceram para US$ 33,2 bilhões em 1994, US$ 50 bilhões em 1995, US$ 53,3 bilhões em 1996 e US$ 61,5 bilhões em 1997. Observou-se um aumento de 143%, em apenas quatro anos. O quadro das exportações, em contrapartida, reflete situação diferente. Essas evoluíram de US$ 38,7 bilhões em 1993 para US$ 43,6 bilhões em 1994, US$ 46,5 bilhões em 1995, US$ 47,7 bilhões em 1996 e US$ 53,0 bilhões em 1997, ou seja, cresceram apenas 37% no período. Em conseqüência, o superávit comercial, que era de US$ 13,3 bilhões em 1993, reduziu-se para US$ 8,4 em 1997.

O reflexo na balança de transações correntes é dramático. Com os crescentes déficits comerciais, sobretudo na conta de turismo e o serviço da dívida externa, o passivo aumentou substancialmente. O resultado em transações correntes evoluiu de um déficit de US$ 592 milhões em 1993 para US$ 1,7 bilhão em 1994, US$ 17,9 bilhões em 1995, US$ 24,3 bilhões em 1996 e US$ 33,4 bilhões em 1997.

Em 1997, diante da crise asiática, a vulnerabilidade da economia brasileira tornou-se mais evidente. Com um déficit em contas correntes de US$ 33,4 bilhões, equivalente a cerca de 4,2% do PIB, o governo foi novamente obrigado a adotar medidas de contenção do nível de atividades para evitar o descontrole externo.

16.3.2. O retorno ao FMI

O agravamento dos fundamentos da economia brasileira no ano de 1998, principalmente o déficit nominal nas contas públicas, que chegava a 8% do PIB, e o déficit em conta corrente, superior a US$ 35 bilhões, aumentava a desconfiança dos credores. A crise russa, em meados do ano, dificultou a obtenção de créditos externos.

A conseqüência foi a perda das reservas cambiais e a necessidade de recorrer ao FMI, que ofereceu um aporte de recursos de US$ 41,5 bilhões, em um pacote *stand by*, em que os recursos são disponibilizados mediante necessidade.

Em janeiro de 1999, não resistindo às pressões do mercado, o Real foi desvalorizado. O agravamento do déficit nas contas públicas, pelo efeito da desvalorização e do aumento dos juros, agravou a perspectiva de uma recessão no ano e da deterioração dos indicadores socioeconômicos e escalada do desemprego.

Assim, o início de 1999 foi marcado por um intenso debate sobre a viabilidade de cumprimento das medidas sugeridas pelo FMI, especialmente no que se refere aos juros, já que sua elevação agravaria a recessão e diminuiria a receita do governo, afetado nas suas contas pela elevação do custo do financiamento da dívida pública.

A exigência de geração de superávits primários nas contas públicas e a instabilidade causada pelas mudanças no câmbio provocaram um adiamento das decisões de investimento e da retomada do crescimento sustentado.

Questões de Revisão

1. Delineie as principais características das três fases de implementação do Plano Real.
2. Quais eram as maiores virtudes e vulnerabilidades do Plano Real? Quais foram as inovações em relação aos planos de estabilização heterodoxos anteriores?
3. O Plano Real conseguiu atingir os objetivos previstos quando da sua formulação?
4. Que avaliação pode ser feita do Plano Real analisando-se os indicadores apontados neste capítulo?
5. Quais são os obstáculos internos e externos a serem superados pela economia brasileira nos próximos anos?

PARTE 6

Um Retrato do Brasil Atual

CAPÍTULO 17

Indicadores de crescimento e de desenvolvimento

Desigualdade social: dois países em um só? — Agliberto Lima/AE

17.1. EVOLUÇÃO DO PIB

Durante os anos 1990, o desempenho do Produto Interno Bruto (PIB) foi bastante irregular. Nos primeiros anos da década, período de inflação elevada, o produto chegou a apresentar crescimento negativo, voltando a aumentar no momento da implantação do Plano Real e após a estabilização da moeda. O retorno do crescimento, contudo, ocorreu a taxas decrescentes, refletindo as dificuldades enfrentadas para a retomada do investimento em bases mais sustentadas.

A Tabela 17.1 apresenta a evolução do PIB no período 1983/1997. Note-se que em 1990, ano em que o governo Collor tentou debelar o processo inflacionário por meio de uma reforma monetária radical, a queda do PIB foi extremamente expressiva — a maior da história do país — superando até mesmo o período recessivo da primeira crise da dívida externa, em 1981.

TABELA 17.1. EVOLUÇÃO DO PRODUTO INTERNO BRUTO — BRASIL (EM R$ BILHÕES — DEZEMBRO DE 1985)

Ano	PIB	Variação anual	Índice-base = 1986
1983	470,9	—	81,9
1984	496,4	5,42	86,3
1985	535,1	7,80	93,0
1986	575,2	7,49	100,0
1987	595,3	3,49	103,5
1988	594,7	−0,10	103,4
1989	613,8	3,21	106,7
1990	587,4	−4,30	102,1
1991	593,3	1,00	103,1
1992	590,3	−0,51	102,6
1993	614,0	4,01	106,7
1994	650,2	5,90	113,0
1995	677,5	4,20	117,8
1996	696,4	2,79	121,1
1997	717,3	3,00	124,7

Fonte: IBGE.

A Tabela 17.2 mostra a participação dos setores de atividade na composição do PIB para 1990/1996.

TABELA 17.2. PIB — PARTICIPAÇÃO RELATIVA DOS SETORES DE ATIVIDADE

	1990	1991	1992	1993	1994	1995	1996
Agropecuária	7,7	7,7	8,1	7,8	7,8	7,9	8,0
Indústria	35,9	35,6	34,1	35,1	35,6	35,1	35,5
Indústria Geral	23,5	23,2	22,3	23,2	23,6	23,4	23,4
Construção	10,0	9,8	9,2	9,3	9,4	9,1	9,3
S.I.U.P.	2,4	2,6	2,6	2,6	2,6	2,7	2,7
Serviços	64,2	64,0	64,7	63,7	62,7	62,3	61,3
Comércio	7,4	7,2	7,0	7,3	7,5	7,9	7,9
Transportes	2,9	2,9	3,0	3,0	2,9	3,0	3,1
Comunicações	1,0	1,2	1,2	1,3	1,4	1,7	1,8
Instituições financeiras	10,0	9,5	9,0	8,5	7,9	7,0	6,3
Administrações públicas	17,4	17,5	17,9	17,6	16,8	16,4	16,0
Outros serviços	25,5	25,7	26,6	26,0	26,2	26,3	26,2
Dummy Financeira	−7,8	−7,3	−7,0	−6,6	−6,1	−5,3	−4,7
Total da atividade	100	100	100	100	100	100	100

Fonte: IPEA.

17.2. INDÚSTRIA

No início dos anos 1990, foi definida uma Política Industrial e de Comércio Exterior (PICE) que visava melhorar a capacitação industrial brasileira e realizar a abertura comercial para estimular a concorrência. Seu pressuposto básico era o de que o advento da concorrência resultaria na adoção de estratégias de modernização por parte da indústria brasileira, a qual receberia apoio governamental mediante programas específicos, tais como o Programa de Apoio à Capacitação Tecnológica da Indústria (PACTI) e o Programa Brasileiro de Qualidade e Produtividade (PBQP).

A abertura da economia foi realizada fazendo uso de dois mecanismos: redução tarifária, de acordo com um cronograma idealizado inicialmente para quatro anos, e eliminação imediata das restrições não-tarifárias às importações, que se refletiu rapidamente em aumento de importações. As ações de apoio à modernização do setor industrial não avançaram muito nos primeiros anos da década de 1990, dadas as dificuldades derivadas da recessão e da instabilidade econômica, mas também em decorrência da ausência de mecanismos institucionais e organizacionais sólidos.

Dessa forma, entre 1990 e 1994, a política industrial restringiu-se à abertura comercial. Essa, embora considerada inevitável, foi muito criticada quanto a seu ritmo e forma, pois faltou à indústria brasileira o apoio necessário para o desenvolvimento de capacitação competitiva.

No período seguinte, não houve alteração na orientação de política industrial adotada pelo governo. Como a estabilidade da economia era prioritária, sobrevalorizou-se a moeda nacional, o que acabou por conceder à abertura comercial o único fator de incentivo à modernização das empresas do parque nacional. Mesmo assim, o governo abriu linhas de crédito especiais junto ao BNDES para as empresas que apresentassem perspectivas de aumento de competitividade.

Como resultado desse processo de abertura, associado ao câmbio valorizado e taxas de juros elevadas, ocorreram mudanças significativas na estrutura produtiva brasileira, especialmente na indústria, tal como mostra a Tabela 17.3. Note-se que a produção física industrial em todas as categorias de uso melhorou quando se compara a 1980. A única exceção fica por conta da indústria de bens de capital, que sofreu uma queda de quase 30%. Isso significa que, no período analisado, a indústria brasileira aumentou seu grau de dependência à importação de bens de capital, o que não é desejável no longo prazo.

TABELA 17.3. EVOLUÇÃO DA PRODUÇÃO FÍSICA INDUSTRIAL — POR CATEGORIA DE USO (BASE 1990 = 100)

Ano	Indústria de transformação	Bens de capital	Bens intermediários	Bens de consumo duráveis	Bens de consumo não-duráveis
1980	102,1	140,8	94,5	105,3	89,0
1985	98,9	100,7	99,7	90,5	96,1
1990	100,0	100,0	100,0	100,0	100,0
1991	97,6	98,7	97,8	104,7	101,8
1992	115,0	91,9	95,4	91,0	97,9
1993	101,1	101,3	100,6	116,3	104,5
1994	109,3	120,4	107,2	135,3	106,8
1995	110,9	119,9	107,4	151,7	111,0
1996	111,9	102,9	110,3	171,9	114,2
1997	116,1	107,8	115,3	177,0	115,6

Fonte: *Conjuntura Econômica*, junho de 1998.

A maior expansão ocorreu junto aos bens de consumo duráveis, para a qual contribuiu o desempenho da indústria montadora de veículos, uma das poucas beneficiadas por políticas setoriais de cunho protecionista, tais como a redução do imposto sobre o produto industrializado (IPI). Entre 1990 e 1997, essa indústria apresentou um aumento de produção de 126%. Já as indústrias de bens de consumo não-duráveis e de bens intermediários cresceram a taxas mais baixas, em torno de 15%.

No conjunto, chama atenção a disparidade de desempenho entre os diferentes segmentos da indústria. Uma maior harmonia nas taxas de crescimento estaria mais de acordo com o fato de o país já ter completado sua matriz industrial.

17.3. COMÉRCIO EXTERIOR

O câmbio sobrevalorizado tornou os produtos nacionais menos competitivos e estimulou as importações. Desse modo, entre 1992 e 1997, enquanto as exportações brasileiras aumentaram apenas 34,18%, as importações cresceram 63,34%. Além disso, os produtos industrializados perderam competitividade externa, pois os produtos primários aumentaram em 4 pontos percentuais sua participação na pauta de exportação (Tabela 17.4). A manutenção de competitividade em setores tradicionais, produtores de bens de baixo valor agregado, contraria a tendência observada nas principais economias do mundo.

TABELA 17.4. EXPORTAÇÕES BRASILEIRAS — PERCENTUAL

Itens	1992	1993	1994	1995	1996	1997
Produtos primários	34	33	36	36	38	38
Produtos industrializados	66	67	64	64	62	62
Material de transporte e componentes	12	11	11	9	10	13
Máquinas e instrumentos mecânicos	6	7	7	7	7	6
Equipamentos elétricos e eletrônicos	3	3	3	3	3	3
Produtos metalúrgicos	17	16	14	14	13	11
Produtos químicos	6	7	7	7	7	7
Madeiras e manufaturas	2	2	2	2	2	2
Calçados e produtos de couro	4	5	4	3	4	3
Derivados do petróleo	2	2	3	2	2	2
Papel e celulose	4	4	4	6	4	4
Produtos têxteis	4	4	3	3	3	2
Outros	6	7	7	7	7	7
Total	100	100	100	100	100	100

Fonte: Banco Central.

Do lado da pauta de importações, destaca-se o crescimento da participação dos bens de capital, que passou de 31% para 43% no período 1992/1997. Dentro desse item, máquinas e equipamentos aumentaram seu peso em 7 pontos percentuais (Tabela 17.5).

TABELA 17.5. IMPORTAÇÕES BRASILEIRAS — PERCENTUAL

Itens	1992	1993	1994	1995	1996	1997
Bens de Consumo	**12**	**12**	**14**	**17**	**17**	**15**
Alimentos	4	4	6	7	6	5
Vestuário	1	1	1	2	2	2
Outros	7	7	7	9	10	8
Matérias-primas	**37**	**37**	**35**	**33**	**33**	**32**
Cereais e produtos de indústria de moagem	4	5	4	3	4	3
Adubos e fertilizantes	2	2	2	1	2	2
Produtos químicos	15	15	15	15	15	15
Ferro fundido e aço	2	1	1	1	1	2
Metais não-ferrosos	2	2	2	2	2	2
Carvão	3	3	2	2	1	1
Outros	8	10	9	9	8	8
Petróleo e derivados	**20**	**17**	**12**	**9**	**11**	**10**
Bens de Capital	**31**	**33**	**38**	**40**	**38**	**43**
Material de transporte	6	8	10	12	8	11
Veículos, automóveis, tratores, etc.	4	7	10	11	7	9
Outros	2	1	1	1	1	2
Máquinas e material elétrico	24	25	28	28	29	32
Total	**100**	**100**	**100**	**100**	**100**	**100**

Fonte: Banco Central.

O maior crescimento das importações em relação às exportações provocou recorrentes déficits na balança comercial brasileira e na de transações correntes. Isso exigiu a manutenção de elevadas taxas de juros para atrair a entrada de capitais e equilibrar o balanço de pagamentos.

17.4. O ÍNDICE DE DESENVOLVIMENTO HUMANO (IDH)

Segundo o Programa das Nações Unidas para o Desenvolvimento (PNUD), o Índice de Desenvolvimento Humano (IDH) é um indicador que busca *captar e sintetizar as diversas e complexas dimensões do processo de desenvolvimento humano*. Para isso, em sua metodologia, reconhece que *três condições essenciais estão presentes em todos os níveis de desenvolvimento, sem as quais as demais oportunidades e alternativas do ser humano não são acessíveis: desfrutar uma vida longa e saudável, adquirir conhecimento e ter acesso aos recursos necessários para um padrão de vida decente*[1].

A metodologia empregada para o cálculo do IDH é a seguinte. Como indicador de longevidade, utiliza-se a esperança de vida ao nascer. Como indicadores de nível educacional, tomam-se a taxa de alfabetização dos adultos e a taxa combinada de matrícula nos ensinos fundamental, médio e superior. Essas taxas são, então, reunidas em um indicador único através de média ponderada, com pesos dois e um. Como indicador de acesso a recursos, computa-se a renda per capita.

O resultado do IDH varia entre 0 e 1. Um IDH compreendido entre 0 a 0,5 indica baixo desenvolvimento humano; se estiver na faixa de 0,5 a 0,8, considera-se que há um desenvolvimento humano médio; caso se encontre entre 0,8 a 1, verifica-se alto desenvolvimento humano.

A partir de 1999, para corrigir uma distorção, houve uma reformulação no IDH no que se refere ao cálculo do índice de renda. De acordo com a metodologia antiga, quando a renda per capita de um país era menor que a média mundial (US$ 5.990,00 em 1995), pequenos ganhos de renda tinham grande efeito sobre o índice. Quando a renda per capita era maior que a média mundial, mesmo grandes aumentos de renda causavam pouco impacto sobre o índice. A nova metodologia manteve o princípio de que o aumento da renda apresenta rendimentos decrescentes para o bem-estar da população, mas "suavizou" a curva, agora logarítmica.

Para que fosse possível comparar dados de anos anteriores com os recentes, o PNUD refez toda a série histórica do IDH até 1997, último ano para o qual se dispõe de dados do IDH. A nova metodologia rebaixou a posição do Brasil no ranking mundial. Em 1995, por exemplo, pela metodologia antiga, o Brasil ocupava a 62ª entre as 174 nações cujo IDH é calculado. De acordo com a nova metodologia, o Brasil passou a ocupar apenas a 81ª posição naquele ano. Nesta seção, exporemos dados do IDH calculado com a nova metodologia, para comparações internacionais, e com a metodologia antiga, para comparações entre regiões e estados brasileiros[2].

---

1. IPEA (1996).
2. Ainda não há dados disponíveis do IDH com nova metodologia no âmbito nacional. A utilização do IDH com metodologia antiga não invalida a análise, uma vez que o mais importante é compreender a magnitude das diferenças sociais entre as diferentes regiões do país.

Em 1997, o IDH brasileiro era 0,739, referente à 79ª posição em termos mundiais, um pouco acima da classificação de 1995, quando o país ocupara a 81ª posição com IDH 0,728. O país de maior IDH do mundo em 1997 era o Canadá, seguido de Noruega e Estados Unidos. No extremo oposto, Etiópia, Níger e Serra Leoa ocupavam, respectivamente, a antepenúltima, a penúltima e a última posição do ranking mundial. Veja o IDH de alguns países na Tabela 17.6:

TABELA 17.6. RANKING DO IDH — PAÍSES SELECIONADOS (1997)

Posição	País	IDH
Alto IDH:		
1	Canadá	0,932
2	Noruega	0,927
3	EUA	0,927
4	Japão	0,924
5	Bélgica	0,923
11	França	0,918
23	Israel	0,883
39	Argentina	0,827
IDH médio:		
50	México	0,786
58	Cuba	0,765
71	Rússia	0,747
79	Brasil	0,739
84	Paraguai	0,730
101	África do Sul	0,695
120	Egito	0,616
Baixo IDH:		
147	Nigéria	0,456
160	Angola	0,398
172	Etiópia	0,298
173	Níger	0,298
174	Serra Leoa	0,254

Fonte: PNUD.

Apesar do IDH nacional ser de nível médio, a análise do IDH dos estados brasileiros atesta uma grande heterogeneidade. Oito estados apresentavam, em 1991, resultados que os caracterizavam como regiões de bons níveis de desenvolvimento humano: Rio Grande do Sul, Distrito Federal, São Paulo, Santa Catarina, Rio de Janeiro, Paraná, Mato Grosso do Sul e Espírito Santo. Já a Paraíba aparecia associada a um baixo nível de desenvolvimento e os demais estados situavam-se nas faixas de desenvolvimento médio.

Os resultados também indicam a existência de uma forte diferenciação regional. Entre os estados com menor IDH, nove são da região Nordeste. A Tabela 17.7 mostra o IDH por região do país:

TABELA 17.7. CLASSIFICAÇÃO DAS REGIÕES BRASILEIRAS, SEGUNDO O IDH — 1991

Região	IDH
Sul	0,844
Sudeste	0,838
Centro-Oeste	0,826
Norte	0,706
Nordeste	0,548

Fonte: IPEA (1996).

A Tabela 17.8 apresenta a classificação dos estados brasileiros segundo o IDH em 1991. Observe-se que a classificação segundo esse índice geralmente difere do ordenamento realizado apenas com a renda per capita. Segundo esse último indicador, o Rio Grande do Sul, por exemplo, estaria colocado em quarto lugar, mas pelo IDH, ocupa a primeira posição.

TABELA 17.8. CLASSIFICAÇÃO DOS ESTADOS BRASILEIROS SEGUNDO O IDH — 1991

Unidades da Federação	Valor do IDH	Classificação segundo:			
		IDH	PIB per capita	Esperança de vida	Escolaridade
Rio Grande do Sul	0,871	1	4	2	3
Distrito Federal	0,858	2	1	6	1
São Paulo	0,850	3	2	11	2
Santa Catarina	0,842	4	6	5	5
Rio de Janeiro	0,838	5	3	12	4
Paraná	0,827	6	5	10	6
Mato Grosso do Sul	0,826	7	8	7	7
Espírito Santo	0,816	8	9	4	8
Amazonas	0,797	9	7	9	15
Amapá	0,781	10	13	3	10
Minas Gerais	0,779	11	10	13	11
Mato Grosso	0,769	12	11	8	12

Unidades da Federação	Valor do IDH	Classificação segundo:			
		IDH	PIB per capita	Esperança de vida	Escolaridade
Goiás	0,760	13	12	15	9
Roraima	0,749	14	16	1	14
Rondônia	0,715	15	14	17	13
Pará	0,688	16	18	14	16
Acre	0,665	17	17	16	20
Sergipe	0,663	18	15	20	19
Bahia	0,609	19	20	19	21
Pernambuco	0,577	20	21	23	17
Rio Grande do Norte	0,574	21	19	25	18
Maranhão	0,512	22	25	21	22
Ceará	0,506	23	23	22	24
Piauí	0,502	24	26	18	23
Alagoas	0,500	25	22	24	26
Paraíba	0,466	26	24	26	25

Fonte: IPEA (1996).

Nota: o IDH de Tocantins não foi calculado por não se dispor de informações relativas à esperança de vida no estado; situa-se, no entanto, no intervalo 0,5-0,6.

Em 1995, mantiveram-se as posições dos quatro primeiros estados no *ranking* de 1991: Rio Grande do Sul, Distrito Federal, São Paulo e Santa Catarina. O Rio de Janeiro, que estava na 5ª, passou para a 7ª colocação, trocando de posição com o Mato Grosso do Sul. Os dados são apresentados na Tabela 17.9.

TABELA 17.9. CLASSIFICAÇÃO DOS ESTADOS BRASILEIROS SEGUNDO O IDH — 1995

Unidades da Federação	Valor do IDH	Classificação IDH	Esperança de vida (anos)	Taxa de alfabetização (%)	PIB (US$) per capita
Rio Grande do Sul	0,869	1	70,84	92,81	6.446,00
Distrito Federal	0,869	2	68,38	93,71	6.580,00
São Paulo	0,868	3	69,39	92,64	6.511,00
Santa Catarina	0,863	4	70,50	92,67	6.405,00
Mato Grosso do Sul	0,848	5	69,26	87,60	6.393,00
Paraná	0,847	6	69,23	88,28	6.402,00
Rio de Janeiro	0,844	7	66,97	93,65	6.477,00
Espírito Santo	0,836	8	69,22	85,94	6.251,00
Minas Gerais	0,823	9	69,27	87,15	5.968,00
Roraima	0,820	10	67,06	85,75	6.398,00

Unidades da Federação	Valor do IDH	Classificação IDH	Esperança de vida (anos)	Taxa de alfabetização (%)	PIB (US$) per capita
Rondônia	0,818	11	66,29	85,88	6.231,00
Goiás	0,786	12	68,60	86,80	5.238,00
Amapá	0,786	13	67,85	85,02	5.370,00
Amazonas	0,775	14	67,65	79,71	5.718,00
Mato Grosso	0,767	15	68,01	88,07	5.003,00
Acre	0,754	16	67,04	70,16	5.741,00
Sergipe	0,731	17	65,99	74,87	5.122,00
Pará	0,703	18	67,56	78,67	4.268,00
Rio Grande do Norte	0,668	19	65,18	71,61	4.083,00
Bahia	0,655	20	66,47	75,51	3.677,00
Pernambuco	0,615	21	62,41	73,75	3.213,00
Ceará	0,590	22	65,14	68,99	2.667,00
Tocantins	0,587	23	67,19	78,82	1.575,00
Paraíba	0,557	24	63,16	68,65	2.438,00
Maranhão	0,547	25	63,64	66,88	2.158,00
Alagoas	0,538	26	61,89	63,72	2.496,00
Piauí	0,534	27	64,42	65,58	2.004,00
Brasil	**0,830**	—	**67,58**	**85,33**	**6.403,00**

Fonte: IPEA (1998).

Nota: Dólar ajustado pelo poder de compra.

17.5. DISTRIBUIÇÃO DE RENDA

O Índice de Gini permite avaliar a distribuição de renda um país, região ou estado. Este índice varia de 0 a 1 e indica uma distribuição de renda tanto melhor quanto mais próximo de 0 estiver o valor encontrado.

Durante os anos 1990, observou-se uma deterioração da distribuição de renda no país. Segundo a Pesquisa de Orçamentos Familiares (POF), realizada pelo IBGE, o Índice de Gini para o recebimento médio mensal das famílias brasileiras passou de 0,5698 em 1987, para 0,5813 em 1996. Isso significa que, nos anos 1990, a renda detida pelo segmento mais pobre da população brasileira foi cada vez menor, e a parcela dos mais ricos, cada vez maior.

Na Tabela 17.10, apresenta-se o Índice de Gini, para 1991, por região e por estado brasileiro, conforme a renda dos chefes dos domicílios. Observa-se que, em termos de região e estado, Sul e Santa Catarina apresentam as menores concentrações de renda (0,5963 e 0,5650, respectivamente). Os piores índices encontram-se no Nordeste e na Bahia (0,6472 e 0,6533, respectivamente).

TABELA 17.10. ÍNDICE DE GINI — 1991 — RENDA DOS CHEFES DOS DOMICÍLIOS

Região/estado	Índice	Região/estado	Índice
Norte	**0,6123**	**Sudeste**	**0,6127**
Rondônia	0,6001	Minas Gerais	0,6347
Acre	0,6100	Espírito Santo	0,6115
Amazonas	0,6208	Rio de Janeiro	0,6238
Roraima	0,6170	São Paulo	0,5797
Pará	0,6015		
Amapá	0,5677	**Sul**	**0,5963**
Tocantins	0,6283	Paraná	0,6098
		Santa Catarina	0,565
Nordeste	**0,6472**	Rio Grande do Sul	0,5981
Maranhão	0,6012		
Piauí	0,6298	**Centro-Oeste**	**0,6318**
Ceará	0,6474	Mato Grosso do Sul	0,6136
Rio Grande do Norte	0,6459	Mato Grosso	0,6005
Paraíba	0,6381	Goiás	0,6197
Pernambuco	0,6597	Distrito Federal	0,6089
Alagoas	0,6316		
Sergipe	0,6321		
Bahia	0,6533	**Brasil**	**0,6366**

Fonte: IBGE.

Questões de Revisão

1. Após a abertura da economia brasileira e a implementação da nova política industrial, em que situação se encontra a indústria nacional?
2. Como se tem comportado a balança comercial brasileira nos últimos anos? O que explica este comportamento?
3. De maneira geral, os índices de desenvolvimento do Brasil têm acompanhado os de crescimento no período recente? Argumente.
4. Que tipos de disparidades sociais são observados no Brasil atualmente?
5. De que forma o processo de concentração de renda observado nos anos 1990 afetou as diferentes regiões do país?

CAPÍTULO 18

A população brasileira e a transição demográfica

Transição demográfica: a população brasileira está envelhecendo — Luís Dantas/Abril Imagens

18.1. A POPULAÇÃO BRASILEIRA

Em 1991, a população residente no país era de 146,8 milhões. Cinco anos mais tarde, atingiria 157 milhões, sendo 49,3% homens e 50,7% mulheres.

Na década de 1970, pela primeira vez, o censo registrou que a maioria da população brasileira — 55,92% — residia no meio urbano. Nos anos seguintes, essa tendência se acentuou, de modo que, em 1996, apenas 21,64% viviam no meio rural, contra 78,36% em zona urbana. Em termos de distribuição por sexo, as mulheres superam os homens nas cidades, mas não no campo.

TABELA 18.1. EVOLUÇÃO DA POPULAÇÃO BRASILEIRA — TOTAL E POR SEXO

Anos	Total geral	Homens		Mulheres	
		População	%	População	%
1940	41.236.315	20.614.088	50,0	20.622.227	50,0
1950	51.944.397	25.885.001	49,8	26.059.396	50,2
1960	70.070.457	35.055.457	50,0	35.015.000	50,0
1970	93.139.037	46.331.343	49,7	46.807.694	50,3
1980	119.002.706	59.123.361	49,7	59.879.345	50,3
1991	146.825.475	72.485.122	49,4	74.340.353	50,6
1996	157.079.573	77.447.541	49,3	79.632.032	50,7

Fonte: IBGE.

TABELA 18.2. DISTRIBUIÇÃO DA POPULAÇÃO RESIDENTE, POR SITUAÇÃO DE DOMICÍLIO E POR SEXO

Anos	Total geral	Total		Urbana			Rural		
		Homens	Mulheres	Total	Homens	Mulheres	Total	Homens	Mulheres
1940	100	49,99	50,01	31,24	14,95	16,29	68,76	35,04	33,72
1950	100	49,83	50,17	36,16	17,27	18,89	63,84	32,56	31,28
1960	100	50,03	49,97	44,67	21,58	23,09	55,33	28,45	26,88
1970	100	49,74	50,26	55,92	27,09	28,84	44,08	22,66	21,42
1980	100	49,68	50,32	67,59	32,96	34,63	32,41	16,72	15,69
1991	100	49,37	50,63	75,59	36,68	38,91	24,41	12,69	11,72
1996	100	49,30	50,70	78,36	38,02	40,34	21,64	11,29	10,36

Fonte: IBGE.

A queda da taxa de mortalidade observada desde a década de 1940 resultou no aumento da longevidade provável de um brasileiro. Uma pessoa nascida em 1990 esperaria viver, em média, 62,30 anos caso fosse homem, e 67,60 anos, se fosse mulher. Entre 1940 e 1990, houve um acréscimo de mais de 20 anos na esperança de vida da população brasileira.

A esperança de vida é desigual entre as regiões do país. Contudo, se a diferença entre o Nordeste e o Sul era de 12 anos em 1940, passou a ser de apenas 4,46 em 1990.

TABELA 18.3. ESPERANÇA DE VIDA, POR SEXO E IDADE — BRASIL — 1990

Idade	Esperança de vida					
	Homens			Mulheres		
	Esperança de vida[1]	Ganhos de sobrevida[2]	Vida média[3]	Esperança de vida[1]	Ganhos de sobrevida[2]	Vida média[3]
0	62,30	—	—	67,60	—	—
1	66,25	4,95	67,25	71,29	4,69	72,29
5	63,15	5,85	68,15	68,48	5,88	73,48
10	58,39	6,09	68,39	63,71	6,11	73,71
15	53,55	6,25	68,55	58,84	6,24	73,84
20	48,83	6,53	68,83	54,01	6,41	74,01
25	44,15	6,85	69,15	49,21	6,61	74,21
30	39,57	7,27	69,57	44,48	6,88	74,48
35	35,08	7,78	70,08	39,81	7,21	74,81
40	30,70	8,40	70,70	35,23	7,63	75,23
45	26,46	9,16	71,46	30,82	8,22	75,82
50	22,39	10,09	72,39	26,51	8,91	76,51
55	18,60	11,30	73,60	22,36	9,76	77,36
60	15,18	12,88	75,18	18,47	10,87	78,47
65	12,04	14,74	77,04	14,08	11,48	79,08
70	9,25	16,95	79,25	11,43	13,83	81,43
75	6,90	19,60	81,90	8,45	15,85	83,45
80	5,01	22,71	85,01	5,99	18,39	85,99

Fonte: IBGE.

1) Probabilidade de sobrevida adicional à idade enfocada. 2) Anos de sobrevida em relação à esperança de vida ao nascer. 3) Vida média esperada para os que já viveram até aquela idade.

18.2. O NOVO PADRÃO DEMOGRÁFICO

O censo realizado em 1991 registrou, pela primeira vez na história do país, que a população brasileira estava ficando mais velha e crescendo de forma bem mais lenta do que nas décadas anteriores. Também indicava que o ritmo de crescimento seria cada vez menor nos anos seguintes.

A nova realidade demográfica brasileira, que muito se distancia daquela da nação extremamente jovem dos anos do milagre econômico, é resultado de um longo processo. Inicialmente, observou-se queda acentuada e rápida da taxa de mortalidade, fenômeno verificado desde o início dos anos 1940. Contudo, como até meados da década de 1960, o nível de fecundidade manteve-se elevado e houve aumento nas taxas de crescimento da população brasileira. Outra conseqüência da alta fecundidade foi a manutenção, até os anos 1970, da distribuição etária. Até essa época, mais de 53% da população tinha menos de 20 anos de idade.

TABELA 18.4. POPULAÇÃO BRASILEIRA — PRINCIPAIS INDICADORES 1940-1990

Esperança de vida ao nascer		Fecundidade		Crescimento populacional	
Período	Média de anos	Período	Taxa (em %)	Período	Taxa média (em %)
1940	45,90	1940	6,16	1940/1950	2,39
1960	54,00	1960	6,28	1950/1960	2,59
1970	60,08	1970	5,76	1960/1970	2,89
1980	61,76	1980	4,3	1970/1980	2,4
1991	66,00	1991	2,4	1980/1991	1,9

Fonte: IBGE.

A partir do final dos anos 1960, iniciou-se acentuada queda da taxa de fecundidade, atingindo todas as regiões e classes sociais do país. Contudo, os reflexos na distribuição etária somente seriam sentidos mais tarde, quando um percentual significativo das mulheres nascidas após o início do declínio da fecundidade atingissem a idade reprodutiva (15 a 49 anos).

O censo de 1991 registrou as conseqüências dessa queda, alterando profundamente o padrão demográfico observado em 1980. A transição iniciada na década de 1940 se completava e a população brasileira, embora ainda jovem, começava a envelhecer.

A Tabela 18.5 apresenta a estrutura etária brasileira nos anos 1970, 1980 e 1991. Nota-se que a queda de fecundidade, acelerada na década de 1980, provocou a redução da proporção de população com idade abaixo de 10 anos. Destaque-se que, no período 1980/1991, a população com idade até 4 anos apresentou uma taxa média de crescimento negativa, o que determinou o estreitamento da base da pirâmide populacional.

TABELA 18.5. DISTRIBUIÇÃO ETÁRIA RELATIVA E TAXA DE CRESCIMENTO DA POPULAÇÃO

Grupos de idade	1970	1980	1991	Taxa média anual de crescimento (em %)	
				1970/1980	1980/1991
00-04	15,5	14,3	11,3	1,0	−0,1
05-09	14,4	12,6	11,9	1,0	1,5
10-14	12,7	11,9	11,6	1,9	1,7
15-19	10,9	11,3	10,2	2,9	1,0
20-24	8,8	9,6	9,2	3,3	1,5
25-29	6,9	7,9	8,6	3,8	1,7
30-34	6,0	6,4	7,5	3,1	2,7
35-39	5,4	5,3	6,4	2,2	3,4
40-44	4,9	4,8	5,3	2,4	3,7
45-49	3,8	3,9	4,2	2,8	2,9
50-54	3,2	3,4	3,5	3,4	2,6
55-59	2,5	2,6	2,9	3,2	2,1
60-64	1,9	2,0	2,5	3,2	2,8
65-69	1,3	1,7	1,9	5,3	3,7
70 ou mais	1,8	2,3	2,9	4,8	2,9
Total	100,0	100,0	100,0	2,4	1,9

Fonte: IBGE — Censo de 1991.

Os resultados do censo de 1991 demonstram que, ao longo dos anos 1980, a população brasileira foi-se tornando mais velha, pois, de um lado, é menor a participação dos mais jovens e, de outro, é maior a participação dos mais velhos. Em comparação com 1970, a participação das pessoas com até 15 anos de idade reduziu-se de 42,6% para apenas 34,8%. Entre aquelas de 15 a 65 anos, houve aumento de 54,3% para 60,5%, e entre os mais idosos, com 65 anos ou mais, de 3,1% passou-se a 4,8%. À medida que as mulheres das faixas mais jovens ingressem em idade reprodutiva, deverá haver outra desaceleração, diminuindo ainda mais a taxa de natalidade e a proporção de jovens na população. Os demógrafos esperam que, antes de 2040, a taxa de fecundidade atinja um valor em torno do nível de reposição (2,1), quando a população brasileira tenderá a um crescimento nulo, tal como em países desenvolvidos. É preciso destacar que, para o início do novo milênio, as mudanças demográficas serão extremamente favoráveis, a ponto de se afirmar que o país estaria vivendo *a fase de ouro da transição demográfica*, na qual a população jovem ainda está crescendo, embora a taxas relativamente baixas, e a população idosa, embora aumentando a taxas elevadas, ainda constitui um contingente baixo.

18.3. OS IMPACTOS DA NOVA ESTRUTURA ETÁRIA SOBRE AS POLÍTICAS PÚBLICAS

A mudança do padrão demográfico brasileiro tem implicações profundas em diversas políticas públicas, tais como as relativas a educação, saúde, emprego e previdência social. O censo de 1991 mostra, de maneira inquestionável, que a população em idade escolar vem crescendo em ritmo cada vez menor e que isso deve continuar nos próximos anos. Ao contrário do que ocorria na década de 1970, quando o sistema educacional precisava crescer a taxas superiores a 3% para dar conta do aumento de demanda de crianças em idade escolar, atualmente o crescimento pode-se dar mais lentamente, sobretudo no que se refere ao ensino fundamental e médio. A redução da pressão de novos demandantes pode constituir uma oportunidade para que os setores público e privado comprometidos com a educação invistam na modernização e na melhoria da qualidade do ensino.

Na esfera da saúde, a queda da fecundidade resulta em menor demanda pelos serviços voltados para crianças e mulheres gestantes. Ao mesmo tempo, com o envelhecimento da população, aumentará a necessidade de cuidados às pessoas mais idosas, cujos tratamentos são mais complexos e caros, especialmente porque costumam estar associados a tecnologias de ponta e geralmente são acompanhados de períodos mais longos de internação. Uma população mais idosa exibe um perfil de morbidade com predominância de doenças crônico-degenerativas, tais como câncer, diabetes, problemas do aparelho circulatório, neurológicos etc.

Essa nova realidade, já comum nos países desenvolvidos, exigirá mudanças de prioridades e incentivos à adoção de formas inovadoras de tratamento e acompanhamento de doentes crônicos, como, por exemplo, o atendimento domiciliar. Embora a população idosa ainda não constitua um contingente expressivo em termos absolutos, é preciso desenvolver rapidamente novas alternativas de cuidados, que minimizem a necessidade de internações caras.

No campo previdenciário, o aumento da longevidade da população brasileira, expressa a cada faixa de idade, resulta no alongamento do período em que o aposentado ou pensionista permanece no sistema, recebendo benefícios. Em 1993, 53,45% dos homens que passaram a receber a aposentadoria por tempo de serviço tinham entre 45 e 54 anos na data do início do benefício; 25,17%, entre 55 e 59 anos, e 13,8%, entre 60 e 64 anos. Entre as mulheres, 72,77% tinham idade compreendida entre 40 e 54 anos. Note-se que, em 1990, enquanto um homem de 54 anos podia ter esperança de viver mais 17,6 anos, em média, uma mulher de 53 anos tinha uma sobrevida de 22,4 anos. Esse é um dos motivos pelos quais a aposentadoria por tempo de serviço foi extinta e adotou-se o critério de tempo de contribuição para o acesso à aposentadoria. O aumento da esperança de vida dos aposentados e pensionistas exigia um volume cada vez maior de recursos para o pagamento dos benefícios.

Embora a concessão de benefícios por um período mais longo resulte em maior dispêndio na manutenção do aposentado e do pensionista, não haveria problemas maiores para o financiamento da previdência social caso o aumento da quantidade de pessoas em idade de trabalho resultasse em aumento da contribuição de empregados e empregadores. Desse modo, caso o país estivesse gerando empregos em número suficiente e de qualidade[3], a atual fase de mudança demográfica da população brasileira estaria gerando mais recursos para o financiamento dos benefícios previdenciários. A maior quantidade de contribuintes, formada por trabalhadores com carteira assinada, estaria auxiliando no aumento da relação contribuintes/segurados do INSS, atualmente um pouco superior a 2. Contudo, o impacto positivo sobre as receitas da previdência social dependem, antes de tudo, da capacidade da economia brasileira de gerar empregos suficientes e de boa qualidade. Conforme será visto no Capítulo 19, os anos 1990 apresentam, pelo contrário, as maiores taxas de desemprego já registradas no país[4].

O mesmo fator que favorece potencialmente as contas da previdência social tem impacto positivo sobre a razão de dependência total da população brasileira. Esse indicador, que expressa a relação entre a população dependente (menor de 14 anos e maior de 65 anos) e a população em idade ativa (entre 14 e 64 anos), caiu de 0,84 para 0,65 entre 1970 e 1991. Nesse mesmo período, a população dependente caiu de 45,7% para 39,5% do total da população brasileira.

3. "Emprego suficiente e de qualidade" é uma expressão usual em Economia do Trabalho. Significa criar empregos na esfera formal, de acordo com as leis trabalhistas, garantindo proteção social, e em quantidade suficiente para atender o aumento da oferta de trabalho derivada da dinâmica demográfica.

4. O Capítulo 19 traz uma análise mais detalhada sobre o mercado de trabalho e a dinâmica de funcionamento da previdência social.

A diminuição da razão de dependência permite que o país comece a mudar suas prioridades em termos de políticas públicas. É preciso lembrar, contudo, que essa queda não é homogênea entre as regiões e mesmo entre os grupos de renda. A razão de dependência dos jovens, por exemplo, é maior entre as famílias de menor renda, onde as taxas de fecundidade são mais altas, e decresce à medida que se eleva a renda. Já a razão de dependência dos idosos, embora também seja mais alta (0,1359) no grupo de menor rendimento (de 0 a 1 salário mínimo), não atinge o valor mais baixo no grupo de maior rendimento (mais de 10 salários mínimos). Este grupo, dos indivíduos com renda acima de 10 salários mínimos, apresenta uma razão maior (0,0793) do que a dos grupos de renda intermediária (3 a 5 salários mínimos: razão 0,0527; 5 a 10 salários mínimos: razão 0,0534), o que se deve, provavelmente, à maior longevidade dos idosos do extrato de maior renda.

TABELA 18.6. RAZÃO DE DEPENDÊNCIA (RDP) SEGUNDO GRUPO DE RENDA — BRASIL

Grupo de renda (SM)	RDP — jovens	RDP — idosos	RDP — total
0 a 1	0,7934	0,1359	0,9294
< 1 a 3	0,6067	0,0719	0,6786
< 3 a 5	0,4829	0,0527	0,5356
< 5 a 10	0,3987	0,0534	0,4520
< 10 e mais	0,3553	0,0616	0,4169
Total	0,5709	0,0793	0,6501

Fonte: IBGE *apud* Medeiros & Camarano (1996).

Alguns conceitos demográficos

- **População economicamente ativa (PEA)**: população de 15 a 64 anos *menos* estudantes *menos* pessoas que desenvolvem atividades domésticas não remuneradas.
- **População ocupada**: PEA *menos* desempregados.
- **Taxa de crescimento populacional**: taxa de natalidade *menos* taxa de mortalidade *mais* taxa de migração

onde:

taxa de natalidade = número de crianças nascidas vivas/população
taxa de mortalidade = óbitos/população
taxa de migração = saldo migratório/população

- **Transição demográfica**: período em que uma população passa de uma situação de altas taxas de mortalidade e natalidade para uma de baixas taxas. A taxa de mortalidade costuma cair primeiro.

Alguns conceitos demográficos

- **Taxa de fecundidade**: número médio de nascidos vivos por mulheres entre 15 a 49 anos, observados os níveis correntes de fecundidade por idade.
- **Razão de dependência total**: população dependente (0 a 14 anos e 65 anos ou mais) sobre a população em idade ativa (15 a 64 anos).
- **Razão de dependência — jovens**: população entre 0 a 14 anos sobre a população em idade ativa (15 a 64 anos).
- **Razão de dependência — idosos**: população com mais de 54 anos sobre a população em idade ativa (15 a 64 anos).

Questões de Revisão

1. Quais foram as transformações mais marcantes que se fizeram sentir sobre a população brasileira nas últimas décadas e que alteraram profundamente seu perfil?
2. Quais são as principais características da população brasileira atualmente?
3. O que se entende por transição demográfica?
4. Quais são os impactos da nova estrutura etária sobre as políticas públicas?

CAPÍTULO 19

Transformações no mercado de trabalho e a reforma da previdência social

Desempregados alistam-se em frentes de trabalho no Sambódromo em São Paulo — Paulo Liebert/AE

19.1. O AUMENTO DO DESEMPREGO E A PRECARIZAÇÃO DO EMPREGO

A década de 1990 foi extremamente negativa no que se refere ao mercado de trabalho. O principal indicador dessa situação é o crescimento do número de desempregados. Segundo cálculos realizados pelo IBGE, a taxa de desemprego no país, que era de apenas 4,35% em 1991, saltou para 7,66% em setembro de 1998.

De acordo com pesquisas da Fundação Sistema Estadual de Análise de Dados (Seade) e do Departamento Intersindical de Estatística e Estudos Socioeconômicos (Dieese), a taxa de desemprego na região metropolitana de São Paulo era de 7,6%, em 1991, e de 15,8%, em 1998.

Na Tabela 19.1, observa-se que a taxa apurada pelo IBGE indicou um aumento de mais de quatro pontos percentuais entre as médias registradas em 1989 e em 1998. Já na região metropolitana de São Paulo, o Seade/Dieese apontou um crescimento de 9,3 pontos percentuais, no mesmo período, no conceito de desemprego aberto.

TABELA 19.1. TAXA DE DESEMPREGO — BRASIL E REGIÃO METROPOLITANA DE SÃO PAULO (RMSP)

Média anual	Taxa de desemprego aberto — Brasil (a)	Taxa de desemprego total — RMSP (b)	Taxa de desemprego aberto — RMSP (c)
1989	3,4	8,7	6,5
1990	4,3	10,0	7,2
1991	4,8	11,7	8,0
1992	5,7	15,2	9,2
1993	5,3	14,7	8,7
1994	5,1	14,2	8,9
1995	4,7	13,2	9,0
1996	5,4	15,0	9,9
1997	6,0	16,0	10,2
1998	7,6	18,5	15,8

Fontes: (a) IBGE — Pesquisa Mensal de Emprego (PME); (b) e (c) Seade/Dieese.

O avanço do desemprego na década de 1990 refletiu-se profundamente sobre a estrutura do mercado de trabalho brasileiro. Em apenas 8 anos, entre janeiro de 1991 e dezembro de 1998, a participação do trabalhador assalariado sem carteira assinada no total dos ocupados aumentou 5 pontos percentuais, segundo a Pesquisa Mensal de Emprego realizada pelo IBGE. No mesmo período, houve ampliação dos chamados *conta-própria*[5] em 4,3 pontos percentuais, enquanto a participação da categoria *empregador* permaneceu praticamente constante.

Esses dados indicam que está diminuindo o tamanho relativo do mercado formal de trabalho, isto é, aquele regulamentado pelas leis trabalhistas e integrado aos mecanismos institucionais que garantem proteção ao trabalhador, tais como a previdência social, o Fundo de Garantia por Tempo de Serviço (FGTS) e o seguro-desemprego. O crescimento do mercado informal observado nos anos 1990, seja sob a forma de trabalho assalariado sem carteira assinada ou mediante a ocupação como conta-própria, avança em direção contrária ao que ocorrera no país durante a década de 1970. Naquele período, ampliara-se o mercado formal do trabalho, em razão do crescimento do trabalho assalariado com carteira assinada.

TABELA 19.2. POPULAÇÃO OCUPADA DE 15 ANOS OU MAIS — PERCENTUAL

Média anual	Posição na ocupação			
	Empregados com carteira assinada	Empregados sem carteira assinada	Conta-própria	Empregador
1991	53,7	20,8	20,1	4,4
1992	51,4	22,2	21,0	4,4
1993	50,5	23,1	21,1	4,3
1994	49,3	23,7	21,8	4,2
1995	48,4	24,1	22,0	4,5
1996	46,7	24,8	22,8	4,6
1997	46,4	24,8	23,3	4,5
1998	45,9	25,4	23,2	4,5

Fonte: IBGE — PME.

Observação: Os percentuais não totalizam 100% devido a problemas de arredondamento.

O aumento do desemprego e a precarização das condições de trabalho tiveram impacto extremamente negativo sobre os programas públicos que dependem de contribuições calculadas sobre a massa salarial dos trabalhadores vinculados ao mercado formal de trabalho. Essa massa salarial é formada basicamente dos rendimentos de assalariados com carteira assinada. O principal exemplo é o da previdência social, que teve de enfrentar uma situação financeira extremamente delicada nos últimos anos da década de 1990. Embora essa situação também seja resultado da evolução de suas despesas, principalmente

5. São pessoas que trabalham por conta própria, não tendo vínculo empregatício de nenhuma espécie.

de aposentadoria, grande parte do problema enfrentado decorre da dinâmica atual do mercado de trabalho brasileiro.

Em 1998, as receitas de contribuições encontravam-se em um nível inferior ao arrecadado em 1986. Tendo em vista que a economia aumentou sua capacidade de produção ao longo desses anos, mesmo que a taxas pouco expressivas, seria de se esperar que houvesse crescimento do nível de emprego junto ao mercado de trabalho formal. A existência de elevadas taxas de desemprego indica que as empresas têm procurado ampliar sua capacidade de produção por meio de ganhos de produtividade, seja introduzindo novas formas de gestão e organização da produção e da mão-de-obra, seja modernizando sua produção mediante a implantação de máquinas e equipamentos mais modernos, muitas vezes poupadores de mão-de-obra.

19.2. O SEGURO-DESEMPREGO

O crescimento significativo do desemprego provocou o aumento da procura pelo seguro-desemprego junto ao Ministério do Trabalho (MTb) durante a década de 1990. Entre 1989 e 1997, o número de trabalhadores que requereram esse benefício aumentou em 132%, e o total de segurados, em 169%, como mostra a Tabela 19.2. Apesar da expansão do programa, nem todos os desempregados puderam fazer uso do benefício, pois o seguro-desemprego protege apenas os trabalhadores que pertencem ao mercado formal de trabalho[6].

TABELA 19.3. EVOLUÇÃO DO SEGURO-DESEMPREGO — BRASIL

Média anual	Total de requerentes	Total de segurados	Valor médio do benefício em S. M.*
1989	1.912.185	1.620.543	1,70
1990	3.099.910	2.806.820	1,75
1991	3.724.840	3.498.235	1,83
1992	4.015.225	3.895.157	1,69
1993	3.825.547	3.756.365	1,41
1994	4.091.318	4.029.718	1,55
1995	4.789.324	4.734.179	1,54
1996	4.395.190	4.352.860	1,58
1997	4.435.697	4.357.862	1,57
1998 (**)	3.682.650	3.645.757	1,56

Fonte: MTb — Secretaria de Políticas de Emprego e Salário — Coordenação Geral do Seguro-Desemprego e Abono Salarial.
* S. M. = salário mínimo. (**) janeiro a outubro.

6. No momento da demissão, entrega-se, junto com a rescisão do contrato, um formulário próprio de solicitação do seguro.

O aprofundamento do desemprego começou a dificultar o acesso ao seguro-desemprego mesmo para trabalhadores assalariados com carteira assinada. Um desempregado que voltasse a trabalhar depois de longo período de inatividade e ficasse novamente desempregado não teria como comprovar o tempo de contribuição ao INSS, condição mínima para se beneficiar do seguro. Essa situação, resultado do alongamento do tempo em que o trabalhador permanece desempregado, determinou que, por diversas oportunidades, o Ministério do Trabalho aumentasse o número de parcelas a serem pagas pelo seguro-desemprego.

Note-se que o avanço do desemprego foi acompanhado de redução do valor médio do benefício. Entre 1989 e 1998, houve uma perda de 8,2%, provocada pela diminuição do salário médio dos trabalhadores quando em atividade e/ou pela maior participação daqueles menos remunerados no conjunto dos segurados. O valor do benefício, embora baixo, é compatível com a remuneração da maioria dos trabalhadores brasileiros. Em outubro de 1998, o valor médio do seguro-desemprego correspondia a 1,57 salário mínimo, isto é, a R$ 204,10.

Em outubro de 1998, a maioria dos segurados provinha do setor Serviços (32,3%), seguidos pela Indústria (24,48%) e pelo Comércio (23,84%). A distribuição dos segurados por setor de atividade pode ser vista no Gráfico 19.1.

GRÁFICO 19.1.

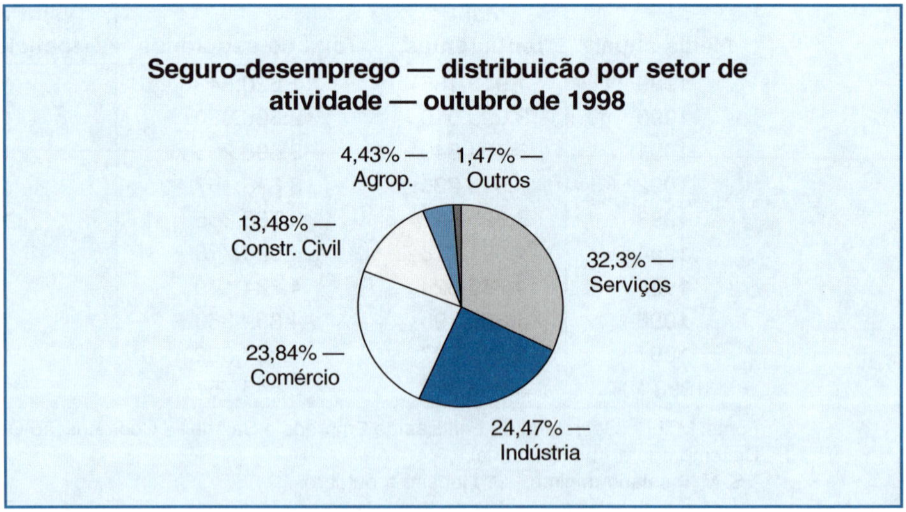

Fonte: MTb — Secretaria de Políticas de Emprego e Salário; Coordenação Geral do Seguro-Desemprego e Abono Salarial.

Em termos de distribuição regional, 55,02% dos benefícios são pagos na região Sudeste, 17,82% no Sul e 16,49% no Nordeste, como se observa no Gráfico 19.2.

GRÁFICO 19.2.

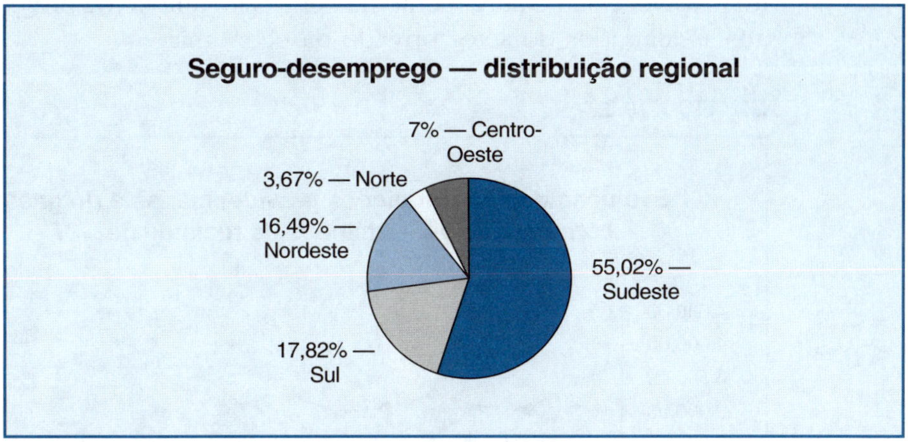

Fonte: MTb — Secretaria de Políticas de Emprego e Salário; Coordenação Geral do Seguro-Desemprego e Abono Salarial.

Em outubro de 1998, do total de trabalhadores que receberam pela primeira vez o benefício do seguro-desemprego (302.568), 27,04% tinham a 8ª série incompleta, 20,43% o ensino médio incompleto, 16,51% a 4ª série completa e 11,22% a 4ª série incompleta. Os trabalhadores com curso superior completo representavam 10,51%.

No que concerne ao valor do salário desses trabalhadores no momento da demissão, a maior incidência recai sobre os rendimentos entre 2,01 e 3 salários mínimos (30,34%). A maioria dos trabalhadores recebia até 3 salários mínimos (78%).

19.3. A CRISE FINANCEIRA E A REFORMA DA PREVIDÊNCIA SOCIAL

Durante toda a década de 1990, esteve em discussão na sociedade brasileira a necessidade de empreender diversas reformas: previdenciária, tributária e administrativa. Entre todas elas, a única que havia avançado até meados de 1999 era a previdenciária. Mesmo assim, as mudanças não chegaram a transformar significativamente o sistema de proteção social.

Nos últimos anos, a arrecadação das contribuições de empregados e empregadores não tem sido suficiente para financiar os gastos crescentes com benefícios, como se nota no Gráfico 19.3. De 1997 para 1998, apesar de o governo ter aumentado a transferência de outros recursos vinculados à seguridade social para a previdência social, não foi possível evitar o surgimento de déficits no âmbito da proteção dirigida aos assalariados do setor privado da economia.

GRÁFICO 19.3.

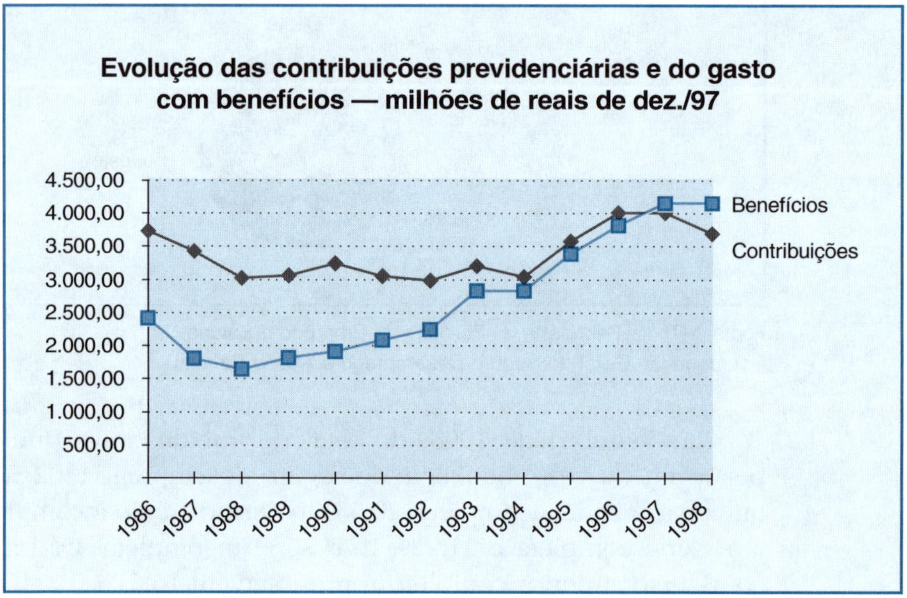

Duas são as causas dessa situação das contas da previdência: o crescimento da despesa e o fraco desempenho da receita. Para se analisar os determinantes do aumento da despesa é preciso lembrar:

a) que o benefício pago pelo INSS apresenta uma certa relação com o salário recebido pelo trabalhador quando em atividade;

b) que a legislação determina um piso correspondente a um salário mínimo, isto é, que o menor benefício não pode ter valor inferior ao salário mínimo;

c) que o valor máximo a ser recebido é igual a 10 salários mínimos;

d) que a grande maioria daqueles que recebem aposentadoria é composta de trabalhadores com carteira assinada.

Isso significa dizer que, até certo ponto, os benefícios pagos refletem a estrutura de salários do mercado formal de trabalho. Em 1996, do total dos benefícios concedidos, 76,04% eram de valor até 3 salários mínimos. Abrindo-se os benefícios por tipo de clientela, esse percentual baixa para 71,46% entre os urbanos, e atinge 99,36% entre os rurais. Se o valor do benefício for ampliado para até 5 salários, a participação entre os benefícios urbanos fica em 83,39% e, entre os rurais, em 99,85%.

Tal como os salários da maioria da população brasileira, os benefícios previdenciários são de valor relativamente baixo. Tendo em vista essa realidade, não se pode procurar a explicação do crescimento da despesa previdenciária no valor dos benefícios pagos.

O principal fator explicativo deve ser buscado na dinâmica do mercado de trabalho brasileiro. Principalmente nos anos 1970, e mesmo anteriormente em alguns setores de atividade, expandiu-se o assalariamento junto ao mercado formal de trabalho, o que ocasionaria aumento substantivo da demanda previdenciária exatamente nos anos 1990, uma vez que o principal item da despesa da Previdência Social são as aposentadorias. As regras permitiam que o trabalhador tivesse direito à aposentadoria integral aos 35/30 anos de trabalho (homem e mulher, respectivamente) e aos 30/25 anos no caso de aposentadoria proporcional. Dessa forma, o crescimento da demanda é produto do dinamismo do mercado de trabalho no período do chamado milagre da economia brasileira[7].

Além disso, é reduzido o número de benefícios que cessam de ser pagos, pois aumentou o número de anos de permanência do aposentado no sistema em função dos ganhos de sobrevida, tal como visto no Capítulo 18.

Nenhum desses aspectos apresentaria problemas maiores para a previdência caso o mercado de trabalho formal não estivesse sofrendo intensa deterioração. Em outras palavras, apesar de a população brasileira ter começado a envelhecer, esse processo é acompanhado do aumento significativo da participação daqueles com idade para trabalhar, de forma que, se houvesse emprego de qualidade, a fase atual da transição demográfica mais do que garantiria o financiamento dos benefícios dos atuais aposentados. Contudo, nos anos 90, especialmente após a estabilização, as taxas de desemprego atingiram níveis nunca antes vistos, e o mercado informal de trabalho cresceu a expensas do trabalho com carteira assinada.

O movimento de antecipação da demanda provocado pela discussão da reforma previdenciária também colaborou para ampliar o nível

---

7. Marques (1997).

do gasto da previdência social. Não foram poucos os que, já tendo preenchido os requisitos exigidos pela legislação anteriormente vigente, anteciparam sua aposentadoria, mesmo que para receber o valor proporcional. Esse fenômeno foi observado tanto no setor privado quanto nos regimes dos funcionários públicos federais, estaduais e municipais. A evolução do número de benefícios em manutenção e a despesa mensal média realizada no período 1988/1997 são apresentadas na Tabela 19.4.

TABELA 19.4. EVOLUÇÃO DA QUANTIDADE E DA DESPESA COM BENEFÍCIOS
MÉDIAS MENSAIS EM R$ 1.000,00, DEZ./97

Anos	Quantidade de benefícios em manutenção			Despesa c/ benefícios
	Urbanos	Rurais	Total	
1988	7.696.718	3.989.845	11.686.563	1.625,35
1989	7.918.589	4.204.616	12.123.205	1.804,57
1990	8.144.393	4.329.345	12.473.738	1.892,47
1991	8.534.205	4.101.366	12.635.571	2.066,76
1992	8.704.040	5.005.727	13.709.767	2.226,87
1993	9.075.487	6.046.648	15.122.135	2.814,92
1994	9.327.033	6.426.147	15.753.180	2.813,63
1995	9.773.846	6.402.741	16.176.587	3.368,73
1996	10.522.038	6.320.450	16.842.488	3.799,48
1997	11.581.652	5.892.188	17.473.840	4.138,45

Fonte: MPAS.

Do lado da receita de contribuições de empregados e empregadores, principal fonte do financiamento do sistema previdenciário[8], a evolução recente reflete a precarização do mercado de trabalho e o baixo crescimento da economia brasileira. Esse desempenho seria mais desanimador ainda, não fossem as inovações realizadas na esfera da fiscalização que permitiram, principalmente nos dois últimos anos, aumentar substantivamente o resultado das ações dos fiscais previdenciários.

Até o início de 1999, a reforma previdenciária no âmbito da proteção pública concedida aos trabalhadores do setor privado havia alterado poucos dispositivos da legislação anterior. As principais mudanças residem na eliminação das aposentadorias especiais (exceto para os

8. Essa fonte de recursos representou 87% do total disponível no período 1980/1990.

professores do ensino médio e fundamental) e na substituição do tempo de serviço pelo tempo de contribuição no acesso à aposentadoria. As mudanças, embora modestas, atuam exatamente no principal item de despesa da previdência social.

A introdução do critério de idade para a concessão da aposentadoria, defendida pelo governo federal, não foi aprovada pelo Congresso.

Alguns conceitos relativos à previdência social

- **Aposentadorias especiais**: teoricamente eram concedidas para as categorias cujo trabalho envolvesse atividades insalubres, perigosas ou penosas. Entre elas, incluíam-se jornalistas e professores de todos os níveis de ensino. A nova legislação, ao extinguir essa espécie de aposentadoria para categorias (com exceção feita aos professores de 1º e 2º graus), manteve o princípio válido para o trabalhador individual que exerça atividades insalubres, perigosas ou penosas.
- **Benefícios em manutenção**: são caracterizados por pagamentos mensais contínuos, até que alguma causa (morte, por exemplo) provoque sua cessação.
- **Benefício concedido**: é aquele cujo requerimento apresentado pelo segurado é deferido e liberado para pagamento. A concessão representa, portanto, o fluxo de entrada do benefício no cadastro de benefícios mantido pela Empresa de Processamento de Dados da Previdência Social (Dataprev).

Questões de Revisão

1. Quais são as principais características do mercado de trabalho brasileiro nos anos 1990?
2. Qual é a gravidade da questão do desemprego no Brasil? Desde quando isso constitui um problema?
3. O que quer dizer a expressão "precarização do emprego"?
4. De que forma a expansão do desemprego afeta a viabilidade dos programas públicos de proteção ao trabalhador, especialmente a concessão do seguro-desemprego?
5. Quais são os principais problemas do sistema previdenciário brasileiro?
6. Qual é a relação existente entre a deterioração do mercado de trabalho formal e a crise da previdência social?

BIBLIOGRAFIA

ABREU, Marcelo de Paiva. *A ordem do progresso: cem anos de política econômica republicana, 1889/1989.* Rio de Janeiro: Campus, 1990.

ALENCASTRO, L. F. "O aprendizado da colonização", *Economia e Sociedade.* Unicamp, agosto, 1992. v. 1.

BACHA, Edmar Lisboa. *Introdução à macroeconomia: uma perspectiva brasileira.* 5ª ed. Rio de Janeiro: Campus, 1988.

BAER, Werner. *A industrialização e o desenvolvimento econômico no Brasil.* São Paulo: Difel, 1975.

BANCO CENTRAL DO BRASIL (Diretoria de Política Econômica, Departamento Econômico). *Nota para a imprensa.* Diversos números.

BANCO CENTRAL DO BRASIL. *Internet* — http://www.bcb.gov.br.

BARROS DE CASTRO, Antonio. "A economia política, o capitalismo e a escravidão". In: *Modos de produção e realidade brasileira.* ("Coleção História Brasileira"). Petrópolis: Vozes, 1980. v. 5.

BARROS DE CASTRO, Antonio & SOUZA, Francisco E. P. de. *A economia brasileira em marcha forçada.* Rio de Janeiro: Paz e Terra, 1985.

BATISTA JÚNIOR, Paulo Nogueira. *Mito e realidade na dívida externa brasileira.* Rio de Janeiro: Paz e Terra, 1983.

______. (Org.) *Novos ensaios sobre o setor externo da economia brasileira.* Rio de Janeiro: FGV, 1988.

______. *Da crise internacional à moratória brasileira.* Rio de Janeiro: Paz e Terra, 1988.

BIDERMAN, Ciro, COZAC, Luís Felipe & REGO, José Márcio (Orgs.) *Conversas com economistas brasileiros.* São Paulo: Editora 34, 1996.

BELLUZZO, Luiz Gonzaga de Mello & COUTINHO, Renata (Orgs.) *Desenvolvimento capitalista no Brasil.* São Paulo: Brasiliense, 1982. v. 1 e 2.

BELLUZZO, Luiz Gonzaga de Mello & TAVARES, Maria Conceição. "Notas sobre o processo de industrialização recente no Brasil". In: BELLUZZO & COUTINHO, op. cit., v. 1.

BIELSCHOWSKY, Ricardo. "Transnational corporations and the manufacturing sector in Brazil: High-level symposium on the contribution of transnational corporations to growth and development". In: *Latin America and the Caribbean.* Santiago: ECLAT, 1992.

BIER, Amaury, PAULANI, Leda & MESSENBERG, Roberto. *O heterodoxo e o pós-moderno: o cruzado em conflito.* São Paulo: Paz e Terra, 1987.

BORGES, Maria Angélica. *Eugênio Gudin: capitalismo e neoliberalismo.* São Paulo: EDUC/Bienal, 1996.

______. *As vias do desenvolvimento capitalista.* (no prelo)

BOXER, C. R. *A Índia Portuguesa em meados do século XVII.* Lisboa: Edições 70, 1982.

BRESCIANI-TURRONI, Constantino. *Economia da inflação: o fenômeno da hiperinflação alemã nos anos 20.* Rio de Janeiro: Expressão e Cultura, 1989.

BRESSER PEREIRA, Luiz Carlos. *Crise econômica e reforma do Estado no Brasil.* São Paulo: Editora 34, 1996.

______. *Dívida externa: crise e soluções.* São Paulo: Brasiliense, 1989.

______. "Inflação no capitalismo de Estado e experiência brasileira recente". *Revista de Economia Política,* 1(1), 1981.

BRESSER PEREIRA, Luiz Carlos & NAKANO, Yoshiaki. "Fatores aceleradores, mantenedores e sancionadores da inflação". Encontro Anual da ANPEC, dez. 1983.

CAMARGO, C. P. F. de et alii. *Crescimento e pobreza.* São Paulo: Loyola, 1976.

CAMARGO, José Márcio & GIAMBIAGI, Fábio (Orgs.) *Distribuição de renda no Brasil.* Rio de Janeiro: Paz e Terra, 1991.

CAMPOS, Roberto & SIMONSEN, Mário Henrique. *A nova economia brasileira.* Rio de Janeiro: José Olympio, 1967.

CARDOSO DE MELLO, João Manuel. *O capitalismo tardio.* São Paulo: Brasiliense, 1982.

CARNEIRO, Dionísio Dias. "Crise e esperança: 1974/1980". In: ABREU, op. cit.

CARNEIRO, Dionísio Dias & MODIANO, Eduardo. "Ajuste externo e desequilíbrio interno: 1980/1984". In: ABREU, op. cit.

CARONE, Edgard. *O pensamento industrial no Brasil, 1880/1945*. Rio de Janeiro: Difel, 1977.

CHOKSI, A., MICHAELY, M. & PAPAGEORGIU, D. *Liberalizing foreign trade*. Oxford, OX, UK: B. Blackwell, 1991.

CONJUNTURA ECONÔMICA. Diversos números.

CRUZ, Paulo. *Dívida externa e política econômica: a experiência brasileira nos anos 70*. São Paulo: Brasiliense, 1984.

DEAN, Warren. *The industrialization of São Paulo, 1880-1945*. Austin: University of Texas Press, 1969. (Há uma tradução desta obra: DEAN, Warren. *A industrialização de São Paulo, 1880-1945*. São Paulo: Difel, 1971.)

DELFIM NETTO, Antônio. *O problema do café no Brasil*. Rio de Janeiro: FGV, 1979.

DORNBUSCH, Rudiger & FISHER, Stanley. "Stopping hyperinflation past and present". In: *Weltwirtschaftliches Archiv*, 1986. v. 122, nº 1.

FAJNZYLBER, Fernando. *La industrialización truncada de América Latina*. México: Editorial Nova Imagem,1983.

FERREIRA LIMA, Heitor de. *História político-econômica e industrial do Brasil*. 1970.

FIORI, José Luís. *Em busca do dissenso perdido: ensaios críticos sobre a festejada crise do Estado*. Rio de Janeiro: Insight, 1995.

______. "Sobre o consenso de Washington". Texto para discussão nº 324. Instituto de Economia Industrial. Universidade Federal do Rio de Janeiro, fev. 1995.

FRANCO, Gustavo. *A inserção externa e o desenvolvimento*. Rio de Janeiro: mimeo., 1996.

FREYRE, Gilberto. *Casa grande e senzala: formação da família brasileira sob regime de economia patriarcal*. 10ª ed. Rio de Janeiro: José Olympio, 1961.

FURTADO, Celso. *Formação econômica do Brasil*. 17ª ed. São Paulo: Nacional, 1980.

______. *Subdesenvolvimento e estagnação na América Latina*. Rio de Janeiro: Paz e Terra, 1966.

______. *O mito do desenvolvimento econômico*. Rio de Janeiro: Paz e Terra, 1974.

GALBRAITH, John Kenneth. *O novo estado industrial*. São Paulo: Abril Cultural, 1982.

GENOVESE, E. *A economia política da escravidão*. Rio de Janeiro: Paz e Terra, 1975.

______. *O mundo dos senhores de escravos: dois ensaios de interpretação*. Rio de Janeiro: Paz e Terra, 1979.

GONÇALVES, Reinaldo. *O abre-alas*. Rio de Janeiro: Relume-Dumara, 1994.

GORENDER, Jacob. *O escravismo colonial*. São Paulo: Ática, 1978.

GUIMARÃES, E. A. "A experiência recente da política industrial no Brasil — uma avaliação". Texto para discussão, nº 326. Instituto de Economia Industrial. Universidade Federal do Rio de Janeiro, mar. 1995.

HECKSCHER, Eli Filip. *La época mercantilista: historia de la organización y las ideas económicas desde el final de la edad media hasta la sociedad liberal*. México: Fondo de Cultura, 1983.

HOBSBAWN, Eric. *Era dos extremos: o breve século XX*. São Paulo: Companhia das Letras, 1995.

HOLANDA, Sérgio Buarque de. "A época colonial". In: *História geral da civilização brasileira*. (I) 7ª ed. Rio de Janeiro: Bertrand Brasil, 1993. v. 2.

HOLANDA BARBOSA, Fernando de et alii. *Federalismo fiscal, eficiência e eqüidade: uma proposta de reforma tributária*. São Paulo: FGV, 1998.

HUNT, E. K. *História do pensamento econômico*. 7ª ed. Rio de Janeiro: Campus, 1989.

HYMER, S. *Empresas multinacionais: a internacionalização do capital*. 2ª ed. Rio de Janeiro: Graal, 1983.

IGLESIAS, Francisco (Org.) *Caio Prado Jr.: História*. São Paulo: Ática, 1982.

IPEA. "Desenvolvimento humano e condições de vida: indicadores brasileiros". Brasília: IPEA/PNUD, 1998.

IPEA. "Relatório sobre o desenvolvimento humano". Brasília: IPEA/PNUD, 1996.

JORDÃO, C. M. In: RAMOS A., op. cit., 1923.

LACERDA, Antônio Corrêa de. *O impacto da globalização na economia brasileira*. São Paulo: Editora Contexto, 1998.

LAFER, Celso. "O planejamento no Brasil; observações sobre o plano de metas (1956/1961)". In: MINDLIN LAFER, B., op. cit.

LAPLANE, M. & SARTI, F. "Investimento Direto Estrangeiro e a retomada do crescimento sustentado nos anos 90". *Economia e Sociedade*, (8):143-81, jun. 1997.

LEFF, Nathaniel H. *Política econômica e desenvolvimento no Brasil: 1947/1964*. São Paulo: Perspectiva, 1977.

______. *Brazilian capital goods industry*. Cambridge, Mass.: Harvard University Press, 1968.

LESSA, Carlos. *Quinze anos de política econômica*. São Paulo: Brasiliense, 1981.

______. *A estratégia de desenvolvimento 1974/1976. Sonho e fracasso*. Rio de Janeiro: mimeo., 1977.

LOPES, Francisco. *O desafio da hiperinflação: em busca da moeda real*. Rio de Janeiro: Campus, 1989.

______. "Inflação inercial, hiperinflação e desinflação: notas e conjecturas". Congresso da ANPEC, dez. 1984.

MACEDO SOARES, J. C. de. "Crédito e café". In: TELLES, A. Q., op. cit., 1934.

MADDISON, Angus. "Desempenho da economia mundial desde 1870". In: GALL, N. *Nova era da economia mundial*. São Paulo: Pioneira, 1989.

MARQUES, Rosa Maria. *A proteção social e o mundo do trabalho*. São Paulo: Bienal, 1997.

MARX, Karl. *O capital*. São Paulo: Abril, 1983/1985. 3 v.

MAZZEO, Antônio Carlos. *Notas sobre o "modo de produção escravista colonial"*. São Paulo: Ensaio, 1981.

MEDEIROS, M. & CAMARANO, A. A. "Mudanças demográficas e a agenda social". In: *Como vai? População brasileira*. Brasília: IPEA, 1996. Ano I, nº 4, nov./dez.

MELLO, Evaldo Cabral de. *Olinda restaurada*. 2ª ed. Rio de Janeiro: Topbooks, 1998.

______. *O negócio do Brasil: Portugal, os Países Baixos e o Nordeste 1641/1669*. Rio de Janeiro: Topbooks, 1998.

MENDONÇA DE BARROS, José Roberto & GRAHAM, R. "A agricultura brasileira e o problema de produção de alimentos". *Pesquisa e Planejamento Econômico*, 8(3), dez. 1978.

MENDONÇA DE BARROS, José Roberto & GOLDENSTEIN, L. "Avaliação do processo de reestruturação industrial brasileiro". *Revista de Economia Política*. São Paulo: Editora 34, 1997. v. 17, nº 2.

MINDLIN LAFER, B. (Org.) *Planejamento no Brasil*. São Paulo: Perspectiva, 1970.

MINISTÉRIO DA ECONOMIA, FAZENDA E PLANEJAMENTO. *Política industrial e de comércio exterior. Diretrizes gerais*. Brasília, 1991.

MINISTÉRIO DA FAZENDA. *Exposição de motivos interministerial nº 205*. Brasília, 1994.

MOREIRA, M. M. & CORREA, P. G. "Abertura comercial e indústria: o que se pode esperar e o que se vem obtendo". Textos para discussão, BNDES nº 49, 1996.

MORSE, Richard. *Formação histórica de São Paulo (da comunidade à metrópole)*. São Paulo: Difusão Européia do Livro, 1970.

MUNHOZ, D. G. "Os déficits e o reordenamento das finanças públicas". In: LOZARDO, E. (Org.) *Déficit público brasileiro: política econômica e ajuste estrutural*. São Paulo: Paz e Terra, 1987.

NARDINI, B. "O BNDES e o desenvolvimento industrial brasileiro: o passado e perspectivas futuras". In: *Política Industrial e Desenvolvimento Econômico*. São Paulo: PLANEF/OCDE, 1990.

NOVAIS, Francisco. *A estrutura e dinâmica do antigo sistema colonial*. 6ª ed. São Paulo: Brasiliense, 1993.

______. "Condições da privacidade na colônia". In: *História da vida privada no Brasil*. São Paulo: Companhia das Letras, 1997. v. 1.

OLIVEIRA, Francisco. *A economia brasileira: crítica à razão dualista*. São Paulo: Brasiliense-Cebrap, 1977.

______. *A economia da dependência imperfeita*. 3ª ed. Rio de Janeiro: Graal, 1980.

PAZOS, Felipe. *Chronic inflation in Latin America*. Nova York: Praeger Publishers, 1972.

PRADO JÚNIOR, Caio. *História econômica do Brasil*. 36ª ed. São Paulo: Brasiliense, 1988.

______. *Formação do Brasil contemporâneo*. 21ª ed. São Paulo: Brasiliense, 1989.

QUADROS DA SILVA, S. L. "Sistema financeiro: participação na renda, funções e disfunções". In: CAMARGO & GIAMBIAGI, op. cit.

RAMOS, A. *O café no Brasil e no estrangeiro*. Rio de Janeiro: Santa Helena, 1923.

REGO, José Márcio (Org.) *Inflação inercial — teorias sobre inflação e o Plano Cruzado*. 2ª ed. Rio de Janeiro: Paz e Terra, 1986.

______. *Aceleração recente da inflação — A teoria da inflação inercial reexaminada*. Rio de Janeiro: Paz e Terra, 1989.

REZENDE, Cyro. *Economia brasileira contemporânea*. São Paulo, Editora Contexto, 1998.

RODRIK, Dani. *Has globalization gone too far?* Cambridge, Mass. Inst. Intern Economic, 1997.

SANDRONI, Paulo. *Novíssimo dicionário de economia*. São Paulo: Best Seller, 1999.

SCHWARZ, Stuart B. *Segredos internos: engenhos e escravos na sociedade colonial*. São Paulo: Companhia das Letras, 1988.

SERRA, José. "Ciclos e mudanças estruturais na economia brasileira do pós-guerra". In: BELLUZZO & COUTINHO, v. 1, op. cit.

SILVA, Sérgio. *Expansão cafeeira e origens da indústria no Brasil*. São Paulo: Alfa-Ômega, 1976.

SIMONSEN, Mário Henrique. "A conta corrente do governo: 1970-88". In: REIS VELLOSO, João Paulo dos (Org.) *Crise do estado e retomada do desenvolvimento*. Rio de Janeiro: José Olympio, 1992.

______. *Trinta anos de indexação*. Rio de Janeiro: FGV, 1995.

______. *Inflação: gradualismo versus tratamento de choque*. Rio de Janeiro: ANPEC, 1970.

SIMONSEN, Roberto Cochrane. *História econômica do Brasil (1500-1820)*. 6ª ed., São Paulo: Nacional, 1969.

______. *Evolução industrial do Brasil e outros estudos*. São Paulo: Companhia Editora Nacional, 1973. (Seleção, notas e bibliografia de Edgard Carone.)

SINGER, Paul. *Desenvolvimento e crise no Brasil*. Rio de Janeiro: Paz e Terra, 1977.

______. *A crise do milagre*. 6ª ed. Rio de Janeiro: Paz e Terra, 1982.

SODRÉ, Nelson Werneck. *As razões da independência*. 2ª ed. Rio de Janeiro: Civilização Brasileira, 1969.

SUNKEL, Osvaldo. "La inflación chilena: un enfoque heterodoxo". *El Trimestre Económico*, 25(4) outubro 1957.

SUZIGAN, Wilson. *Indústria brasileira: origens e desenvolvimento*. São Paulo: Brasiliense, 1986.

TAUNAY, Afonso de E. *Pequena história do café no Brasil*. Rio de Janeiro: Dep. Nacional do Café, 1945.

TAVARES, Maria Conceição. *Da substituição de importações ao capitalismo financeiro*. Rio de Janeiro: Zahar, 1972.

______. *Acumulação de capital e industrialização no Brasil*. Rio de Janeiro: mimeo., 1975.

______. *Ciclo e crise: o movimento recente da industrialização brasileira*. Rio de Janeiro: mimeo.,1978.

TAVARES, Maria Conceição & FIORI, José Luís (Orgs.) *Desajuste global e modernização conservadora*. São Paulo: Paz e Terra, 1993.

TELLES, A. Q. "Sistemas adotados pelos fazendeiros de São Paulo na venda do café". In: *O café no segundo centenário de sua introdução no Brasil*. Rio de Janeiro: Dep. Nacional do Café, 1934. v. 2.

UNCTAD. *World investment report*. Vários números. Nova York.

VASCONCELLOS, Marco Antônio Sandoval et alii. *Economia brasileira contemporânea*. São Paulo: Atlas, 1996.

VILELA LUZ, Nícia. *A luta pela industrialização do Brasil, 1808 a 1930*. São Paulo: Difusão Européia do Livro, 1961.

SIGLAS E ABREVIATURAS

BIRD — Banco Internacional de Reconstrução e Desenvolvimento

BIS — Banco de Compensações Internacionais

BNDE — Banco Nacional de Desenvolvimento Econômico

BNDES — Banco Nacional de Desenvolvimento Econômico e Social

BNH — Banco Nacional da Habitação

BTN — Bônus do Tesouro Nacional

CACEX — Carteira de Comércio Exterior

CEPAL — Comissão Econômica Para a América Latina

CMBEU — Comissão Mista Brasil–Estados Unidos

CMN — Conselho Monetário Nacional

CND — Conselho Nacional de Desestatização

DATAPREV — Empresa de Processamento de Dados da Previdência Social

DIEESE — Departamento Intersindical de Estatística e Estudos Socioeconômicos

EMN — Empresas Multinacionais

EXIMBANK — Banco de Exportação e Importação dos Estados Unidos

FGTS — Fundo de Garantia por Tempo de Serviço

FGV — Fundação Getúlio Vargas

FIESP — Federação das Indústrias do Estado de São Paulo

FMI — Fundo Monetário Internacional

FND — Fundo Nacional de Desestatização

IBGE — Instituto Brasileiro de Geografia e Estatística

IDH — Índice de Desenvolvimento Humano

II PND — II Plano Nacional de Desenvolvimento

INSS — Instituto Nacional de Seguridade Social

IPC — Índice de Preços ao Consumidor

IPI — Imposto sobre Produto Industrializado

LTN — Letras do Tesouro Nacional

ONU — Organização das Nações Unidas

ORTN — Obrigações Reajustáveis do Tesouro Nacional

OTN — Obrigações do Tesouro Nacional

PACTI — Programa de Apoio à Capacitação Tecnológica da Indústria

PAEG — Plano de Ação Econômica do Governo

PAI — Programa de Ação Imediata

PASEP — Programa de Assistência aos Servidores Públicos

PBQP — Programa Brasileiro de Qualidade e Produtividade

PCB — Partido Comunista Brasileiro

PCI — Programa de Competitividade Industrial

PFL — Partido da Frente Liberal

PICE — Política Industrial e de Comércio Exterior

PIS — Programa de Integração Social

PMDB — Partido do Movimento Democrático Brasileiro

PND — Programa Nacional de Desestatização

PNUD — Programa das Nações Unidas para o Desenvolvimento

POF — Pesquisa de Orçamentos Familiares

PUC/RJ — Pontifícia Universidade Católica do Rio de Janeiro

RFFSA — Rede Ferroviária Federal S.A.

SALTE (Plano) — programa de investimentos em Saúde, Alimentação, Transportes e Energia

SEADE — Fundação Sistema Estadual de Análise de Dados

SFH — Sistema Financeiro da Habitação

SUMOC — Superintendência da Moeda e do Crédito

URP — Unidade de Referência de Preço

URV — Unidade Real de Valor

ÍNDICE ONOMÁSTICO

M

N

O

P

Q

R

S

T

V

W

ÍNDICE ANALÍTICO

Impressão e Acabamento
Bartira
Gráfica
(011) 458-0255